本书为国家社科基金青年项目"马克思承认哲学思想及其当代价值研究"（项目号：13CZX012）的最终成果。

马克思哲学视域中的承认理论研究

陈良斌 ○ 著

中国社会科学出版社

图书在版编目（CIP）数据

马克思哲学视域中的承认理论研究/陈良斌著 . —北京：
中国社会科学出版社，2024.6
ISBN 978 - 7 - 5227 - 3352 - 4

Ⅰ.①马…　Ⅱ.①陈…　Ⅲ.①马克思主义哲学—研究
Ⅳ.①B0 - 0

中国国家版本馆 CIP 数据核字（2024）第 066082 号

出 版 人　赵剑英
责任编辑　杨晓芳
责任校对　赵雪姣
责任印制　张雪娇

出　　　版　中国社会科学出版社
社　　　址　北京鼓楼西大街甲 158 号
邮　　　编　100720
网　　　址　http://www.csspw.cn
发 行 部　010 - 84083685
门 市 部　010 - 84029450
经　　　销　新华书店及其他书店

印　　　刷　北京君升印刷有限公司
装　　　订　廊坊市广阳区广增装订厂
版　　　次　2024 年 6 月第 1 版
印　　　次　2024 年 6 月第 1 次印刷

开　　　本　710×1000　1/16
印　　　张　18.25
插　　　页　2
字　　　数　227 千字
定　　　价　118.00 元

目　录

目　录

导　论

一　回答一个问题：什么是承认理论？[①]

承认理论，有广义与狭义之分。广义上，它是指以承认命题为核心、从主体（间）认知的视角出发来把握人类社会关系的"一种得到完善发展和具有成熟研究范式的哲学理论"[②]。据弗朗西斯·福山（Francis Fukuyama）、保罗·利科（Paul Ricoeur）等人考证，承认理论可以追溯到古希腊的柏拉图（Plato）和亚里士多德（Aristotle）那里，就理论的演进逻辑而言，大致可以分为勒内·笛卡尔（René Descartes）、伊曼努尔·康德（Immanuel Kant）式的认同性承认，约翰·洛克（John Locke）、亨利·柏格森（Henri Bergson）式的自我承认，以及 G. W. F. 黑格尔（G. W. F. Hegel）、马塞尔·莫斯（Marcel

---

① 本书之所以在这里挪用了康德写于 1784 年的鸿文——《回答一个问题：什么是启蒙》的标题，意在表达承认理论与启蒙运动之间特殊的亲缘性，尤其是在马克思哲学视域下，承认只有置于启蒙现代性规划下人的解放事业之中来理解，才能真正地把握马克思的独特性。

② Hans - Christoph Schmidt am Busch & Christopher F. Zurn, *The Philosophy of Recognition*, Maryland: Lexington Books, 2010, p. 1.

Mauss）式的相互承认这三种典型模式。① 狭义上，承认理论则是指 20 世纪晚期西方思想界兴起的一股批判性的社会哲学思潮，其理论源头主要来自约翰·G. 费希特（Johann G. Fichte）和黑格尔，并与法兰克福学派的社会批判理论具有直接的亲缘性关联，其代表人物主要有尤尔根·哈贝马斯（Jürgen Habermas）、查尔斯·泰勒（Charles Taylor）、阿克塞尔·霍耐特（Axel Honneth）、南希·弗雷泽（Nancy Fraser）等人。其基本观点表现为在以多样性、复杂性为表征的当代社会中，从主体间性视域出发，辨别与理解社会冲突与政治对抗中的内在逻辑，从而凸显出文化精神维度以及社会心理层面相互承认的重要性。

在目前国际学界"回到黑格尔"思潮的影响下，承认理论在学界的共识中更多的是从德国古典哲学意义上探讨，也即狭义的承认理论。因此其肇端一般都会追溯到费希特那里。费希特在《自然法权基础》中提出承认是个体之间一种特殊的相互关系，包含着交互性，他提出承认不是简单的知识，而是一种自由。同时，承认不仅仅是一种概念，而是一种行为。② 其后，黑格尔在受到费希特有关承认阐述的影响下，在交互主体性上予以长足发展，从而将承认理论正式体系化，因此从黑格尔开始，承认理论才初具规模。虽然承认问题是黑格尔贯彻一生的理论线索，但是，相关探讨相对集中于早期的《耶拿手稿》《精神现象学》和成熟期的《法哲学原理》之中。其中值得一提的是《耶拿手稿》，它是上述著作中最后刊行的以手稿形式发表的著

① 参见 ［美］弗朗西斯·福山《历史的终结与最后的人》，陈高华译，广西师范大学出版社 2014 年版，第 178—179 页；［法］保罗·利科《承认的过程》，汪堂家、李之喆译，中国人民大学出版社 2011 年版，第 14—16 页。

② Robert R. Williams, *Recognition: Fichte and Hegel on the Other*, Albany: State University of New York Press, 1992, pp. 61 – 62.

作。黑格尔正是在这里提出了其承认构想的基本框架和基本范畴。这批手稿其实是从 1802 年起黑格尔在耶拿大学为开设逻辑与形而上学、自然法、思辨哲学体系等课程而准备的演讲提纲，由于是讲义手稿，故多为观点的勾勒，加之部分散佚，行文并不连贯。其中，从 1802 年冬季开始，黑格尔撰写了《伦理体系》（*System der Sittlichkeit*），1803—1806 年讲授了思辨哲学体系、实在哲学等课程，约翰内斯·荷夫迈斯特（Johannes Hofmeister）按照时间顺序将这些讲演手稿编入两卷本《耶拿实在哲学》①，即分为 "1803/4 讲演录" 和 "1805/6 讲演录"，内容主要包括自然哲学、精神哲学和实在哲学三个部分，后收录于格奥尔格·拉松（Georg Lasson）版《黑格尔全集》当中。而英美学界对于这批手稿的关注则迟至 20 世纪 70 年代末才开始，首先由国际著名的黑格尔研究权威 H. S. 哈里斯（H. S. Harris）和 T. M. 诺克斯（T. M. Knox）以拉松版为底本，将《伦理体系》和《精神哲学》一部（也即《耶拿实在哲学》第 1 卷中的精神哲学部分）合并翻译，最终以《伦理体系与第一精神哲学（思辨哲学体系第三部分）》[*System of Ethical Life 1802/3 and First Philosophy of Spirit（Part III of the System of Speculative Philosophy 1803/4）*] 为题出版，并附哈里斯长篇评介。而《耶拿实在哲学》第 2 卷的精神哲学部分则由美国的黑格尔研究专家利奥·劳奇（Leo Rauch）于 1983 年翻译，译本以《黑格尔与人的精神：精神哲学（1805—1806）的耶拿讲演译疏》[*Hegel and the Human Nature：A Translation of the Jena Lectures on the Philosophy of Spirit（1805 – 1806）with Commentary*] 为题刊行，亦附

---

① G. W. F. Hegel, *Jenaenser Realphilosophie I*（*1803 – 1804*）, J. Hoffmeister, Leipzig Meiner, 1932；G. W. F. Hegel, *Jenaenser Realphilosophie II*（*1805 – 1806*）, J. Hoffmeister, Leipzig Meiner, 1931.

长篇评议。① 尽管《耶拿手稿》具有极高的学术价值，但公之于世后始终鲜有人问津，当然这批手稿也是"黑格尔所撰写的最晦涩艰深的著作之一"。② 一直到 20 世纪中叶，格奥尔格·卢卡奇（Georg Lukács）、赫伯特·马尔库塞（Herbert Marcuse）、卡尔·洛维特（Karl Löwith）等人才将这座思想富矿发掘出来，此后路德维希·希普（Ludwig Siep）、哈贝马斯等人则从手稿中发现了青年黑格尔所浓墨勾勒的承认主题，尤其是20世纪90年代霍耐特对黑格尔承认理论的重构更是引起了英美学界的巨大兴趣，从而引发了当前人们对于承认问题的反思。在承认理论的源头上，除了费希特和黑格尔之外，哈贝马斯、霍耐特、克里斯·亚瑟（Chris Arthur）、安德鲁·齐逊（Andrew Chitty）、米歇尔·宽特（Michael Quante）等人也关注到了卡尔·马克思（Karl Marx）对于承认的探讨。齐逊就提出在马克思那里，承认的线索同样存在着被人们遮蔽的问题。在他看来，《1844 年经济学哲学手稿》《詹姆斯·穆勒〈政治经济学原理〉一书摘要》（以下简称《穆勒评注》）和《评阿·瓦格纳的〈政治经济学教科书〉》等文献中都散见马克思对"承认"问题的阐释。③ 而霍耐特则更为关注马克思的劳动概念及其人类学含义。④

　　如果说承认理论在费希特、黑格尔和马克思那里是理论的酝酿阶

---

① 本书所参照的就是这两个英译本，但鉴于"实在哲学"等德文本的提法在目前国际学界影响较大，故本书仍采用德文本提法。为了行文方便，下文中的《耶拿手稿》一般指称的就是上述《伦理体系》和《耶拿实在哲学》（Ⅰ、Ⅱ）三个文本，不再包括《耶拿逻辑学、形而上学及自然哲学》等其他手稿。

② Robert R. Williams, *Recognition: Fichte and Hegel on the Other*, Albany: State University of New York Press, 1992, p. 84.

③ See, Andrew Chitty, "Recognition and Social Relations of Production", *Historical Materialism*, No. 2, 1998, Summer, pp. 57－97.

④ See, Axel Honneth, *The Fragmented World of the Social: Essays in Social and Political Philosophy*, Albany: State University of New York Press, 1995, pp. 3－49.

段，那么进入 20 世纪以后，承认理论则逐渐崛起，并逐步成长为一种社会理论形态。在这期间，法国的亚历山大·科耶夫（Alexandre Kojève）、让·依波利特（Jean Hyppolite）和让-保罗·萨特（Jean-Paul Sartre）最具代表性。科耶夫是公认的最杰出的黑格尔研究者之一，他对黑格尔的解读可以说"统治"了法国甚至西方的整整一代人，形成了所谓的"科耶夫式黑格尔"的解释路径。他的承认思想偏重于黑格尔的《精神现象学》，因此他从"主奴辩证法"出发，重点阐发了黑格尔对承认的理解。① 此后，与科耶夫同时代的依波利特则将黑格尔的数部巨著，如《精神现象学》翻译成法文，从而随科耶夫一起掀起了一股黑格尔研究热潮。在《自我意识与生活》这篇文章中，依波利特专门就黑格尔的"主奴辩证法"和"自我意识"做出评论，其中在对"主奴辩证法"的理解中涉及了部分对于承认问题的反思。② 而 T. 斯多姆·黑特（T. Storm Heter）的研究表明，萨特也受到了黑格尔承认思想的影响，认为伦理是一种对他者的义务，因而伦理关系必须建立在主体间承认的基础上，并主张主体必须尊重和承认他者的自由。相对于"主奴辩证法"中主人与奴隶的关系，萨特主要探讨了作家与读者之间的相互尊重，并诉诸对方的自由，他在《什么是文学》与《反犹分子》中分别详细涉及了"相互承认"与"相互非承认"，并在后期的"笔记"中比较了作家—读者的相互承认关系与主人—奴隶之间的非承认关系，由此基本上型构起他的承认理论。③

---

① See, Alexandre Kojève, *Introduction to the Reading of Hegel*, Ithaca: Cornell University Press, 1980；中文译本参见科耶夫《黑格尔导读》，姜志辉译，译林出版社 2005 年版。

② See, Jean Hyppolite, "Self-Consciousness and Life: The Independence of Self-Consciousness", in John O'Neill ed., *Hegel's Dialectic of Desire and Recognition: Texts and Commentary*, Albany: State University of New York Press, 1996, pp. 67-86.

③ See, T. Storm Heter, "Authenticity and Other: Sartre's Ethics of Recognition", *Sartre Studies International*, Vol. 12, No. 2, 2006, pp. 17-43.

相对于法国，德国对于黑格尔的研究显然源远流长，比如对于著名的"主奴辩证法"所展开的大量研究。但是需要指出的是，此类研究的重心并不在承认问题上，故在这里不做详细展开，同时当代承认理论对于黑格尔的兴趣更多的是随着《耶拿手稿》的发表而逐渐开启的。希普是最早关注并自觉发掘黑格尔承认理论的学者，可以说，他在承认理论的发展史上是一个举足轻重的人物，此后的承认研究者诸如哈贝马斯、霍耐特等人也多受其启发和影响，但由于其著述较少被译介，在英美学界影响较为局限。因为从他开始才真正挖掘并澄清了承认对于黑格尔思想的重要性。据丁三东的考证①，当前承认研究的文献几乎都源自他的《作为实践哲学原则的承认》（*Anerkennung als Prinzip der praktische Philosophie*）一书。同时，希普的观点对当时尚居于统治地位的科耶夫提出了重大挑战。他认为承认在自我意识上，作为主体之间双重意义的行为，通过与他者的联系和中介来完成各自的自我关系。他主要从两个层面来阐述黑格尔的承认思想，首先分析了个体与个体之间的承认关系，将它区分成爱与斗争这两种类型；其次分析了个体与制度之间的承认关系；此外，他还阐释了黑格尔关于自由的四个向度来呼应黑格尔所提出的"被承认的自由"。② 因此，如果说承认理论在费希特、黑格尔那里尚处于一种不自觉的状态，那么从希普开始，承认理论才真正进入一种理论自觉。而哈贝马斯也对黑格尔的耶拿时期保持高度关注，曾经专门以"劳动与相互作用"为切

---

① 丁三东：《"承认"：黑格尔实践哲学的复兴》，《世界哲学》2007 年第 2 期。

② See, Ludwig Siep, "The Struggle for Recognition: Hegel's Dispute with Hobbes in the Jena Writings", in John O'Neill ed., *Hegel's Dialectic of Desire and Recognition: Texts and Commentary*, Albany: State University of New York Press, 1996, pp. 273 – 288; Ludwig Siep, "Anerkennung als Prinzip der Prakitische Philosophie", in Robert R. Williams, *Hegel's Ethics of Recognition*, Berkeley & Los Angeles: University of California Press, 1997, pp. 51, 19 – 21.

入点，认为在黑格尔那里，"财产作为法律承认的实体，产生于劳动过程。因此，在得到承认的劳动产品中，工具活动和相互作用是相联系的"。① 同时，哈贝马斯认为，由于"法律上得到承认的自我意识，是劳动和为获得承认而斗争这两个过程的结果。因此，我们赖以从直接的自然力量的律令下解放出来的劳动过程，包含在争取承认的斗争中，以至于在这种斗争的结果中，在法律上得到承认的自我意识中，也包含着通过劳动获得解放的要素"，于是，"黑格尔用从外部自然和从内部自然的力量中解放出来的观点，把劳动和相互作用连结起来。"② 哈贝马斯最后指出，黑格尔在进入《精神现象学》《哲学全书》所构筑的精神哲学之后，放弃了对于劳动和相互作用的关系、爱和斗争的辩证法以及承认的思想的进一步探讨。③ 此外，哈贝马斯经过长期对主体间关系的反思，将承认的主体间线索贯彻到自己的交往行为理论中，从而在承认理论的发展进程中独树一帜。

　　进入 20 世纪 90 年代后，承认理论得到长足发展。霍耐特以"为承认而斗争"的倡议，提出一个源自黑格尔的三元承认模型，并力主在道德的基础上建立一种政治伦理学，由此引起国外学界极大的兴趣和反响。除了霍耐特之外，泰勒、福山、弗雷泽、罗伯特·皮平（Robert Pippin）、罗伯特·威廉姆斯（Robert Williams）等知名学者都

---

　　① ［德］哈贝马斯：《作为"意识形态"的技术与科学》，李黎、郭官义译，学林出版社 1999 年版，第 23 页。

　　② ［德］哈贝马斯：《作为"意识形态"的技术与科学》，李黎、郭官义译，学林出版社 1999 年版，第 24 页。

　　③ See, Jürgen Habermas, "*Labor and Interaction: Remarks on Hegel's Jena Philosophy of Mind*", in John O'Neill ed., *Hegel's Dialectic of Desire and Recognition: Texts and Commentary*, Albany: State University of New York Press, 1996, pp. 123 – 148. 中文译本参见哈贝马斯《劳动和相互作用——评黑格尔耶拿时期的〈精神哲学〉》，载《作为"意识形态"的技术与科学》，李黎、郭官义译，学林出版社 1999 年版，第 1—34 页。

对承认议题进行了传承并各自进行深入的探讨和研究，从而在无形中推动了承认理论的迅猛发展。对于当前承认理论所探讨的内容，我们可以大致划分为两种主题：第一，继续挖掘和阐发承认理论在起源阶段的文本，尤其是对黑格尔的阐释；第二，结合历史与现实，将承认理论纳入经验层面和实践环节的反思，阐释过程，并试图发展出一种全新的理论框架来对现实进行再解释。目前国际学界主要对以下这些话题中承认理论的介入表现出高度的关注：承认的概念界定；承认与政治的基本价值（正义、平等、自由）；承认与社会冲突；承认与多元主义（种族、文化价值与女权）；承认与社群主义；承认与历史发展；承认与伦理及人类理想（自我实现、人类解放、良善的生活）；等等。

二 承认理论的共性特征

虽然目前对承认理论的界定，国内外学界都缺乏明确的共识，其流派成员间也未形成成熟、一致的理论默契，但细加比较，本书认为承认理论的流派成员在观测视角、价值原则、基本立场、内在逻辑以及方法论路径等方面存在着较大的共性特征。

（一）主体间性（或他者）视角

一般而言，承认理论可谓开启了主体间性的视角，在强调主体性的启蒙时代就开始重视他者的价值。从黑格尔开始，承认概念强调的就是主体间的相互依赖性，而非某个主体的单方面运动。因此，承认他者也就是承认自身，承认在本质上反映的是一种主体间性。在《精神现象学》中，承认的发生始终具有双重意义，个体只有通过他者这个中项才能真正扬弃自我、认识自我，最终确立自我的自由。相反，单方面的承认则是"片面的和不平衡的承认"①，具体表现在"主奴辩证法"中，奴隶对主人的承认就是一种虚假的承认。到了哈贝马斯那里，承认概念就从对他者的依赖性发展成对他者的包容性。所以，承认行为"并非仅仅针对同类，而且也包括他者的人格或他者的他性"②，这种包容性既不是拒绝他者，也不是将他者完全囊括进来，而是一种开放的态度。泰勒同样强调他者的价值，但他侧重的是追寻他者承认与社会冲突之间的可能性关联。泰勒认为，个人一旦离开他者的承认，他对自身本质特征的理解，也就是个体的认同，就会出现歪曲，这恰恰是当今世界文化多元主义流行以及各类社会冲突的源头。在此意义上，加拿大魁北克人的反抗本质上与"奴隶"的反抗是一致的，都是未获得他者的承认，于是便转化为斗争，并上升为"承认的政治"。霍耐特则泰勒的基础上进一步挖掘他者与歪曲承认的经验基础与产生机制，从而将强暴、剥夺权利和侮辱这三种蔑视形式视为现实冲突的社会病理学来源，揭示了只有尊重他者，发展主体间的双向承认，才能实现人的完整性，达成其所追求的政治伦理共同体。

（二）共同体（或团结）立场

承认理论坚持以共同体（或团结）立场来弥合现代社会的主体性裂隙（原子化主体所造成的社会分裂）。在哈贝马斯看来，现代社会的分裂源于系统与生活世界的分离。启蒙理性在现代社会中走向了工具理性，导致作为系统的政治、经济等领域从原本统一的生活世界中分裂出来。在此过程中，作为系统媒介的权力和金钱反过来成为生活世界的主导，从而造成了系统对生活世界的入侵和现代理性主义的危

---

① ［德］黑格尔：《精神现象学》上卷，贺麟、王玖兴译，商务印书馆1979年版，第129页。

② ［德］哈贝马斯：《包容他者》，曹卫东译，上海人民出版社2002年版，前言第1页。

机。对此，哈贝马斯主张以交往理性实现对现代理性的全面扬弃，同时在民族国家的基础上对生活世界积极建构，尤其是提出一种具有广泛公民基础的"世界共同体"① 来替代现有的联合国，建立新的世界秩序。泰勒的立场与哈贝马斯的现代性诊断十分相近。作为共同体主义（又译社群主义）的成员，泰勒始终坚持共同体（社群）对于个体的优先性，从原子主义和消极自由两个层面来批判自由主义，并借助黑格尔的国家范畴来重新定位民族国家的认同，尤其是将爱国主义置于承认的框架中探讨，揭示其作为一种"共同善"意义上的强公民认同。霍耐特也力图揭示现代性危机的本质，他与泰勒、哈贝马斯不同的地方在于从经验分析的角度来对现代性危机进行社会病理分析，他挪用黑格尔和乔治·H. 米德（George H. Mead）的理论资源，将强调共同体价值的"团结"作为关键维度纳入其"爱—权利—团结"这一有关承认的三位一体框架。他提出"始于个人完整性主体间条件的努力，最终也必须包罗相关于社会团结的承认模式，而团结只能从集体共同的目标中产生出来"②，并且提出一种"后传统共同体"（Post – Traditional Communities）③ 的全新理念来超越自由主义与共同体主义。

（三）平等主义原则

承认理论在核心价值的诉求上表现为一种平等主义原则。具体而言，平等诉求在泰勒那里表现为支撑承认政治要求的普遍平等的立

---

① ［德］哈贝马斯：《后民族结构》，曹卫东译，上海人民出版社 2002 年版，第 118—120 页。

② ［德］阿克塞尔·霍耐特：《为承认而斗争》，胡继华译，上海世纪出版集团 2005 年版，第 184—185 页。

③ Axel Honneth, *Disrespect*: *The Normative Foundation of Critical Theory*, John Farrell, etc. trans. , Cambridge：Polity Press, 2007, pp. 255 – 260.

场。泰勒借助对公民尊严和普遍承认的阐发，强调了现代社会区别于传统社会之处，就在于等级制下荣誉观念的瓦解，尊严不再为特权阶层所垄断，而是全体公民所共有的。因此，他认为，无论是公共领域还是私人领域，"平等承认的政治发挥着越来越大的作用"①。按照弗雷泽的观点，平等不仅建构了她的承认政治规划的基本原则，而且成为她的正义构架的核心概念。她认为，正义最一般的内涵就是"参与平等"（Participatory Parity），正义要求允许所有人作为平等的主体来参与社会生活安排。所以，"承认诉求只能在参与平等的条件下得以证明，这一条件包括相互的承认"②。为了保证参与平等的实现，弗雷泽专门设计了两个条件，即物质分配独立性的客观条件和尊重所有参与者的主体间条件。与泰勒、弗雷泽不同，霍耐特的平等主义立场独具特色。在确切意义上，它表现为一种复合意义的平等主张，即不把平等视为一种独立的价值。但霍耐特并非否定平等的取向，而是强调实现平等所需的自由前提，"因为只有当它作为一种对个人自由价值的解释时，它才能被人们所理解：现代社会的所有成员都有着平等地实现自己自由的权利。所有关于社会平等的要求都只是通过个人自由才具有意义"③。

（四）差异性（或特殊性）逻辑

承认理论主张以差异性（或特殊性）逻辑来对抗现代社会的同一性（或普遍性）逻辑。哈贝马斯通过回顾民族国家的产生过程，

---

①　[加]查尔斯·泰勒：《承认的政治》，载汪晖、陈燕谷《文化与公共性》，生活·读书·新知三联书店 1997 年版，第 300 页。

②　[美]南希·弗雷泽、[德]阿克塞尔·霍耐特：《再分配，还是承认？——一个政治哲学对话》，周穗明译，上海人民出版社 2009 年版，第 35 页。

③　[德]阿克塞尔·霍耐特：《自由的权利》，王旭译，社会科学文献出版社 2013 年版，第 27 页注 1。

指出宪法作为人民意志的反映以及程序主义的共识，体现的是民族国家对于个体差异性的三维承认。他认为，"每个人作为不可替代的个人、作为一个族裔或文化群体的成员、作为公民（即一个政治共同体的成员）都应该能够得到对其完整人格的同等保护和同等尊重"①，即对差异性充分尊重和承认。泰勒则明确主张以一种"差异政治"来实现汉斯－格奥尔格·伽达默尔（Hans－Georg Gadamer）意义上的"视界融合"，他认为"差异政治认为应当承认每一个人都有他或她的独特的认同"②，从而推进对特殊性的承认。泰勒指出，差异政治来源于"普遍尊严的政治"，因为它的理论基础源于普遍的平等主义潜能，但是两者之间却有着根本性的分歧：普遍尊严的政治本质上倡导普遍主义的价值规范，因而反对特殊性、无视个体之间的差别；与此相对，差异政治则"要求以公民彼此之间的差异为基础对他们区别对待"。③ 艾丽斯·杨（Iris Marion Young）则在泰勒的基础上阐发了差异政治的逻辑，尤其是廓清了差异的内涵，她认为，差异政治"通过主张自己身份的积极意义，受压迫群体要去夺取命名差异的权力，推翻将差异视为对规范的偏离的隐秘定义……差异不再意味着他者、排他的对立，而是个殊性、多样性和异质性"④。

（五）对话（或协商）式路径

承认理论的理念在展开现实的可能性上主要表现为对话或协商的

---

① ［德］哈贝马斯：《在事实与规范之间：关于法律和民主法治国的商谈理论》，童世骏译，生活·读书·新知三联书店2003年版，第660页。

② ［加］查尔斯·泰勒：《承认的政治》，载汪晖、陈燕谷《文化与公共性》，生活·读书·新知三联书店1997年版，第301页。

③ ［加］查尔斯·泰勒：《承认的政治》，载汪晖、陈燕谷《文化与公共性》，生活·读书·新知三联书店1997年版，第302页。

④ ［美］艾丽斯·杨：《正义与差异政治》，李诚予、刘靖子译，中国政法大学出版社2017年版，第207—208页。

实践方式。泰勒认为，"人类生活的本质特征是其根本性的对话特征。只是因为掌握了人类丰富的语言表达方式，我们才成为人性的主体，才能够理解我们自己，从而建构我们的认同"①。因此，无论是哈贝马斯、泰勒，还是霍耐特、弗雷泽，都主张通过对话、协商来解决社会冲突或公共领域的争议问题。在这里，哈贝马斯关于协商民主的主张最具代表性。他力图在一种语用学的交往理性基础上发展出所谓的双轨式商议性政治："商议性政治是在意见形成和意志形成过程的不同层次上沿着两个轨道进行的——一个是具有宪法建制形式的，一个是不具有正式形式的。"② 前者是在国家权力层面的立法、司法和行政协商，后者是在非正式的公共场合的自发磋商，分别对应弗雷泽意义上的"强公共领域"和"弱公共领域"，进而促成协商民主的实现。因此，协商民主在本质上是建立在相互承认前提下的程序主义话语民主。霍耐特同样追求协商民主的路径，但他与哈贝马斯稍有不同，他侧重非正式公共领域的协商，他重申"民主公众性机制"的重要性，他认为"不是国家创建公众性，而是公众性创建国家"③。而现实的挑战是民众愈发普遍的政治冷漠导致民众与国家之间无法形成良性的机制性互动，因此只能加强非正式公共领域中民众的参与度，重新激发公众性力量，才能促进对话与协商，最终实现霍耐特所追求的"社会自由"与民主伦理。

---

　　① ［加］查尔斯·泰勒：《承认的政治》，载汪晖、陈燕谷《文化与公共性》，生活·读书·新知三联书店 1997 年版，第 296 页。
　　② ［德］哈贝马斯：《在事实与规范之间：关于法律和民主法治国的商谈理论》，童世骏译，生活·读书·新知三联书店 2003 年版，第 389 页。
　　③ ［德］阿克塞尔·霍耐特：《自由的权利》，王旭译，社会科学文献出版社 2013 年版，第 505 页。

三 马克思的视域与承认理论重构的可能性①

当代西方承认理论旗帜鲜明地通过"回到黑格尔"那里，来挖掘、阐释和发展承认命题，藉此复兴黑格尔的实践哲学。因此，要真正地理解和把握当代承认理论，必须从黑格尔的承认理论这个源头入手，才能穿越当前多元文化主义、身份政治、差异政治、民族主义、种族主义抑或后现代主义政治等纷繁复杂的意识形态，直接抓住问题的本质。正是在这个意义上，本书发现一个多世纪以前的马克思在黑格尔哲学的批判过程中无疑已经为我们提供了极具参考价值的方法论视角和分析框架，这就为我们站在历史唯物主义的立场，在吸收和扬弃黑格尔承认理论的合理内核的基础上，重构一种马克思视域下的承认理论提供了理论上的可行性。

但值得注意的是，我们在今天重新回到马克思，并从马克思的思想资源出发来重构西方承认理论，并不是出于思想史考据意义上的特殊兴趣，抑或是为实现所谓理论上的创新而强赋新词，而是为反思和批判当代西方资本主义意识形态发展的最新动向提供有力的理论依据和方法论支撑，并为切实解决我国当前所面临的重大理论与现实问题提供有针对性的理论指导。众所周知，法兰克福学派以来左翼激进政治思潮包括承认理论的积极之处，就在于继承和发展了马克思的批判精神。但是，在正面对抗全球资本主义的战场上，他们不仅在物质世界的社会主义实践上"缴了械"，而且在精神上基本丧失了话语领导权。在一片悲观主义情怀中，他们"曲线迂回"、转战"边缘"、收拾主流以外的"剩余"，把革命运动收缩在书斋里，在改变世界的

---

① 本节的删节版已经以"马克思的承认哲学新释"为题发表在《中国社会科学报》2017 年 11 月 30 日第 04 版。

实践运动中却毫无建树。这恰恰是值得我们警醒的地方。当前，在开展新时代中国特色社会主义实践过程中，我们必须充分吸取西方左派的教训，积极开辟马克思主义的正面战场，以坚韧的党性和坚定的立场来开展中国特色社会主义建设。当然，需要强调的是，中国特色社会主义实践由于革命成功的语境，注定了在理解马克思重构承认理论的过程中与西方左翼政治有着本质上的差别。由此，在中美贸易战愈演愈烈的现实背景下，通过回到马克思那里，汲取历史唯物主义的养分，重新审视和反思西方承认理论及其背后的意识形态幻象，并在此基础上建构一种马克思视域下的承认理论，为我们有力地回应理论与现实的挑战提供"批判的武器"就成为当务之急。

毋庸置疑，承认概念在黑格尔的哲学体系中达到了空前的形而上高度。但是本书以为，只有到了马克思那里，承认才被历史性地引入现实之中，承认的内涵才获得了全面的丰富和拓展。那么，得出上述结论的依据何在？也即以马克思的思想资源来重构承认理论何以可能？如果可能，马克思重构承认理论又是如何发展起来的？

首先，这是由于承认其实是马克思的思想体系内蕴的一个重要理论范畴。在马克思的《穆勒评注》中，所谓承认，也即真正的承认，是指人与人之间的相互肯定和人之交往关系本质的确证，它同时构成了人类解放的愿景——"自由人联合体"的本质维度。在这里，承认成为联结个体与共同体的中介，为马克思彻底解决个体与共同体之间的内在张力提供了理论上的可能。在马克思看来，只有在"自由人联合体"中，每个人所面对的联合体是一个个具有充分个性的个体，在交往过程中只有给予对方完全的承认和尊重，才能获得真实的人的交往，而联合起来的共同体必然以承认每一个体的个性价值为前提。

其次，马克思重构承认理论经历了一个历史生成的过程，具体而言，可以划分为三个阶段——承认的人本式构想时期、承认的交互价值论时期，以及承认的实践唯物论时期。第一，在青年马克思那里，通过对资本主义社会中异化承认的批判，并以劳动范畴为中介对相互承认进行探讨，为我们勾勒了一幅人本主义承认价值观的多彩画卷。第二，马克思经历了一个基于"自由人联合体"理想的交互价值论的思想过渡时期。他通过相互承认来力图克服个体与共同体（集体）之间一直以来的矛盾，最终实现双方有机的和谐统一，尽管这种构想依然是从对人学价值的判断推导而来的，但它已经超越了以黑格尔为代表的古典哲学，成为马克思重构承认理论思想的一大亮点。第三，马克思重构承认理论思想发生了实践唯物论的质的提升。他认为真正的承认不是"思想的活动"，而是"历史的活动"。他通过对资本主义拜物教的批判，指出承认关系的物化根本在于资本主义生产资料私人占有制，只有消灭资本主义生产方式，无产阶级才能进入"自由王国"。在此基础上，马克思将目光集中在改造世界和实现自由王国的过程，并着手将承认的方式改变成无产阶级合法斗争的武器，最终完成了由理论叙事向革命实践的历史性升华。

再次，马克思重构承认理论存在正反两个向度的建构，体现出破立并举的特征。从反向维度来说，承认理论思想蕴含于马克思对资本主义的批判中。在马克思看来，人与人之间的承认关系在资本主义社会被扭曲为虚假的承认，人的关系异化为物的关系，人的本质的相互承认为拜物教所替代；从正向维度来看，真正的承认是人与人之间的相互肯定和人之交往关系本质的确证，但承认的实现不是依据某种道德要求和价值准则的人类想象，而是一种面向现实的历史活动，它需要客观的社会条件。因此，马克思将其落实在大工业所代表的生产力上，这就决定了对承认的探讨必然离不开物质生产领域。

复次，马克思历史科学的理论框架中内含着重构承认理论的四个基本范畴——劳动、社会关系、资本和联合体。第一，劳动是马克思重构承认理论思想的主要载体，正是通过对交互劳动的描绘，马克思才有力地阐释了真正的承认的内涵，并通过劳动与承认的关联建立起整个承认理论思想发展的一条关键线索。第二，社会关系展示了承认理论思想的宏观视界，凸显了马克思区别于一切旧哲学家的立足点，成为马克思重构承认理论思想的一种观察方式或叙事方法。第三，资本作为马克思承认批判的主题，意味着一种异化的相互承认的物化形式，是对人与人之间相互承认关系的消解，标志着全面的物役。因此，无产阶级解放政治的实现必须砸碎资本的统治。第四，联合体的提出代表了马克思重构承认理论思想的最终走向和价值依归。联合的方式昭示了马克思心目中建构真正承认的一个重要手段。

最后，从马克思出发来重构承认理论归根结底是为了探寻实现人类解放的现实途径。马克思区分了实现人类解放的两种历史途径，即革命与承认。相对于革命式的暴力斗争，承认具有相互和解的实践意义，它代表了另一种和平改造资本主义的有效途径。在这里，人类解放是目标，而革命与承认只是实现目标的两种途径或手段，因此手段的使用必须建立在具体历史条件的基础上。需要看到，在新的生产方式出现之前，也即资本依然处于上升阶段之际，无产阶级的人类解放议程不能仅仅采取革命理论的手段，而应当根据实际，采取相互和解的承认方式逐步实现对资本所创造的生产力的改造和占有。当然，20世纪以来，革命的彰显和承认的遮蔽也是适应历史条件的一种必然，但遗憾的是，承认被历史所压抑的客观现实，却被以往的教条主义极大地误解了。由此看来，从马克思出发来重构承认理论的思想体系，其实受到了 20 世纪革命史以及启蒙以来主体性哲学的双重遮蔽。

有鉴于此，本书拟通过以下八章来系统建构马克思哲学视域下承认理论的基本框架。

第一章对当前国际学界以"回到黑格尔"为指向的承认思潮进行探讨，以期关注当代"黑格尔的幽灵"如何复兴黑格尔的实践哲学。本章主要以科耶夫和福山为分析对象，是缘于科耶夫和福山的观点与主张更具"黑格尔的幽灵"的典型性，更能充分地展现出承认理论以及"回到黑格尔"的理论举措所代表的西方政治意识形态的根本立场。通过对福山将历史解释为承认动力论的回顾，并由此前溯至科耶夫意在实现承认的"普遍同质国家"。所谓历史的终结意味着承认获得满足的人都成为弗里德里希·W.尼采（Friedrich Wilhelm Nie-tzsche）意义上的"末人"，致使历史的终结也是承认的虚无化。有鉴于此，本章主张回到马克思那里，对科耶夫—福山式的承认理论予以坚决批判，并引出马克思"承认"方案的科学性。

第二章旗帜鲜明地回到马克思的立场，在吸收和扬弃黑格尔承认理论的合理内核的基础上，力图重构一种马克思视域下的承认理论，来回应当前"回到黑格尔"的思潮。首先，指出马克思对承认理论进行重构的基本立场在于破立并举——在对黑格尔的解构中展开建构。其次，对马克思承认理论框架中的四个基本范畴——劳动、资本、社会关系以及联合体进行观点性陈述。再次，围绕马克思视域下的承认理论的内在逻辑和方法进行阐发。具体而言，承认不仅仅是文化心理问题，更关涉政治，但是马克思处理方式的独特性在于将政治问题经济化，从经济领域直击资本主义承认的现实本质，进而提出解决方法，走向自由人联合体。最后，揭示出马克思的承认不仅是对黑格尔承认理论的重构，更是对当代西方承认理论的超越，因为它标志着人在政治、经济、文化、生态等多领域的全面解放。

　　第三章主要探讨马克思重构承认理论的政治向度。首先通过比较承认在亚里士多德时代的古代表达（建立在共同体正义之上的友爱政治）和在自由主义那里的现代表达（建立在个体正义之上的承认政治）中的正义症结，引出黑格尔的承认调和方案；在此基础上，揭示出只有马克思才真正地切中了承认背后的具体正义问题，指出马克思通过借助"自由人联合体"的构想，扬弃了古代承认与现代承认，全面阐明了普遍承认的基本内涵与作为中介的自由劳动的独特价值，并将对承认的探讨纳入无产阶级解放的历史使命中，在历史唯物主义的视域中凸显正义的现实（阶级）立场。

　　第四章主要探讨马克思重构承认理论的经济向度。围绕着人的解放及其现实化的目标，在批判黑格尔和国民经济学的同时，马克思主张扬弃私有财产，实现生产交往基础上的真正的承认，同时对市民社会中的异化及其承认现象予以激烈批判。进入《资本论》及其手稿写作之后，马克思逐步扬弃早期人本主义的异化承认逻辑，通过厘清亚当·斯密以来的分工逻辑，抓住资本与劳动的"小流通"等关键环节，揭开工场手工业和机器大工业中单向度承认的真相，然后从作为承认对象的交换价值来切入承认关系的本质，经过对抽象劳动及劳动二重性理论的论证，阐明价值及价值量才是商品得以普遍承认的原因，其衡量尺度是社会必要劳动时间。藉此，马克思最终将承认问题所代表的"主观公式"落实到生产力与生产关系的"客观公式"之中，从而在根本上揭示了工人阶级解放及承认的现实化必须建立在彻底打破资本统治的基础上。

　　第五章主要探讨马克思重构承认理论的生态向度。首先指出人与自然的和解在本质上体现了人与自然界之间的相互承认关系：一方面，体现在作为"实现了的自然主义"的人，必须承认自然界作为人类生存环境及其内在规律的先在性；另一方面，表现在作为"人化自然"的自然界是对人的本质力量的一种肯定与确证。但是，在资本主义社会中，资本对于自然的蔑视，导致物质变换的断裂和自然的贫困，因此生态危机的激化反映出人与自然的相互承认关系的崩溃。因此，马克思主张必须消灭资本逻辑，实现社会的全面变革，真正把自然主义和人道主义相结合的共产主义作为超越资本主义生产方式的现实运动，达成人与自然的相互承认与双重解放。

第六章主要探讨马克思重构承认理论的文化（美学）向度。不同于西方承认理论将承认关系从文化心理视角来理解，马克思从人本身的丰富性出发，通过承认来回归感性，实现全面的审美解放，使每个人都能够得到自由而全面的发展。根据马克思的构想，承认事实上对于人的审美需要起到了一种中介作用，因而承认构成了人的审美关系社会化的一个关键环节。而审美意义上的解放标志着共产主义的实现和人的自由全面的发展，这也意味着作为目标意义的相互承认体现在人的解放内涵之中，而作为手段（中介）意义的相互承认则真正完成了其历史使命，将被彻底超越。

第七章主要针对当代西方语境下承认理论的最新发展进行再审。本章主要以西方承认理论的旗手——霍耐特为例。霍耐特自 2013 年以来连续推出《自由的权利》《承认还是歧见》《社会主义的理念》《承认：一部欧洲观念史》《劳动主权：一种劳动规范理论》等大量著述。这些作品反映了他在以爱、权利和团结为模型的"承认一元论"的基础上对当代承认理论进行推进和发展。具体而言，他主张回到黑格尔的实践哲学领域，在黑格尔法哲学的基础上发展出一种宏大的"社会分析的正义论"来弥合理论研究与经验研究（或规范分析与社会分析）之间的鸿沟；并继续深入现代社会的内部，试图通过以承认为内核的政治伦理学来应对当代理论与现实的挑战。对此，本章站在马克思的承认立场上对霍耐特的最新理论举措予以批判性回应。

　　第八章主要关注当代中国语境下承认理论的可能性建构。本章指出从"人类命运共同体"构想到"人类文明新形态"的提出，再到"中华民族现代文明"的建设，这些党的创新理论本身蕴含着丰富的承认理论意涵，它们不仅在"两个结合"的理论层面与马克思视域下的承认理论形成了高度的共契，而且在新时代中国特色社会主义实践的基础上，在面对纷繁的全球化挑战下，将承认的理念推进为一种具有中国智慧的探索，并实现了对西方承认理论的扬弃与超越。当然，以承认理论的视角来理解和阐释人类命运共同体与中华民族现代文明，绝不是为创新而创新的理论独白，而是为如何从新时代这一关键时期迈向自由人联合体的远景目标提供具体的理论参考和方法论借鉴。

第一章 "回到黑格尔"还是
"回到马克思"

20世纪90年代以来,政治意识形态领域中,福山以承认为观察历史的视角,提出了极具争议的"历史终结论"(The End of History)①,与此同时,社会文化领域中泰勒、霍耐特等人都采取承认来破题,共同提出了"承认政治"(Politics of Recognition)、"为承认而斗争"(Struggle for Recognition)等命题。一时之间,国际学界围绕着承认问题掀起了一股"回到黑格尔"的热潮。毋庸置疑,承认理论原本并不属于黑格尔哲学体系中最受关注的部分,但是,当前西方学界对黑格尔承认理论的再发现和再诠释,使得该理论成为"回到黑格尔"的一大标志,在现阶段大放异彩。它不仅颠覆了黑格尔曾经作为主体性哲学集大成者的古板形象,而且在今天日益将黑格尔当作引领后现

---

① 福山在其2018年出版的《身份:尊严的需求与怨恨的政治》序言中提到,本书的写作恰恰源于唐纳德·特朗普(Donald Trump)的上台,但是这一令人意外的事件并未改变其1989年对历史发展所做出的基本判断。(Francis Fukuyama, *Identity: The Demands for Dignity and the Politics of Resentment*, New York: Farrar, Straus & Giroux, 2018, pp. 1 - 5.)但值得注意的是,福山在本书中对30年来各种反对声音再次做出了一种新的回应,他认为其标题中的"end"不应被误解为"终结"(termination),而应作为"目的"(target/objective)来理解。

代主义的"弄潮儿",其形象翻转之快,令人瞠目。

一般来说,在德国古典哲学领域,费希特是最早明确提出承认问题的人。在《自然法权基础》中,费希特通过对个体自我意识之结构及其可能性的阐释提出了他的承认概念:自我的自由建立在对他者自由的承认之上,单独的个性只能通过与另一个性的存在相联系才能被理解,所以承认实质上是相互承认。在费希特那里,承认是作为自然法的先验条件而出现的。但是,黑格尔对此并不认同,因此黑格尔的承认是在批判和超越自然法的基础上提出的。黑格尔在《耶拿手稿》的《耶拿实在哲学》中提及了承认,在他看来,"人有必要被承认,同时有必要给予承认。这种必要性是他自身的"①。对于黑格尔而言,承认的首要任务是面对启蒙现代性规划所带来的个体和共同体(或市民社会和国家)之间的对立。法国大革命没有能够成功地克服这种矛盾。因此,耶拿前期的承认概念可以被视为克服个人和国家之间对立的一种尝试。这是由于承认其实完全改变了人作为市民个体的生活,同时,承认还构成了人从自然状态中的利己主义转向共同体之下伦理生活的中介。就此而言,黑格尔无疑站在承认的立场恢复了古希腊意义上的共同体理念,从而开拓了费希特所引领的主体间的全新视域。

如果说黑格尔早期的《伦理体系》《耶拿实在哲学》对于承认的阐释代表了黑格尔的一种体系化尝试,那么随着《精神现象学》的出版,黑格尔建立起了他的"第一个完整的体系"②,而承认问题则以

---

① G. W. F. Hegel, *Hegel and the Human Nature: A Translation of the Jena Lectures on the Philosophy of Spirit (1805 – 1806) with Commentary*, Leo Rauch ed. & trans., Detroit: Wayne State University Press, 1983, p. 111.

② [德] 马尔库塞:《理性与革命:黑格尔和社会理论的兴起》,程志民等译,上海世纪出版集团 2007 年版,第 67 页。

著名的"主奴辩证法"的形式成为其第一个体系中的关键部分，并且日益引发后世学者层出不穷的争论。但是，按照威廉姆斯的观点，《精神现象学》的"主奴辩证法"还不是黑格尔承认理论的成熟阶段，只有发展到《法哲学原理》时，黑格尔的承认理论才真正具备了一个较为完整的体系。① 由于笔者已经在其他书籍②以及文章中对于黑格尔的承认理论有过较为详尽的讨论，故在此不再对黑格尔的承认理论进行详细展开，而是对当前以"回到黑格尔"为指向的承认思潮进行探讨，以期关注当代"黑格尔的幽灵"是如何复兴黑格尔的实践哲学的。

需要指出的是，本章之所以主要以福山和科耶夫为关注点，是由于福山和科耶夫的观点与主张更具典型性，更能充分地展现出承认理论，以及回到黑格尔的理论举措所代表的西方政治意识形态的根本立场，而泰勒和霍耐特的承认理论主张和立场则相对复杂，具体将在后文进行分析。

第一节 "黑格尔的幽灵"与作为历史动力的承认

如何对待历史以及从中获得对未来发展趋势的研判，是现代社会经历世俗化之后所产生的核心命题。与古代人不同，经历了启蒙思想洗礼的现代人对历史的思考总体呈现为以进步为特征的发展史观，并且认为这种启蒙以来的历史观所发展出的理性价值与制度体系具有普

---

① See, Robert R. Williams, *Hegel's Ethics of Recognition*, Berkeley & Los Angeles: University of California Press, 1997, pp. 67–70.

② 参见陈良斌《承认哲学的历史逻辑：黑格尔、马克思与当代左翼政治思潮》，人民出版社2015年版，第一章。

遍性的意义。正如马奎斯·孔多塞（Marquis de Condorcet）在《人类精神进步史表纲要》中所表明的那样，"这种完美性的进步，今后是不以任何想要遏阻它的力量为转移的……毫无疑问，这种进步所经历的行程可能或快或慢；但是，……只要这个宇宙体系的普遍规律不会在这个大地上产生一场整个的天翻地覆……那么这种进步就绝不会倒退"①。恩斯特·卡西尔（Ernst Cassirer）则进一步将这种进步明确为启蒙时代对进步理性的信奉："'理性'成了18世纪的汇聚点和中心，它表达了该世纪所追求并为之奋斗的一切，表达了该世纪所取得的一切成就。"②

显然，福山对此深表赞同，并且在此基础上力图区分作为概念的普遍史与世界史，认为普遍史的真正价值在于"在一般的人类社会的整个发展过程中，找出一个有意义的模式"③。但是，在福山看来，这种启蒙以来历史叙事的致命缺陷就在于仅仅将理性作为关注的焦点，却忽略了人非理性的一面——激情（thymos）。福山援引柏拉图在《理想国》中提出的激情说，即柏拉图认为灵魂由欲望、理性和激情三部分组成，除了前两者，人不同于动物的地方就在于会追求他人对自身的承认。而这种源于灵魂的激情部分，承认就像人天生的正义感一样，对于公共政治生活至关重要。因此，贯穿福山历史终结论的理论依据就在于作为激情内核的承认才是推动人类普遍史的一个关键动力，而以往的人们更多关注的是经济动力论或科技动力论。

---

① ［法］孔多塞：《人类精神进步史表纲要》，何兆武、何冰译，江苏教育出版社2006年版，第2—3页。

② ［德］卡西尔：《启蒙哲学》，顾伟铭等译，山东人民出版社1988年版，第3页。

③ ［美］弗朗西斯·福山：《历史的终结与最后的人》，陈高华译，广西师范大学出版社2014年版，第75页。

正是在此意义上，承认问题恰恰是理解福山的历史终结论的一把钥匙。但十分有趣的是，福山的历史终结论所引起的巨大反响，尤其是广泛的批评声音主要指向的是历史终结的标题，而非其内容所谈及的"承认动力论"①。究其原因，主要在于两方面。

一方面，福山当初发表在《国家利益》杂志的文章与其日后著作的立足点并不相同，承认范畴只是其立论的一个分支而非主干，从而使得承认并未受到应有的关注。在 1989 年这篇引起世界级轩然大波的《历史的终结?》一文中，福山一开篇就表现出对于西方自由主义意识形态取得全面胜利的自信，似乎全然放下了作为美国国务院政客的那种职业性谨慎。他情绪激动地宣称："西方的胜利首先体现在能系统地替代西方自由主义的可行方案已经全面枯竭。……我们可能目睹的不仅仅是冷战的结束，或战后历史特定时期的结束，而是历史的终结，即人类意识形态演变的终点和西方自由主义的普遍化民主是人类政府的最终形式。"② 接下来，福山主要通过提供三大论据来支撑上述观点：首先，他认为没有哪种思想资源或社会运动能实现对自由主义进行有效替代或构成实质性威胁，比如社会主义、伊斯兰原教旨主义、民族主义等；其次，尽管在过去不同的历史阶段，各种社会形式都能在物质繁荣、社会安全与经济发展等方面获得不同的发展和成就，但自由主义所提供的社会体制却能够远胜于它的所有对手，比如苏联体制就输在了对消费者欲望的满足上，而自由主义相比之下就能

---

① 正如学者刘瑜在该书"导读"中所提到的那样，毕竟这本书不是一个政治宣言，众多基于意识形态所提出的批评，与其说是批评这本书本身，不如说是批评这本书的标题。参见［美］弗朗西斯·福山《历史的终结与最后的人》，陈高华译，广西师范大学出版社 2014 年版，"导读"，第 ii 页。

② Francis Fukuyama, "The End of History?", *The National Interest*, No. 16, Summer 1989, pp. 3 – 18.

产生无可比拟的物质丰富性；最后，福山才简要地提出日后著作中的核心观点，即人类欲望的满足不仅仅在于物质的需求，更在于获得他人的承认。在这里，福山借助黑格尔—科耶夫的观点，提出社会体制的兴衰不仅是由追寻物质繁荣的斗争所型塑，而且是由追求承认的斗争所推动。到了自由社会阶段，所有人都能最大限度地给予和获得承认。同时，这一维度的人类欲望也标志着人类社会型构世界历史的内在动力。①

另一方面，承认问题未受到应有的关注还与福山自身理论反思的反复与曲折有着直接的关联。福山在不断回应外界挑战的同时，也在谨慎地调整着自身的理论基调。比如，从 1989 年《历史的终结?》文章发表到 1992 年扩充成书，仅仅过了两年，福山的基调已经明显趋向于保守。相较于文章，成书后的《历史的终结与最后的人》不仅标题做出了调整，而且在一开头就出人意料地将文章中那种自由主义胜利的自信画风突变为一种历史悲观主义色调，福山将源于奥斯瓦尔德·斯宾格勒（Oswald Spengler）（《西方的没落》）和丹尼尔·贝尔（Daniel Bell）（《意识形态的终结》）的阴郁情绪夹杂在对西方现代性在现实中所遭遇的种种不利情境中，并透出对于历史终结的担心。于是，他采取了尼采式"末人"的隐喻，来对自由主义社会实现平等承认后，人的生活状态及其丧失激情或精神动力的平庸主义表达了一种无可奈何的隐忧。同时，福山更是在最后一部分对于自由民主体制能否满足外在物质需要与内在精神承认这两大维度表现出了深深的怀疑，并列举了新加坡的威权体制作为补充。在 2006 年再版所增添的后记中，福山更是罗列出了四种现实中对其理论造成最严重挑战的可

---

① Francis Fukuyama, "The End of History?", *The National Interest*, No. 16, Summer 1989, pp. 3–18.

能，分别是伊斯兰教是否会成为民主障碍、国际层面的民主问题、政治自主问题和技术灾难问题。①此外，与文章不同的地方还在于，福山在书中对于历史动力机制的思考不再仅仅从承认出发，他还提出了自然科学动力机制："现代自然科学的进步和不断展开，就为解释后来历史发展的诸多方面提供了一个方向性机制。"②他指出，自然科学推动历史产生既有方向性又有普遍性变化的方式主要有两种，一是军备竞赛，二是经济发展。当然，他最终指出自然科学不应该被当作历史走向终结的终极原因，暗示自然科学动力机制的解释是不完整的，从而为转向承认解释奠定基础，但无论如何，这种双重动力机制的探讨，就必然容易使福山寄予厚望的"为承认而斗争"迷失在诸多主题的论证过程中。

我们不应就此认为，福山已经放弃了其历史终结论的立场。事实上，他在反思中更加坚决地将立论基点置于作为"大写历史"动力的承认之上，这在 2014 年《历史的终结》新版序言和 2018 年的《身份》中都得到了体现，只是他将充满争议的政治意识形态结论转变为更为谨慎的普遍史追问。正如张盾教授所言，福山的"历史终结论"虽然是一个鲜明的政治问题，但是"福山著作的特点却是用复杂的思想史讨论为这个问题建立起一个学术谱系的深度背景，使得我们对这个问题的反思也不得不跟随福山进入这种思想史的考察之中"③。所以，《历史的终结》深刻的地方在于不是简单地纠结于"左""右"之间的意识形态纷争，而是触碰到了启蒙以来现代性历史进程的动力

① ［美］弗朗西斯·福山：《历史的终结与最后的人》，陈高华译，广西师范大学出版社 2014 年版，第 354—361 页。

② ［美］弗朗西斯·福山：《历史的终结与最后的人》，陈高华译，广西师范大学出版社 2014 年版，第 93 页。

③ 张盾：《"历史的终结"与历史唯物主义的命运》，《中国社会科学》2009 年第 1 期。

机制，即寻求承认的斗争，从而带来了对人类——不同于动物的自然欲望和生存需求——更宽广的理解框架。

在福山看来，承认概念与西方政治哲学本身一样古老，"柏拉图用的是激情（thymos），马基雅维利把它说成是人追求荣耀的欲望，霍布斯则说这是人的骄傲或虚荣，卢梭说这是人的 amour – propre（'自尊'），亚历山大·汉密尔顿说这是对声名的爱，而詹姆斯·麦迪逊则说这是野心，黑格尔说这是承认，而尼采则把人说成是'红脸颊野兽'。所有这些属性都指的是人的这样一个部分，它觉得有必要赋予事物以价值——首先赋予自己以价值，然后赋予它周围的人、行动或事物以价值"①。在这种寻求承认的欲望中，既有寻求优越于他人的优越意识（Megalothymia），也有寻求与人平等的平等意识（Isothymia），这两种意识共同构成了寻求承认的欲望的两个面向，从而构成了人类历史发展的基本动力。具体而言，优越意识本质上是一种追求荣耀的欲望，同时也可能展现为一种统治的欲望，福山认为这就是承认欲望的阴暗面，寻求承认的欲望就会挑起原始争斗与社会冲突，最终导致主人对奴隶的统治，这种承认逻辑所导向的普遍承认就会导致帝国主义的产生。因此，政治思想史上每一位严肃思考政治秩序的学者都必须面对承认欲望的道德模糊性，善于抑制承认欲望的阴暗面。福山认为，到了现代世界，优越意识已经被自由民主制下追求物质财富的欲望所彻底击败，于是，优越意识逐步被希望与他人具有同等地位的平等意识所取代。但吊诡的是，这种平等意识的承认过于理性，就会在资本主义的经济理性中逐步平庸化，成为尼采意义上庸庸碌碌的"末人"。所以，福山指出，稳

---

① ［美］弗朗西斯·福山：《历史的终结与最后的人》，陈高华译，广西师范大学出版社 2014 年版，第 178—179 页。

定的自由民主制依然需要优越意识的那种非理性的承认才能更好地发挥出功能，促进资本主义的繁荣。正是在此基础上，之所以福山得出历史终结于自由民主制的结论，乃是缘于自由民主是迄今最能以某种平衡的方式来满足承认动力机制两方面（优越意识的欲望和理性的平等意识）的政治体制，从而在现实中为解决人类问题提供一个可能是最优的解决方案。

第二节　普遍同质国家与承认的虚无化

显而易见，福山的承认动力说源自黑格尔的承认理论，但更确切地说，他的理论内核来自科耶夫。对此，福山毫不讳言，其承认的解读并非严格意义上黑格尔的思想，而是源于科耶夫意义上的黑格尔。他曾坦陈道："科耶夫确实吸收了黑格尔学说的某些成分，比如寻求承认的斗争和历史的终结，并且以黑格尔本人可能没有的方式，把它们置于黑格尔学说的中心位置。尽管揭示原本的黑格尔对于我们的'当前论证'的目的而言是一项重要任务，但是，我们感兴趣的并不是黑格尔本身，而是科耶夫所解释的黑格尔，或者可以说是一个名为黑格尔－科耶夫的全新综合的哲学家。"① 毋庸置疑，科耶夫对于黑格尔的解读可谓影响深远，不仅直接冲击了当时法国哲学的发展方向，而且对乔治·巴塔耶（Georges Bataille）、雅克·拉康（Jacques Lacan）、莫里斯·梅洛－庞蒂（Maurice Merleau－Ponty）、雷蒙·阿隆（Raymond Aron）等一代法国学人产生了巨大的吸引力。20 世纪 30 年代，科耶夫在巴黎高等实践研究院开设

---

① ［美］弗朗西斯·福山：《历史的终结与最后的人》，陈高华译，广西师范大学出版社 2014 年版，第 160 页。

的黑格尔讲座时常语惊四座，他创造性地将马克思、马丁·海德格尔（Martin Heidegger）、尼采的思想移植到他对《精神现象学》尤其是"主奴辩证法"的解读中，从而形成了别具一格的解读框架。在该框架中，科耶夫所关心的首要问题是："为了在历史发展的某个时刻，某个碰巧叫黑格尔的人的个体能以为自己拥有一种绝对知识，即不仅仅能向他解释存在的一个特殊和短暂方面（他错误地把它当作存在的整体），而且也能向他揭示作为自在和自为存在的整体的知识，人及其历史发展过程应该是什么？"① 由此可见，科耶夫是将《精神现象学》的主题定位为对于人类普遍史的追问。当然，科耶夫几乎完全忽略了黑格尔的原意（建构一种意识经验的科学），而直接将《精神现象学》的解读转变为在哲学人类学视野下对人类历史进程的讨论。

在这种哲学人类学的视野中，科耶夫首先将历史的起点定位为一种"对于欲望的欲望"，他自认为"对于欲望的欲望"的揭示是对黑格尔承认辩证法的最重要的发展。在他看来，笛卡尔的"我思故我在"从"我思"出发，却仅仅关注了"思"而忽略了我；黑格尔的深刻性在于揭示了自我的内涵，就是《精神现象学》的"自我意识章"所指出的自我意识本质上是一种欲望，而欲望是对于其欲求对象的一种否定。但是，动物也有欲望，而人之为人的独特之处就在于人具有欲望的欲望，"为了成为人类发生的欲望，欲望必须针对一个非存在，即针对另一个欲望……只有当欲望针对另一个欲望和一个别的欲望，欲望才是人的——更确切地说，'人性化的'，'人类发生的'欲望"②。可见，以人的方式来欲望另一个自我的欲望，本质上是为了

① ［法］科耶夫：《黑格尔导读》，姜志辉译，译林出版社 2005 年版，第 191 页。
② ［法］科耶夫：《黑格尔导读》，姜志辉译，译林出版社 2005 年版，第 198 页。

得到另一个人的承认，而不是以占有对象为其目的。科耶夫认为，只有这种黑格尔意义上的承认的欲望，才能创造和揭示一个真正的自我。但是现实中的自我依然具有动物式的欲望，因此为了成为完全的自我意识，他必须抑制自身的动物式欲望，同时学会按照承认的欲望来行事。但是，动物式欲望的根本在于生命，因此要抑制动物之欲，只有彻底地摒弃生命才能体现出人的欲望的至高无上。这就印证了黑格尔在"主奴辩证法"中所提出的"死亡"的重要性。因此，欲求承认的斗争注定是一场生死斗争，如果自我没有将生死置之度外，那么便不是一个真正的人性的存在。只有在生死斗争中，所谓人的、历史的、意识到自己的存在才是可能的，自我意识的特殊性才能上升为普遍性，成为客观真理。

于是，人的诞生和历史的开始就是一场主人和奴隶之间为了承认的欲望（亦即对于欲望的欲望）而展开的生死斗争。在黑格尔的主奴斗争中，主人胜利的原因是主人敢于冒着生命的危险拼到底，而奴隶则屈从于生命的自然性，也即对死亡的动物性恐惧，因而主人作为人的承认欲望得到了满足。毫无疑问，这种承认关系是不平等的，主人强迫奴隶承认其为主人，但是当满足主人承认欲望的奴隶失去承认的资格之后，承认的本质却发生巨大的翻转：乍一看，主人似乎到达了人的存在的顶点，但实际上他什么都不是。因为主人是通过冒着死亡的危险来实现他获得承认的目的，但是科耶夫指出，人不可能通过死亡来满足其欲望，因为死者并不存在，所以死亡根本不存在，事实上存在的只有那个苟活的奴隶，而奴隶在主人眼中并不是一个人的存在，那么为了得到一个奴隶的承认需要冒着巨大的生命风险吗？显然没必要。因此主人在意识到自己生死斗争行为的真正本质之后，沉溺于享受和奴隶的侍奉之中。因此，主人的道路是一条存在的绝路，要么战斗至死，要么沉溺于享受；而奴隶的道路才是真正的自由之路和解放之路。

在这里，科耶夫把海德格尔《存在与时间》中的"死亡"嫁接到对世俗历史本身的讨论中去，从而对黑格尔的奴隶意识和劳动中介获得了一种全新的理解。他认为，奴隶之所以对于死亡产生恐惧，是由于深层次地感受到对于自身不存在的焦虑，也就是他的整个存在不过是一种死亡，其本质是一种虚无，从而认识到"人不是一种存在于在空间中和与自己永恒地保持同一的存在，而是一种通过对这种存在的否定，——通过用一种观念或一种并不存在，仍作为虚无的理想（'计划'），——通过叫做斗争和劳动的行动的否定，作为时间在空间的存在中成为虚无的污物。因此，奴隶——通过对死亡的恐惧——感受到在其（自然）存在的深处的（人的）虚无，能比主人更好地理解自己和理解别人"①。自生死之争起，奴隶对人的实在性的直觉性体验就比主人更为深层，也就是将死亡视为存在的虚无，并在主人身上理解了真正的自由。于是，奴隶在为主人劳动的过程中，学会了克制自己的动物本能，并通过劳动改造和支配他的自然，进而达到了主人通过冒死而达到的相同结果——意识到独立、自由的存在。在这个意义上，是奴隶的生产劳动，而不是主人的好战欲望，创造并推动了历史发展。

在科耶夫看来，历史在本质上依然是斗争与劳动的历史。这是由于奴隶体会到的自由仍然是一种幻想或一种抽象观念，只有他的自由得到了主人的承认，奴隶的自由才能变成现实，为了做到这一点，奴隶必须同主人进行斗争。因此，只要奴隶没有实现承认，那么历史就

① ［法］科耶夫：《黑格尔导读》，姜志辉译，译林出版社 2005 年版，第 205—207 页。

会呈现为一种为承认而斗争的历史。在这里，科耶夫又将马克思的思想嫁接进来，他认为："黑格尔的这个主题被马克思重新采用。人（'阶级'）为了得到承认相互进行斗争，并通过劳动与自然作斗争，在马克思那里，这种本义上的历史叫做'必然王国'。"①

那么，当人们的承认欲望最终得到了普遍的满足，历史就会真正终结。在科耶夫眼中，历史会终结于一种"普遍同质国家"的状态之中。在此，"在国家中，每一个人的纯粹特殊的、个人的价值被所有人，被体现在这种国家中的普遍性承认为他的特殊性，国家的普遍价值得到作为特殊的个人，所有的个人的承认"。具体而言，"实现一种普遍价值的个人不再是一个特殊的人：他是一个个体（＝普遍的和同质的国家的公民），特殊和普遍的综合。同样，特殊所实现的普遍（国家）已经被个体化"②。而这种普遍统治国家在现实中，在科耶夫看来，就是拿破仑帝国。法国大革命彻底地消灭了主人的存在（贵族阶层），而拿破仑帝国则真正确立了奴隶（资产阶级）作为普遍同质国家公民的身份。因此，科耶夫认为拿破仑无疑就是那个已完全获得承认而"满足"的人，人类的普遍事业便是通过他这个特殊的个体获得了普遍的承认，历史到这里达到了顶点，也就是终点，因为拿破仑已经完成了人类历史发展的进程。

至此，我们便从科耶夫式的黑格尔这里全面地理解了福山历史终结论的理论基础。但是，科耶夫的狡黠之处在于，将普遍同质国家的本质以一种虚无主义的方式揭示出来，他说："事实上，人的时间或历史的终结，即本义上的人或自由和历史的个体的最终消灭，仅仅意

---

① ［法］科耶夫：《黑格尔导读》，姜志辉译，译林出版社 2005 年版，第 517 页注释 1。
② ［法］科耶夫：《黑格尔导读》，姜志辉译，译林出版社 2005 年版，第 218 页、第 218 页注释 1。

味着在强意义上的活动的停止。在实际上，这意味着：战争和流血革命的消失。还有哲学的消失；因为人本质上不再改造自己，不再有理由改造作为人对世界和自我的认识的（真正）原则。但是，其余的一切会无限地继续存在下去；艺术，爱情，游戏，等等，等等；总之，能使人幸福的一切东西。"① 然而，这种普遍的承认已经失去了推动历史的激情，当承认丧失了改造世界和改造自己的欲望和冲动激情时，就只能庸庸碌碌地体验一种麻木的"幸福"，这就是尼采眼中的"末人"形象："唉！这样的时辰到了，世人再不会生出任何星。唉！这样的时辰到了，最该轻蔑的人不能再轻蔑自己。瞧！我指给你们看末等人。……他们不再贫穷，也不再富有：贫和富都不好受。谁还想统治别人？谁还想服从他人？两者都不好受。没有牧人的一群羊！人人都要平等，人人都平等：没有同感的人，自动进疯人院。"② 可见，这种"末人"没有任何激情，自甘平庸，并且自以为还拥有着所谓的"幸福"，一如资本主义世俗生活中所宣扬的"小资"情调。而科耶夫的深刻之处就在于他深切地意识到了普遍史的终结所引发的历史悖论，也即普遍的承认导致了承认的虚无，自由主义扼杀了人性的真正自由，因而采用尼采笔下这种天生丧失激情的"末人"来比喻自由民主制之下的人类。

对于这样的景象，福山显然并不甘心，因此他在《历史的终结与最后的人》一书中用了整整五章，极力辩护现代自由主义已经解决了尼采提出的"末人"困境，他提出："现代自由主义的方案是，力图把人类社会的基础从激情转换为更加安全的欲望。自由民主国家通过

① ［法］科耶夫：《黑格尔导读》，姜志辉译，译林出版社 2005 年版，第 517 页注释 1。
② ［德］尼采：《查拉图斯特拉如是说》，钱春绮译，生活·读书·新知三联书店 2007 年版，第 12—13 页。

限制和升华优越意识以'解决'优越意识问题，所使用的手段是一系列复杂的制度安排：人民主权原则、权利的确立、法治、权力分立，等等。自由主义通过解除对贪婪的限制把所有欲望解放出来，并使之与现代自然科学形式呈现理性联盟，从而使现代经济世界得以可能。一个新的、充满活力并且无限富饶的奋斗领域突然间向人们敞开了。根据盎格鲁－撒克逊传统的自由主义理论家的说法，懒散的主人应接受奉劝，放弃他们的虚荣，并适应这个经济世界。激情要从属于欲望和理性，即理性引导的欲望。"①

第三节　历史终结论的破产与回到马克思的承认语境

在福山那里，以承认为合理性基础的自由民主制已将科耶夫的普遍同质国家推向了极致，从而完成了历史在现实中的使命。于是，所谓的历史终结论就对当代马克思主义及其历史本体论的合理性基础提出了极大的理论挑战，正是在此意义上，福山的言论才会引发一场现象级的轩然大波。但是本书以为面对福山的挑战，不宜纯粹以固守意识形态立场的方式进行外部的批判，那样无助于彰显马克思主义的深刻性和彻底性，而应当从理论内部着手，对福山所提出的重大命题进行回应，才能从合理性出发去捍卫马克思主义应有的尊严。具体来说，一方面，历史唯物主义学说的核心命题就在于历史概念，在世界历史的全新理解基础上才建立起科学社会主义理论体系，而今，苏联模式的破产重创了整个 20 世纪的社会主义发展史，那么，如何来应

① ［美］弗朗西斯·福山：《历史的终结与最后的人》，陈高华译，广西师范大学出版社 2014 年版，第 341 页。

对福山所宣布的自由主义胜利之后的历史终结的挑战，同时对于福山的另类承认历史叙事如何回应？另一方面，如何看待福山最后一部分所提出的尼采的 "末人" 命题，也就是实现了普遍同质承认之后的人最终将沦为 "没有胸膛" 的 "末人"，整天碌碌无为，再无闯劲。作为资本主义社会的替代者，社会主义乃至共产主义社会是否也会陷入这种 "末人" 的诅咒之中？

首先，在福山看来，马克思实际上继承了黑格尔的历史终结论，共产主义社会就是马克思意义上的历史终点。这显然是对于马克思历史科学的一种误读。在马克思那里，资本主义社会下异化的生产关系标志着人类社会在史前时期的最后阶段，"人类社会的史前时期就以这种社会形态而告终"①。对此，弗里德里希·恩格斯（Friedrich Engels）在《社会主义从空想到科学的发展》中补充道："至今一直统治着历史的客观的异己的力量，现在处于人们自己的控制之下了。只是从这时起，人们才完全自觉地自己创造自己的历史；只是从这时起，由人们使之起作用的社会原因才大部分并且越来越多地达到他们所预期的结果。这是人类从必然王国进入自由王国的飞跃。"② 于是，人类历史是从共产主义阶段才真正开始，而此前被异化力量所支配的历史时期都只能算作史前史阶段。所以，在马克思和恩格斯眼中，共产主义事实上标志着人类历史的起点，而不是人类历史的终点。这就充分说明福山以及科耶夫对于马克思历史终结论的定位完全是歪曲和错误的。

但毋庸置疑的是，历史的终结依然与马克思有着千丝万缕的关联，因为毕竟涉及马克思对于历史的最终目标——共产主义的揭示。

① 《马克思恩格斯文集》第 2 卷，人民出版社 2009 年版，第 592 页。
② 《马克思恩格斯文集》第 3 卷，人民出版社 2009 年版，第 564 页。

而福山与科耶夫将马克思视为黑格尔历史终结论的传人，恰恰是缘于马克思的"历史科学"与黑格尔历史精神之间的内在契合，从而将马克思置于一种历史本体论的思想史序列之中。需要指出的是，正如张盾教授所言，马克思虽然"深受黑格尔观点的影响，即历史作为'精神'的更高目标（自由）的实现过程，是合规律性与合目的性相统一的过程，但这个精神不是'无人身的理性'，而是无产阶级的阶级意识，这个自由的实现就是以无产阶级解放作为其政治形式的全人类解放"①。马克思的"历史科学"与黑格尔的历史终结的根本区别在于，马克思并不是将历史的最高目标——共产主义作为现实应当与之相适应的理想，而是视为改变世界的现实运动。这种现实运动的发生是以人类社会的生产关系和无产阶级意识为前提条件，而并不是以自我意识的方式构建一个主人奴隶生死斗争的史前史，从而将承认的欲望当作历史发展的动力。马克思指出："他们的历史思辨所以特别热衷于这个'史前历史'，是因为他们认为在这里他们不会受到'粗暴事实'的干预，而且还可以让他们的思辨欲望得到充分的自由，创立和推翻成千上万的假说。"②

同时，福山与科耶夫还将历史的发动契机视为斗争与劳动的辩证法，并把它与马克思的阶级斗争与劳动思想相勾连。第一，这种主人与奴隶的斗争与阶级斗争存在着根本的差别，马克思在《〈政治经济学批判〉序言》中专门指出，"资产阶级的生产关系是社会生产过程的最后一个对抗形式，这里所说的对抗，不是指个人的对抗，而是指从个人的社会生活条件中生长出来的对抗"③。可见，马克思从来不将

---

① 张盾：《"历史的终结"与历史唯物主义的命运》，《中国社会科学》2009 年第 1 期。
② 《马克思恩格斯文集》第 1 卷，人民出版社 2009 年版，第 532 页。
③ 《马克思恩格斯文集》第 2 卷，人民出版社 2009 年版，第 592 页。

历史的命运捆绑在个人的冲突之上，更不会将个人乃至工人阶级视为类似主人与奴隶的抽象的精神存在，而是始终将它置于生产关系的复杂现实中。第二，在对劳动的理解上，科耶夫虽然意识到了劳动在推动历史发展中的重大作用，但他是以黑格尔的思维来理解马克思的劳动概念。要知道，黑格尔的劳动在本质上是一种对象化和外化的过程，正如马克思所指出的那样，"黑格尔把人的自我产生看做一个过程，把对象化做非对象化，看做外化和这种外化的扬弃；可见，他抓住了劳动的本质，把对象性的人、现实的因而是真正的人理解为人自己的劳动的结果"①。所以，劳动在本质上是对于人的本质的肯定与确证，也就是承认。但是，马克思很快就意识到这种哲学人类学的理解存在着根本问题，那就是劳动是抽象的精神的劳动，只看到劳动的积极方面，而看不到劳动的消极方面，根本无法回答劳动使工人获得了承认（工资），却变得越来越贫困的现实，因此必须深入到经济事实中，揭开劳动产生异化的政治经济学根源。藉此，马克思跳出了"主奴辩证法"中的劳动悬设，从而在根本上区别于科耶夫的理解。

其次，不同于福山或科耶夫所设想的普遍同质承认带来的是承认的虚无和尼采式的"末人"，马克思的"承认"方案一方面带来的是承认内涵的最大丰富，也即致力于人的全面发展的自由个性；另一方面则将承认的目标——共产主义表现为一种现实运动。根据马克思的《1857—1858年经济学手稿》（以下简称《大纲》）中著名的"三阶段论"对共产主义社会第三阶段的描述，"建立在个人全面发展和他们共同的、社会的生产能力成为从属于他们的社会财富这一基础上的

---

① 《马克思恩格斯文集》第1卷，人民出版社2009年版，第205页。

自由个性"①。在最接近福山和科耶夫所预测的历史的终结阶段，人与人之间的关系固然处于一种普遍承认的阶段，但并没有因为承认关系的建立而丧失追求全面发展的自由个性。相反，按照马克思的观点，人类自由个性的历史刚刚拉开帷幕，摆脱了史前史的异化束缚后，人们开始向自身、向社会进行复归，也正是在这个意义上真正解答了历史之谜。正如马克思在《1844 年经济学哲学手稿》（以下简称《巴黎手稿》）中指出的那样，"共产主义是……通过人并且为了人而对人的本质的真正占有；因此，它是人向自身、也就是向社会的即合乎人性的人的复归，这种复归是完全的复归，自觉实现并在以往发展的全部财富的范围内实现的复归。这种共产主义，作为完成了的自然主义＝人道主义，而作为完成了的人道主义＝自然主义，它是人和自然界之间、人和人之间的矛盾的真正解决，是存在和本质、对象化和自我确证、自由和必然、个体和类之间的斗争的真正解决"②。可见，这种真正地解决人与自然、人与人的矛盾的共产主义生活，反映的恰恰是相互承认之下人类社会关系的生机与活力，而绝非那种庸庸碌碌、无所事事的"末人"。此外，马克思的"承认"方案也就是对于共产主义的态度，"既不同于基督教末世论信仰的预言和等待，也不同于黑格尔哲学的本体论承诺，而是当作一个非常现实而有限的政治问题来讨论的"③。按照马克思的论述，共产主义作为人类历史发展的最高目标具有高度的理想性，但它却不是现实与之相适应的理想，而是作为紧迫的政治现实来提出的，这是由于资本主义对于人的摧残和压迫已经达到了极致的阶段——它表明作为人的承认已经完全丧失，并使社会的所有缺陷都反

---

① 《马克思恩格斯全集》第 30 卷，人民出版社 1995 年版，第 107—108 页。
② 《马克思恩格斯文集》第 1 卷，人民出版社 2009 年版，第 185 页。
③ 张盾：《"历史的终结"与历史唯物主义的命运》，《中国社会科学》2009 年第 1 期。

映在"被侮辱、被奴役、被遗弃和被蔑视"① 的无产阶级身上，所以，"我们所称为共产主义的是那种消灭现存状况的现实的运动"。② 正是在此意义上，马克思的"承认"方案是以一种科学的和理性的方式来坚持作为共产主义的希望与信仰，而这种坚持恰恰是以批判资本逻辑和超越现实政治为根本前提的。

① 《马克思恩格斯文集》第 1 卷，人民出版社 2009 年版，第 11 页。
② 《马克思恩格斯文集》第 1 卷，人民出版社 2009 年版，第 539 页。

第二章　承认理论的重构：马克思的
立场、观点与方法

20 世纪晚期以来，当代西方新兴的承认理论旗帜鲜明地主张
"回到黑格尔"那里，通过挖掘、阐释和发展承认命题来复兴黑格尔
的实践哲学。因此，要真正地理解和把握当代承认理论，必须从黑格
尔的承认理论入手，才能穿越当前多元文化主义、身份政治、差异政
治、民族主义、种族主义抑或后现代主义政治等纷繁复杂的意识形态
幻象，直接抓住问题的本质所在。正是在这个意义上，一个多世纪以
前的马克思无疑已经为我们提供了一个成熟有效的方法论视角和分析
框架，从而使我们今天可以站在马克思的立场上，在吸收和扬弃黑格
尔承认理论的合理内核的基础上，重构一种马克思视域下的承认理
论，推动马克思主义基础理论的新时代创新，并以此作为"批判的武
器"来有力地回应当前的重大理论与现实问题。

第一节　黑格尔的批判与马克思的重构

马克思曾明确提出，黑格尔的《精神现象学》是其哲学的真
正诞生地，蕴含了其理论的全部秘密。按照马克思的观点，黑格

尔所提出的承认问题的全部奥秘必然会以一种微缩的形式存在于《精神现象学》之中。因此，承认理论的批判与重构必须从对《精神现象学》的清理和超越开始。在马克思看来，黑格尔的"片面性和局限性"首先在于将历史作为一种"超人的抽象精神"的全面展开，所以黑格尔"只是为历史的运动找到抽象的、逻辑的、思辨的表达，这种历史还不是作为既定的主体的人的现实历史，而只是人的产生的活动、人的形成的历史"[①]。那么，被福山、科耶夫视为历史动力机制的承认，在本质上就显然是抽象的、思辨的表达。所谓的普遍史也只是一种绝对知识的运动，而不是人类的现实运动。

　　藉此，容易发现，当黑格尔试图从承认出发，用主奴关系的思辨式想象来重新界定人类历史的出发点，其对应的就是托马斯·霍布斯（Thomas Hobbes）意义上的自然状态。因此，历史起源于承认的冲突就成为应有之义。早在《伦理体系》中，黑格尔就已经意识到"冲突确实表现为一种社会整合的机制，这种机制迫使主体相互认识，以致他们个人的整体意识与他者个人的整体意识最终交织在一起，形成一种'普遍'意识。……这种'绝对'意识最后为黑格尔提供了未来理想共同体的精神基础：作为一种社会普遍化的中介，相互承认创造了这一理想共同体，同时也就形成了'民族精神'"[②]。到了《精神现象学》中，黑格尔明确地区分了"纯粹的承认概念"及其"显现为自我意识过程"的方式，进而使相互外在的个体逐步过渡到全部主体。并且黑格尔认为自然状态的冲突还创造了实现自由存在的可能。

---

① 《马克思恩格斯文集》第 1 卷，人民出版社 2009 年版，第 201 页。
② ［德］阿克塞尔·霍耐特：《为承认而斗争》，胡继华译，上海人民出版社 2005 年版，第 32 页。

因为自由的生活就是合理的生活，合理生活的标志就是摆脱了自然欲望和任性，最终上升为普遍性的生活，而特殊性上升为普遍性的桥梁依然是合理性的民族国家通过相互承认的主体间性结构完成的。在黑格尔眼中，只有在现代国家中，普遍精神才能获得客观的存在，国家制度和法律才是精神的客观化，达到了精神的自我意识，至此，客观真理和自由才会在主体内部获得真正的和解。在此，一方面，自我只有在一个相互承认的共同体中才能获得真正的自由；另一方面，精神"在它的对立面之充分的自由和独立中，亦即在互相差异、各个独立存在的自我意识中，作为它们的统一而存在：我就是我们，而我们就是我"①。

毋庸置疑，黑格尔从承认的角度揭示了现代性的危机——异化，具体来说，这种异化"是自在和自为之间、意识和自我意识之间、客体和主体之间的对立"②。如果进一步从承认视角来解释，那就是财富、国家权力本来反映的是对人的本质的承认，但是现代社会却将它们与人的本质相异化，便形成了主客体的对立、自在与自为的矛盾。但是，马克思一针见血地指出："当他把财富、国家权力等等看成同人的本质相异化的本质时，这只是就它们的思想形式而言……它们是思想本质，因而只是纯粹的即抽象的哲学思维的异化。因此，整个运动是以绝对知识结束的。"③ 在这一点上，霍耐特的头脑无疑是十分清醒的，因为他在《为承认而斗争》中明确地提出黑格尔的错误在于把承认理论"统统归到理性唯心主义理论的思辨视野，以致只有在他的传人完成历史唯物主义转向之后，才在历史现实中给这种社会斗争经

---

① ［德］黑格尔：《精神现象学》上卷，贺麟、王玖兴译，商务印书馆1979年版，第122页。

② 《马克思恩格斯文集》第1卷，人民出版社2009年版，第203页。

③ 《马克思恩格斯文集》第1卷，人民出版社2009年版，第203页。

验以一席之地"①。

在马克思看来，黑格尔对承认问题的处理方式显然是一种"颠倒"的方式，因此，他的重构方式就是必须使黑格尔的承认回归现实真相。在这里，马克思首先要回答：如果自我意识不是精神的展开，那么它从哪里来？主人奴隶从哪里来？他们的冲突是否存在？对此，马克思的解答显然是以"历史科学"的方式把黑格尔的承认概念从精神的自我意识中纳入现实的市民社会演进过程中。他明确表示："人只是在历史过程中才孤立化的。"② 人最初在亚里士多德的时代表现为类存在物，通过政治的方式来落实共同体的分配正义，但是随着交换、分工的深入，物质生产力的推进，人们开始逐步摆脱血缘、土地等自然联系的束缚，取而代之的是交换过程中兴起的商品、货币与资本这些偶然的外部联系，于是，黑格尔所提出的主奴关系究其本质，与霍布斯、洛克、让-雅克·卢梭（Jean - Jacques Rousseau）从自然状态或社会契约出发，亚当·斯密（Adam Smith）、大卫·李嘉图（David Ricardo）从经济理性人出发，以及麦克斯·施蒂纳（Max Stirner）"宣称个人是至高无上的"③ 是完全一致的，都把 18 世纪才开始流行的原子式个体的想象作为解释现实的基础，"也就是把需要、劳动、私人利益和私人权利等领域看做自己持续存在的基础，看做无须进一步论证的前提，从而看做自己的自然基础"④。马克思对此一针见血地指出，历史的真相是"这种 18 世纪的个人，一方面是封建社

---

① [德] 阿克塞尔·霍耐特：《为承认而斗争》，胡继华译，上海人民出版社 2005 年版，第 74 页。

② 《马克思恩格斯文集》第 8 卷，人民出版社 2009 年版，第 147 页。

③ 《马克思恩格斯文集》第 10 卷，人民出版社 2009 年版，第 24 页。

④ 《马克思恩格斯文集》第 1 卷，人民出版社 2009 年版，第 46 页。

会形式解体的产物，另一方面是 16 世纪以来新兴生产力的产物"①。当现代社会将原子式个人的想象作为无须证明的自然前提，就必然会引发"大大小小的鲁滨逊一类故事所造成的美学上的假象"②。于是，承认的异化就会呈现为原子化的自我意识之间的战争。

当然，在马克思看来，黑格尔的承认理论并不是一无是处的，虽然他在前提上存在着颠倒的致命问题，但是对承认运动的中介把握相当准确，因此，马克思盛赞黑格尔的伟大就在于"他抓住了劳动的本质，把对象性的人、现实的因而是真正的人理解为人自己的劳动的结果"③。借助"主奴辩证法"，黑格尔阐发了"片面的承认"的出现——奴隶出于死亡的恐惧，而主动承认主人的权威，但是主人所获得的承认只是一种"片面的承认"，相反，奴隶经过劳动的陶冶，开始意识到了独立的自我意识的本质，在此意义上，主人"所完成的不是一个独立的意识，反而是一个非独立的意识，……独立的意识的真理乃是奴隶的意识"④。马克思正是通过对黑格尔这里劳动环节的创造性重构，将劳动确立为承认关系的载体和中介。甚至在马克思眼中，世界历史实质上是通过人的劳动而诞生的。而在黑格尔看来，劳动反映了人的本质。并且是对人的自我确证的本质。但毫无疑问，黑格尔所指称的劳动显然依然是"抽象的精神的劳动"，他无法深入现实的感性层面去理解劳动对于人的本质的确证。而马克思则在现实生产关系中指出了"我"的劳动是什么，就能反映出"我"的承认关系的真实状态。当劳动从资本主义条件下的异化劳动转变为共产主义条件

---

① 《马克思恩格斯文集》第 8 卷，人民出版社 2009 年版，第 5—6 页。
② 《马克思恩格斯文集》第 8 卷，人民出版社 2009 年版，第 5 页。
③ 《马克思恩格斯文集》第 1 卷，人民出版社 2009 年版，第 205 页。
④ ［德］黑格尔：《精神现象学》上卷，贺麟、王玖兴译，商务印书馆 1979 年版，第 129 页。

下自由自觉的生命活动时，自我与他人作为人的本质也就得到了双重的肯定与实现。

但值得注意的是，马克思并不是将承认的实现等同于人的解放，而是将承认视为人的解放的一种呈现，甚至在人的丰富性及其审美本质得到最大释放的时候，承认只是作为人的本质交往的一种表现形式，而并非实质，进而得到扬弃和超越。但马克思不同于黑格尔抑或福山与科耶夫的地方在于，他并没有花大量笔墨去论证和探讨未来共产主义社会的承认问题，而是始终将目光投向现代市民社会冰冷的现实，思索如何有效地去改变世界，而不是空想世界抑或解释世界。因此，马克思不止一次在谈及共产主义的历史目标时提出，"共产主义是作为否定的否定的肯定，因此，它是人的解放和复原的一个现实的、对下一段历史发展来说是必然的环节。共产主义是最近将来的必然的形态和有效的原则，但是，这样的共产主义并不是人类发展的目标，并不是人类社会的形态"，"共产主义对我们来说不是应当确立的状况，不是现实应当与之相适应的理想。我们所称为共产主义的是那种消灭现存状况的现实的运动"。[①]

因此，如何突破现实资本主义的承认迷雾，寻找到推进历史的真正阶级主体，是马克思重构承认理论过程中体现出的最大问题意识。在马克思看来，现实中代表着市民社会的资产阶级自我意识堂而皇之地成为"整个社会的代表"，于是，资产阶级这个特殊性的阶级就被承认为普遍性的阶级。但是，这种普遍性是异化的普遍性，资本贪婪的本质只会表现其狭隘性，"并用这种狭隘性来束缚自己"[②]，并使其人格性化身——资产阶级在一切人对一切人的利己主义战争中，陷入

---

① 《马克思恩格斯文集》第1卷，人民出版社2009年版，第197、539页。
② 《马克思恩格斯文集》第1卷，人民出版社2009年版，第15页。

黑格尔意义上主人的"片面承认"。对此，黑格尔的规划是通过现代民族国家的承认机制来解决，但他却错误地将希望寄托在"官僚等级"身上，将其作为实现普遍性的现代国家的代表。在马克思看来，黑格尔的官僚等级是资产阶级的另一个版本的体现，官僚等级不仅没有体现出所谓的普遍性，反而以共同体（国家）这个借口来谋取自身的特殊性私利。但是，诚如希洛姆·阿维纳瑞（Shlomo Avineri）所言，"黑格尔'普遍阶级'的观念，一旦被剥离出它的实体，对马克思而言就成了解释历史的媒介"①。马克思恰恰在无产阶级身上看到了普遍性在现实中的真正体现，从而指明了承认在现代历史中获得实现的现实载体。他指出："要使一个等级被承认为整个社会的等级，社会的一切缺陷就必定相反地集中于另一个阶级，一定的等级就必定成为引起普遍不满的等级，成为普遍障碍的体现；一种特殊的社会领域就必定被看做是整个社会中昭彰的罪恶，因此，从这个领域解放出来就表现为普遍的自我解放。"② 所以，作为资产阶级的对立面的无产阶级，经受着现实中的最普遍的不满和障碍，也即黑格尔意义上奴隶般全部的"蔑视"（misrecognition）之后，背负起整个社会的需要，因此它不感到自己是一个特殊阶级，而是"与整个社会混为一体并且被看做和被认为是社会的总代表"③，"这个阶级在实现社会自由时，已不再以在人之外的但仍然由人类社会造成的一定条件为前提，而是从社会自由这一前提出发，创造人类存在的一切条件"④。正是在此意义上，无产阶级的解放才有可能打破"主奴辩证法"的"恶的循环"，

---

① ［以］阿维纳瑞：《马克思的社会与政治思想》，张东辉译，知识产权出版社 2016年版，第 66 页。

② 《马克思恩格斯文集》第 1 卷，人民出版社 2009 年版，第 15 页。

③ 《马克思恩格斯文集》第 1 卷，人民出版社 2009 年版，第 14 页。

④ 《马克思恩格斯文集》第 1 卷，人民出版社 2009 年版，第 16 页。

真正地回归人的本质。

第二节　承认理论重构的基本观点①

马克思很少从正面阐释相互承认的内涵和实现，更多的是在针对资本主义现实的批判过程中展开对承认的历史叙事，但这并不意味着马克思没有独立的承认观，相反，马克思对承认理论进行重构的最大特点就是破立并举——在批判中展开建构，在解构中建构自身的承认构架。具体而言，劳动范畴是马克思重构承认理论的主要载体。通过对交互劳动的描绘，马克思阐释了真正的承认的内涵，并通过劳动与承认的关联建立起整个承认理论发展的一条线索。如果说劳动范畴展示了承认理论的微观图景，那么社会关系范畴则展示了承认理论的宏观视界。关系态的构图，凸显了马克思区别于一切旧哲学家的立足点，同时也展现出马克思的整个承认理论其实就是基于关系图景的一种社会化演绎，对关系的演绎已经成为承认理论的一种观察方式或叙事方法。相对于前两种承认理论的把握方式，资本范畴是作为马克思批判的主题出现的，对于资本的探讨和批判构成了马克思学说中最重要的主题，它凝聚了马克思一生的心血。资本是一种异化的相互承认的物化形式，它是对人与人之间相互承认关系的消解，资本的统治标志着全面的物役。因此，无产阶级解放政治的实现必须砸碎资本的统治，但是资本依然处于上升阶段的历史现实告诉我们，在新的生产方式出现之前，不能仅仅采取革命哲学的手段，而应当根据实际，使用承认理论的和平改造，即通过承认的实践方式逐步实现对资本所创造

---

① 本节内容的删节版已发表在《东南大学学报》（哲学社会科学版）2013 年第 1 期，谨致谢忱！

的生产力的改造和占有，为最终彻底消灭资本、实现人的解放奠定基础。此外，联合体范畴的提出代表了马克思重构承认理论的最终走向和旨归。自由人联合体始终是马克思心目中共同体式的目标和理想。在联合体中，个体与集体通过彼此联合，以相互承认的方式相互包容，从而彻底融合个体与集体之间的差异与矛盾，在这里，联合的方式昭示了马克思心目中建构真正承认的一个重要手段。

一　劳动是马克思重构承认理论的中介与载体

如果说承认在黑格尔那里是一种"肯定的反思"，是促使主体认识自身、抵达圆满的一条道路，那么劳动则是黑格尔设想的另一条改造自身、反思自身，最终实现自我的蹊径。但黑格尔并没有明确表达这两条道路之间的关联，只是含糊地认为，"抵达圆满同时包括着经历这两条道路。从终极意义上讲，相互承认是最为重要的"①。这个问题只有到了马克思那里才得到了解决，而从某种意义上说，马克思也正是围绕着对劳动与承认之间关联的阐述，并通过劳动范畴这个叙事载体才建立起他的整个承认理论的历史脉络。因此，劳动对于马克思重构承认理论而言是一个关键范畴，而这显然也是从黑格尔那里继承下来的。对此，泰勒曾深刻地指出，黑格尔在承认辩证法中所提出的劳动论题都"明确地保留在马克思主义中：奴役为奴隶的最终解放，实际上是为所有人的解放作好了准备。在这里马克思主义的劳动作用观念也已初见端倪"②。

马克思重构承认理论从一开始就将劳动范畴理解为一种实现主体

① 〔加〕查尔斯·泰勒：《黑格尔》，张国清、朱进东译，译林出版社 2002 年版，第 239 页。

② 〔加〕查尔斯·泰勒：《黑格尔》，张国清、朱进东译，译林出版社 2002 年版，第 237 页。

间相互承认的活动。在《穆勒评注》中，经过劳动的中介，马克思才第一次清晰地表达出"真正的承认"的内涵。因此，在某种程度上，劳动也是一种"真正的承认"的表现形式。在黑格尔那里，劳动与承认是通过辩证法的中介产生间接的联系，而马克思则扬弃了这种间接的中介联系，将劳动与承认直接连接起来。"马克思试图将劳动理解为无中介的形成过程，在这里，劳动主体能在他们的劳动产品中遭遇他们自己，从而个体地或集体地承认自己作为建构性、历史性行为的主体。"① 霍耐特据此认为"马克思把他颇具有原创意义的人类学建立在一种劳动概念上"，因此"这一劳动具有总体性特征，在完成过程中，自身能力的对象化经验与一个可能的消费者的精神期望纠缠在一起，结果就是，经验给予个体一种以主体间关系为中介的自我价值感"，从而"将承认要求的丰富光谱还原为通过劳动而自我实现的维度"。② 在《穆勒评注》中，马克思明确提出，在劳动成为"自由自觉的活动"也就是"人的自我确证的本质"的前提下，劳动过程本身同时实现了对自我和他人的"双重肯定"。在这里，相互承认最终是通过"我认识到我自己被你的思想和你的爱所证实"，并在个体的劳动中证实和实现了人之为人的真正的本质，也即其社会的本质。藉此，马克思通过劳动揭示了"真正的承认"的内涵。由此来看，"马克思对这一问题作出的重要推进在于，他把劳动直接看成是人与人之间相互承认的积极形式，同时也就把承认由主人与奴隶间不平等的被动的强制性关系变成劳动者间平等的主动而自由的关系，基于劳动的承认因此成为完全合乎人性的人与人之间交往形式。特别重要的是，

---

① Axel Honneth, *The Fragmented World of the Social*: *Essays in Social and Political Philosophy*, Albany: State University of New York Press, 1995, p. 20.

② [德] 阿克塞尔·霍耐特：《为承认而斗争》，胡继华译，上海世纪出版集团 2005 年版，第 152 页。

《穆勒评注》已经不再单纯从生产过程的角度理解劳动，而是从人与人之间交往的角度来理解劳动，从而使劳动作为人的类本质特性得到了一种更具体更充实的规定"①。

由于劳动范畴对于承认所具有的重大意义，因此劳动的任何变化都会直接影响相互承认的发展状态，随着劳动在资本主义生产条件下完全异化，主体间的相互承认也在本质上发生扭曲和异化，马克思正是通过对劳动异化状态的解析来展示承认的异化。在马克思看来，资本主义市民社会条件下的人的劳动"不是自愿的劳动，而是被迫的强制劳动"，"这种劳动不是他自己的，而是别人的；劳动不属于他；他在劳动中也不属于他自己，而是属于别人"。② 因而劳动不是一种自主活动，它"已经失去了任何自主活动的假象"③，甚至因此是自主活动的否定形式，而进入资本主义的具体社会现实中，这种否定性体现为现实劳动已经成为"凌驾于个人之上的力量"，④ 作为现代奴隶的工人"只有在运用自己的动物机能……的时候，才觉得自己在自由活动，而在运用人的机能时，觉得自己不过是动物"⑤，劳动对于工人而言只是一种"谋生的手段"，此时的人不再是他人的奴隶，而是成为自己劳动以及劳动产品的奴隶，也即"个人的创造物表现为异己的力量"，"创造物的主人，则表现为这个创造物的奴隶"，这就是马克思所揭示的拜物教形式下全新的主—奴关系。随着劳动的异化，其承载的相互承认的社会联系也相应发生异化。具体来说，由于个人的劳动

---

① 张盾：《交往的异化：马克思〈穆勒评注〉中的"承认"问题》，《现代哲学》2007 年第 5 期。

② ［德］马克思：《1844 年经济学哲学手稿》，人民出版社 2000 年版，第 55 页。

③ 《马克思恩格斯全集》第 3 卷，人民出版社 1960 年版，第 75 页。

④ 《马克思恩格斯文集》第 1 卷，人民出版社 2009 年版，第 557 页。

⑤ ［德］马克思：《1844 年经济学哲学手稿》，人民出版社 2000 年版，第 55 页。

已经丧失了确证自身和他人价值的功能，个人已经成为劳动创造物的奴隶，因此，人与人的相互承认便已经丧失，代之以物与物的相互承认。但是，马克思曾指出，承认之所以作为一种社会联系，其本质是要求被别人承认为人，而当劳动异化之后，承认的本质已然丧失，这时的"人不承认自己是人，因而不按人的方式来组织世界，这种社会联系就以异化的形式出现"①。由此，人的承认便在资本主义商品交换中转变成了物的承认，两个"主人"之间的关系于是转变成了两个物品所有者之间的关系，以致人们相互间表达承认的语言也受到歪曲和异化："我们彼此进行交谈时所用的惟一可以了解的语言，是我们的彼此发生关系的物品。我们不懂人的语言了，而且它已经无效了；……我们彼此同人的本质相异化已经达到了这种程度，以致这种本质的直接语言在我们看来成了对人类尊严的侮辱，相反，物的价值的异化语言倒成了完全符合于理所当然的、自信的和自我认可的人类尊严的东西。"② 在这种"被物品弄得相互奴役的状况"下，促使彼此为对方劳动的不是人的本质，而是私人利益，每个人都把自己劳动的产品视为自身利益的对象化，"每一个人都把另一个人当作自己的手段互相利用"，为了获得更多的私利，承认的平等性、互惠性早已被抛弃，因而这种异化的世界不可能实现资产阶级经济学家们所描绘的共同的社会福利。在这里，"每个人都互相妨碍别人利益的实现，这种一切人反对一切人的战争所造成的结果，不是普遍的肯定，而是普遍的否定"③。当承认建立在私人利益最大化的基础上时，承认的"假象"就再也无法掩盖其内在的"丛林法则"的残酷实质。对此，

---

① ［德］马克思：《1844 年经济学哲学手稿》，人民出版社 2000 年版，第 171 页。
② ［德］马克思：《1844 年经济学哲学手稿》，人民出版社 2000 年版，第 183 页。
③ 《马克思恩格斯全集》第 30 卷，人民出版社 1995 年版，第 106 页。

马克思一针见血地指出："我同你的社会关系，我为你的需要所进行的劳动只不过是假象，我们的相互补充也只是一种以相互掠夺为基础的假象。在这里，掠夺和欺骗的企图必然是秘而不宣的，因为我们的交换无论从你那方面或从我这方面来说都是利己的，因为每一个人的私利都力图超过另一个人的私利，所以我们就不可避免地要设法相互欺骗。我认为我的物品对你的物品所具有的权力的大小，当然需要得到你的承认，才能成为真正的权力。但是，我们相互承认对方对自己物品的权力，这却是一场斗争。在这场斗争中，谁更有毅力，更有力量，更高明，或者说，更狡猾，谁就胜利。如果身强力壮，我就直接掠夺你。如果用不上体力了，我们就相互讹诈，比较狡猾的人就欺骗不太狡猾的人。"①

为了克服这种全面异化的承认，一场为承认而兴起的斗争运动就会成为一种历史的必然。正是在这个意义上，霍耐特得出结论：认为"如果资本主义社会组织摧毁了以劳动为中介的承认关系，那么，随之而来的历史冲突就必须被理解成'为承认而斗争'"②。既然承认的异化源自劳动的异化，那么解铃还须系铃人，马克思因而指出劳动的解放才是奴隶实现解放并获取承认的必要前提，这也是作为现代奴隶的无产阶级实现解放和承认的前提。进一步而言，劳动与"奴隶"之间的矛盾其实是现代社会一切奴役关系、一切制约性、一切片面性的基础，而其他使人成为"被侮辱、被奴役、被遗弃和被蔑视"的东西的一切关系"不过是这种关系的变形和后果罢了"。③ 所以，"奴隶"要成为人，就必须消灭"他们迄今面临的生存条件，消灭这个同时也

① ［德］马克思：《1844 年经济学哲学手稿》，人民出版社 2000 年版，第 181—182 页。
② ［德］阿克塞尔·霍耐特：《为承认而斗争》，胡继华译，上海世纪出版集团 2005 年版，第 152—153 页。
③ ［德］马克思：《1844 年经济学哲学手稿》，人民出版社 2000 年版，第 63 页。

是整个迄今为止的社会的生存条件，即消灭劳动"①，用"自由联合的劳动"取代现实的劳动，使劳动成为人的自由、自觉、自主的活动，亦即使劳动获得解放，"只有在这个阶段上，自主活动才同物质生活一致起来，而这又是同各个人向完全的个人的发展以及一切自发性的消除相适应的。同样，劳动向自主活动的转化，同过去受制约的交往向个人本身的交往的转化，也是相互适应的。随着联合起来的个人对全部生产力的占有，私有制也就终结了"②。只有这样，人们才能克服异化，恢复人的本质联系，从而实现主体间真正的相互承认。至此，马克思通过劳动范畴完整地诠释了他想要表达的承认理论的历史构图。

二　社会关系是马克思重构承认理论的主要场域

马克思整个唯物史观的核心，在于探讨人与自然界的关系、人与人（社会）的关系，以及这两种基本关系的关系。对关系的把握方式成为马克思区别于一切旧唯物主义的重要标志。相对于人与自然界的关系而言，马克思更加关注人与人（社会）之间的关系。社会关系在马克思那里始终是一种主体间的存在。马克思认为，社会本身，就是处于社会关系中的人本身。"人对自身的关系只有通过他对他人的关系，才成为对他来说是对象性的、现实的关系。"③ 同时，马克思又指出，"不管个人在主观上怎样超脱各种关系，他在社会意义上总是这些关系的产物"④，"社会关系实际上决定着一个人能够发展到什么程

---

① 《马克思恩格斯文集》第1卷，人民出版社2009年版，第573页。
② 《马克思恩格斯文集》第1卷，人民出版社2009年版，第582页。
③ ［德］马克思：《1844年经济学哲学手稿》，人民出版社2000年版，第60页。
④ ［德］马克思：《资本论》第1卷，人民出版社2004年版，第10页。

度"①。所以，在《关于费尔巴哈的提纲》中，马克思明确地将人的本质归结为一切社会关系的总和，具体而言，即"人的本质是人的真正的社会联系，所以人在积极实现自己本质的过程中创造、生产人的社会联系、社会本质"②，马克思就此将历史唯物主义的立足点直接确定为关系视域下的"人类社会或社会的人类"③。

毋庸置疑，相互承认作为一种现实生活中人与人之间交往过程中的具体关联和状态，直接反映并体现着人类社会区别于自然界的社会性特征。因此，承认的叙事方式显然从属于马克思人与人之间社会关系的话语构图，而社会关系则是承认关系产生和发展的理论视界和表现形态。在马克思重构承认理论中，作为一种主体间的互动交往，承认关系的达成必然要求其主体由两个或两个以上的人构成。在这里，马克思区别于黑格尔的地方在于他特别注重参与交往的主体的历史性或"现实性"，主体作为"现实的人"，在彼此交往之前已经与周围"人化"的或"社会化"的世界发生了千丝万缕的联系，也即"生活在现实的对象世界中并受这一世界制约的人"。④ 在马克思看来，承认关系的发生建立在历史的、现实的社会联系基础上，它必然"是历史的产物，是世世代代活动的结果"⑤。承认作为人们相互间的一种社会联系，"决定于在他们以前已经存在、不是由他们创立而是由前一代人创立的社会形式"。不管人们是否意识到这一点，"他们的物质关系形成他们的一切关系的基础"。所以，承认关系不过是人们"物质的

---

① 《马克思恩格斯全集》第 3 卷，人民出版社 1960 年版，第 295 页。
② [德] 马克思：《1844 年经济学哲学手稿》，人民出版社 2000 年版，第 170 页。
③ 《马克思恩格斯文集》第 1 卷，人民出版社 2009 年版，第 502 页。
④ 《马克思恩格斯文集》第 1 卷，人民出版社 2009 年版，第 357 页。
⑤ 《马克思恩格斯文集》第 1 卷，人民出版社 2009 年版，第 528 页。

和个体的活动所借以实现的必然形式"。①

　　在此基础上，承认关系的形成是指主体通过各种直接或间接的、丰富的交往方式来交换对彼此的肯定和尊重，比如"用爱来交换爱"，"用信任来交换信任"，用劳动产品来交换劳动产品，等等，从而达成主体间的相互承认。在众多的交往方式中，马克思最为关注的依旧是物质的交换关系，即劳动产品的交换。② 在此过程中，交往主体以劳动为中介，将彼此的个性与价值对象化，通过实物交换的形式，在以对方的劳动产品满足己方作为"人"的需要的过程中，相互回馈对彼此作为"人"的存在的肯定与确证，从而实现相互之间的承认。由此，马克思提出："对象作为为了人的存在，作为人的对象性存在，同时也就是人为了他人的定在，是他同他人的人的关系，是人同人的社会关系。"③ 同时，马克思获得了一个重要的发现，那就是承认关系

---

　　① 《马克思恩格斯文集》第10卷，人民出版社2009年版，第43页。

　　② 根据英国学者安德鲁·齐逖（Andrew Chitty）的观点，马克思曾根据劳动产品交换的过程提出了两种承认关系类型的划分。在《评阿·瓦格纳的"政治经济学教科书"》中，马克思明确写道："在他（瓦格纳——本书注）看来，先有法，后有交易；而实际情况却相反：先有交易，后来才由交易发展为法制。我在分析商品流通时就指出，还在不发达的物物交换情况下，参加交换的个人就已经默认彼此是平等的个人，是他们用来交换的财物的所有者；他们还在彼此提供自己的财物，相互进行交易的时候，就已经做到这一点了。这种通过交换和在交换中才产生的实际关系，后来获得了契约这样的法的形式，等等，但是这一形式既不构成自己的内容，即交换，也不构成存在于这一形式中的人们的相互关系，而是相反。"（《马克思恩格斯全集》第19卷，人民出版社1963年版，第423页。）根据齐逖的理解，马克思其实在这里表达了两种承认的类型，即具体承认与抽象承认。首先是一种"默许的承认"（Tacit Recognition），这种承认出现在物物交换过程之前，只有双方达成了这种默许的承认才能实现交易；而另外一种承认便是在交换中实际所产生的却又脱离交换内容的"实际关系"，例如法的形式，这就是"实际的承认"（Factual Recognition）。因此这里具有承认关系的发展具有两个阶段，在第一阶段，承认是由作为实际财产拥有者的双方构成的，在交易过程中，双方通过将对方的所有物承认为对方的，来实现对彼此的确证和肯认。在第二阶段，在社会的范围内，最终由基于公共存在的社会机制，比如法律体系将交易者的财产承认为各自的权利，实现对人之为人的权利的承认。参见 Andrew Chitty, "Recognition and Social Relations of Production", *Historical Materialism*, No. 2, Summer 1998, pp. 77 – 90。

　　③ 《马克思恩格斯文集》第1卷，人民出版社2009年版，第268页。

是通过凝结在对象化的实物关联中得到发展的，而这一发现在接下来分析资本主义社会承认关系的发展时得到了广泛的应用。根据马克思的观察，承认的关系在资本主义社会中逐步由广泛的社会关系转变成了纯粹的商品交换关系。商品交换遵循着市场机制所运行的等价交换原则，于是，人与人之间各种丰富的社会关系就必须转化为一般等价物来参与交换。所以，在这种单一的交换关系中，"个人的产品或活动必须先转化为交换价值的形式，转化为货币""对于每个个人来说，只有通过交换价值，他自己的活动或产品才成为他的活动或产品；他必须生产一般产品——交换价值，或本身孤立化的、个体化的交换价值，即货币"，于是，"个人通过这种物的形式才取得和证明自己的社会权力"，也即实现了自身价值的肯定和确证，从而获得了交换价值或货币对于自身的承认。而"每个个人行使支配别人的活动或支配社会财富的权力，就在于他是交换价值的或货币的所有者。他在衣袋里装着自己的社会权力和自己同社会的联系"①。由此看来，人们在相互交往活动中所形成的承认关系的性质"在这里表现为对于个人是异己的东西，物的东西；不是表现为个人的相互关系，而是表现为他们从属于这样一些关系，这些关系是不以个人为转移而存在的，并且是由毫不相干的个人互相的利害冲突而产生的。活动和产品的普遍交换已成为每一单个人的生存条件，这种普遍交换，他们的相互联系，表现为对他们本身来说是异己的、独立的东西，表现为一种物。在交换价值上，人的社会关系转化为物的社会关系；人的能力转化为物的能力"②。

交换关系中所承载的相互承认之所以受到了如此地歪曲和异化，

① 《马克思恩格斯全集》第30卷，人民出版社1995年版，第106、108页。
② 《马克思恩格斯全集》第30卷，人民出版社1995年版，第107页。

这显然是缘于构成承认的基本条件完全发生了变化。首先，构成承认关系的人的劳动不再是自由自觉的活动，劳动产品中的凝结物是强制劳动的产物，是人受到歪曲和异化的对象化，因而劳动的产品不再是人的本质和个性的体现；其次，商品交换不再是以满足人的本质需要为目的，而是最大限度地增加交换价值，满足需求的度量标准成为货币，丰富的交往方式被限制为纯粹对金钱收益、资本增殖的追求，这种单一化的、物的需求掩盖了对于丰富的人的需求，必然将导致拜物教在社会中的盛行，人也就完全丧失了人之为人的根本。正如卢卡奇所指出的那样："人与人之间的关系获得物的性质，并从而获得一种幽灵般的对象性，这种对象性以其严格的、仿佛十全十美和合理的自律性掩盖着它的基本本质，即人与人之间关系的所有痕迹。"① 但其中最关键的一点，马克思认为，这是由于社会关系中的核心形态——所有制关系发生异化，才导致了承认的连锁异化。资本主义的私人占有制的实质就是对实物对象的占有，体现在交换关系中，人们迫不及待地需要占有实物对象来获得承认的凭证和依据。因此，"私有制使我们变得如此愚蠢而片面，以致一个对象，只有它为我们拥有的时候才是我们的。一切肉体的和精神的感觉被这一切感觉的单纯异化即拥有的感觉所代替"②。按照马克思的观点，容易发现，正是私人占有的所有制关系导致了物化的社会关系，进而促成了虚幻的承认的产生。可见，一旦实现对私有制的扬弃，也就意味着人的一切关系和感觉的彻底解放，从而将人的关系世界还给人自身。在马克思看来，"这种扬弃之所以是这种解放，正是因为这些感觉和特性无论在主体上还是在

---

① ［匈］卢卡奇：《历史与阶级意识》，杜章智等译，商务印书馆1996年版，第143—144页。

② ［德］马克思：《1844年经济学哲学手稿》，人民出版社2000年版，第85页。

客体上都成为人的。眼睛成为人的眼睛，正像眼睛的对象成为社会的、人的、由人并为了人创造出来的对象一样……当物按人的方式同人发生关系时，我才能在实践上按人的方式同物发生关系"①。也正是在此刻，人们才按照人的方式开始全面地占有物化劳动，联合起来的个人社会化地占有全部的劳动成果，异己的力量重新得到驾驭，"随着对象性的现实在社会中对人来说到处成为人的本质力量的现实，成为人的现实，因而成为人自己的本质力量的现实，一切对象对他来说也就成为他自身的对象化，成为确证和实现他的个性的对象，成为他的对象""因为正是这种关系的规定性形成一种特殊的、现实的肯定方式"，从而构建起主体间真正的承认的社会关系。在相互承认的关系下，"每一种本质力量的独特性，恰好就是这种本质力量的独特的本质，因而也是它的对象化的独特方式，它的对象性的、现实的、活生生的存在的独特方式。因此，人不仅通过思维，而且以全部感觉在对象世界中肯定自己"②。

综上可知，马克思采用社会关系范畴来介入历史叙事的用意在于指出整个承认理论其实就是基于关系图景的一种社会化演绎，关系的演绎已经成为承认理论的一种观察方式或叙事方法。这样，我们就可以理解在社会现象中出现的相互承认，虽然只是主体间的一种交互性的活动关系，但它却是一个重要的符号，即它直接反映着社会诸关系的发展走向，它是衡量社会关系的"晴雨表"，而社会关系的"晴雨"状况就是现实中人的生存状况。在马克思的关系图景的历史叙事中，只有全面地把握一个人的社会关系，才能准确地认识到他的本质。在此基础上，社会关系的具体变化，通过人们的生

---

① ［德］马克思：《1844年经济学哲学手稿》，人民出版社2000年版，第86页。
② ［德］马克思：《1844年经济学哲学手稿》，人民出版社2000年版，第86—87页。

存状况直接折射出整个社会构造的基础——经济基础的发展状况。而只有改变这个经济基础才能改变整个人类社会的命运。由此看来，马克思对关系图景的演绎已经上升到了一种方法论的高度，整个承认理论正是在这种方法论的指导下实现了透过历史现实的表象，抓住社会内在关系的本质。归根结底，这是为改造人类社会的解放政治规划而服务的。

三　资本是马克思重构承认理论的批判主题与改造对象

资本，一个具有划时代意义的名词，正是它命名了启蒙现代性规划之后人类所拓展的第一个历史阶段。对于资本的探讨和批判构成了马克思学说中最重要的主题，它凝聚了马克思一生的心血。在某种意义上，马克思正是因对资本的研究而真正蜚声寰宇。因此，围绕着资本范畴所展开的历史旋律必将是马克思整个承认理论中最为出彩的乐章。

在马克思看来，资本之所以成为他的承认理论的主题，与其说是缘于资本的重要性，还不如说是一种现实历史选择下的无奈。由于资本的出现完全改变了承认的发展形态和趋势，资本的介入使相互承认的主体间关系陷入了前所未有的"物"的泥淖。为了改变这种现状，马克思不得不直面资本所塑造的现代性历史图景，深入探究资本形成和发展的秘密。马克思告诉我们，"资本不是物，而是一定的、社会的、属于一定历史社会形态的生产关系"①，但是，在这种生产关系下，传统的人与人之间的依赖性关系被破除，人与人之间的社会联系变成了冰冷的纯粹的金钱关系。主体间温情脉脉的面纱被撕掉了，一

———————
① ［德］马克思：《资本论》第3卷，人民出版社2004年版，第922页。

切神圣的光环不见了，人的个性、尊严全部变成了一种交换价值，那些不能变为交换价值的人性的东西，便成为资本所消解的对象。因此，资本代表了一种虚假的主体间关联，它是对人性的完全扭曲，人的价值从此只有得到资本、货币等物的承认，才能具有"价值"，人对人的承认已经变得无足轻重。所以，资本是一种异化的相互承认的物化形式，它是对人与人之间相互承认关系的消解。马克思在《共产党宣言》中指出："在资产阶级社会里，资本具有独立性和个性，而活动着的个人却没有独立性和个性。"这是多么大的讽刺！资本主义始终鼓吹个性和自由，到头来却是资本埋葬了自身的个性和自由。当马克思提出要彻底消灭这种异化的物的关系，全面恢复人的承认关系时，"资产阶级却把消灭这种关系说成是消灭个性和自由"，将恢复人的承认说成是阻碍个性的自由，阻碍贸易和买卖的自由。这些"关于自由的大话"在这里便不攻自破，我们也由此清晰地看出资本的颠倒性和作为人格化资本而存在的资产者的反动性。于是，马克思揭下了资产阶级虚假自由的面具，"由此可见，你们是承认，你们所理解的个性，不外是资产者、资产阶级私有者。这样的个性确实应当被消灭"①。

在现代社会中，资本是一种普照的光，它掩盖了一切其他色彩，资本是一种特殊的以太，它的生产"决定其他一切关系的地位和影响，因而它的关系也决定其他一切关系的地位和影响"。因此，"资本是资产阶级社会的支配一切的经济权力"②。归根结底，资本要开创的是物主宰人的资本主义时代，资本及其人格化的使者——资产阶级将继续以主人的面目来掌控整个人类社会。资产阶级既不是要完成启蒙

① 《马克思恩格斯文集》第2卷，人民出版社2009年版，第47页。
② 《马克思恩格斯全集》第30卷，人民出版社1995年版，第48—49页。

规划的所谓的自由和平等，也不是要实现相互的承认，而是要永久化地维持这种不平等的主奴关系！马克思早就识破了他们的企图，他说："你们的利己观念使你们把自己的生产关系和所有制关系从历史的、在生产过程中是暂时的关系变成永恒的自然规律和理性规律，这种利己观念是你们和一切灭亡了的统治阶级所共有的。"① 但是，"资本不是一种个人力量，而是一种社会力量"，"资本是集体的产物，它只有通过社会许多成员的共同活动，而且归根到底只有通过社会全体成员的共同活动，才能运动起来"。② 资本正是巧妙地依附于社会成员的交往活动，实现了交换的扩大和市场的拓展，因为生产资料、财产和人口的分散状态并不利于资本的生产，因此，资本就开始日复一日地"奔走于全球各地。它必须到处落户，到处开发，到处建立联系"③。这就导致世界市场的形成，人类在资本的无形感召下似乎形成了一种普遍交往和全面依赖的关系。但是，须知越来越紧密的联系并不是人们自由自觉的主动交往的产物，"而是由资本造成的。他们的联合不是他们的存在，而是资本的存在"。因此，这种相互的联系是被动的，这种联合是偶然的。在巨大的世界工厂中，工人们的联合不是以真正相互承认彼此的个性为前提，而是被"当作异己的东西，当作资本发生作用的方式"。当工人们试图以人的方式相互交往时，就会发现这是极为困难的，因为当资本将工人作为"活劳动"联结起来时，工人身上就只剩下与资本的交换关系，"许多人同资本一个人进行交换，从而使交换本身集中在资本上；出现了交换的社会性；资本社会地同工人交换，而工人则单个地同资本交换"④。最终完成的便是

---

① 《马克思恩格斯文集》第 2 卷，人民出版社 2009 年版，第 48 页。
② 《马克思恩格斯文集》第 2 卷，人民出版社 2009 年版，第 46 页。
③ 《马克思恩格斯文集》第 2 卷，人民出版社 2009 年版，第 35 页。
④ 《马克思恩格斯全集》第 30 卷，人民出版社 1995 年版，第 587、590 页。

资本的大量积累。即使在工作之余，人与人之间也很难发生交往关系，只会出现彼此越来越冷漠、每个人都倍感孤独的局面。在资本的剥削与压迫之下，工人的地位与机器无异，无产阶级陷入了绝对的贫困之中，不仅在物质上极度的匮乏，而且在精神上也被彻底奴役，人之为人的尊严和承认都已经丧失殆尽，因此，无产阶级想要获得人的承认和尊严，就必须将资本的统治彻底打碎。

但是，资本不会主动退出历史的舞台，资本在全世界范围内的统治更不会被轻易推翻，消灭资本不是一两场革命就能够完成的，消灭资本注定会是一个漫长的历史过程。对此，马克思十分清醒地指出："无论哪一个社会形态，在它所能容纳的全部生产力发挥出来以前，是决不会灭亡的；而新的更高的生产关系，在它的物质存在条件在旧社会的胎胞里成熟以前，是决不会出现的。"① 根据马克思的观点，资本的统治的消亡只有在其全部的生产力发挥出来之后。但是，在马克思的时代，资本的生产力显然尚未得到最大限度的发挥，资本与劳动的矛盾虽然尖锐，资本却仍然处于一个缓慢上升的阶段。迄今，资本已经形成了完备的全球体系，资本在不断的自我调适中进入了一个稳步增长的阶段。面对资本不断上升的势头，纯粹通过革命的手段来催生新的生产关系，显然是不符合历史规律的鲁莽之举。即使革命取得了成功，也只是暂时性地砸碎了资本统治的国家机器，而并没有建构起真正超越资本的生产方式。此时生产力的发展和劳动的方式由于没有获得全新的发展轨道而只能堕入结构性的依赖，按照资本的原有运行方式继续运行下去，而一开始被砸碎的各种机器又会随着资本的运行而全面恢复，这只能导致一种恶性的循环。20 世纪的无产阶级革命

---

① 《马克思恩格斯全集》第 31 卷，人民出版社 1995 年版，第 413 页。

史，尤其是苏联的解体，就清楚地证明了这一点。正如伊斯特万·梅扎罗斯（István Mészáros）所指出的那样："20 世纪所经历的失败在很大程度上起因于对社会主义变革的真正目标的放弃。这也就是说：放弃赢得超越资本的世纪战争的胜利（这意味着实现'新的历史形式'），而不是满足于在几场反对资本主义薄弱环节（经济落后并且在军事上遭到失败的俄国沙皇政府）的战争中取得暂时性的胜利（这实际上仍然陷入到资本制度的联合的自我扩张的规则的包围之中）。的确，事情在这个方面变得更加糟糕的是，社会主义革命甚至在最'先进的资本主义'国家也无法改变对超越资本的需求，并且无法改变卷入其中的超越资本的困境。"因此，如何"超越作为社会新陈代谢控制方式的资本，是人类所共同面临的难题。这是因为，从本质上说，资本制度是一种全球性（普遍性）的控制方式，这个控制方式不能历史性地被超越，除非被一个类似的更具包容性的社会新陈代谢方式所替代"①。

　　但是，这是否就意味着在新的生产方式成熟之前，我们面对资本的肆虐就无所适从？答案显然是否定的。对于这个问题，马克思通过其建构的承认理论间接地给予了回答，那就是采取承认的实践方式来改造资本的生产方式。在这里，实践层面的承认是对待资本的一种基本态度，也是改造资本统治的一种有效途径，它充分体现出了马克思的历史眼光。具体来说，就是对于资产阶级发展中的合理性因素予以充分肯定和承认，在条件成熟的情况下，通过和平合法的方式使这些因素为我所用，为无产阶级的解放政治事业所用，从而完成对整个资本主义社会的改造，以渐进的形式达成人类共同

---

　　① ［英］梅扎罗斯：《超越资本——关于一种过渡理论》，郑一明等译，中国人民大学出版社 2003 年版，第 606 页。

解放的目标。马克思告诉我们，"在资产阶级社会的胎胞里发展的生产力，同时又创造着解决这种对抗的物质条件"①。因此，我们完全可以逐步利用并改造资本所创造的巨大生产力，使其逐步剥离资本的特性，为无产阶级的解放事业所用，从而为"融化"资本本身而奠定基础。针对资本还将在一定阶段内存在的现实，采取这种承认的和平改造方式消解资本的力量和壮大无产阶级自身将具有重大的现实价值。因此，在今后相当长的一段时期内，采取承认的改造方式将是必要和必需的。

四 自由人联合体是马克思重构承认理论的最终旨归

"共同体是一个温馨的地方，一个温暖而又舒适的场所。"② 共同体更是一个古老的梦想和追求，在传统社会的背景下，群居生活的集合体方式更是决定了共同体成为庇护人们的温暖港湾。从柏拉图、亚里士多德开始的古典时期，人们就有着对于共同体的强烈渴望，而雅典的城邦就是这一时期的共同体实践的模型。马克思继承了古典精神的传统，资本主义分崩离析、彼此孤立的个体化社会的现实，愈加加深了他对于共同体的向往。因此，马克思重构承认理论最终提出的"自由人联合体"方案实质上是一种共同体式的社会。根据马克思的观点，"自由人联合体"是人与社会的"真正的共同体"，共同体的直接标志是联合的人相互协作的群体。因此，在马克思重构承认理论中，自由人联合体始终是主体间相互承认关系的最终旨归。而联合则是实现这种联合体的必要途径和中介。通过联合，人们通过自由自觉的劳动实现相互承认，

---

① 《马克思恩格斯全集》第 31 卷，人民出版社 1995 年版，第 413 页。
② ［英］鲍曼：《共同体：在一个不确定的世界中寻找安全》，欧阳景根译，江苏人民出版社 2003 年版，第 2 页。

进而掌握自由人的命运，并实现联合体的目标。

马克思在《德意志意识形态》中明确提到，"在真正的共同体的条件下，各个人在自己的联合中并通过这种联合获得自己的自由"①。在这里，马克思所要表达的核心含义就在于"联合"两个字，而联合的背后就是人与人之间的相互承认。因为"人的联合以个体具有独立自主的本性为预设，以承认个体的差异性及其多元利益为前提，而以组成公民政治共同体及其生活方式为归宿"②。诚如费希特所言，只有作为自由可能性本身的无数个体的联合，才能产生巨大的力量，每个人都通过联合而获得了力量，而"他们的强大仅仅在于他们的联合"③。费希特尽管看到了联合的力量和作用，但他却是站在市民社会的自利个体的立场上，他认为"如果不是每个人都用所有其他人的自由来限制自己的自由，他们就根本不可能相互并存"，所以"每个人都应当限制自己的自由……每个人都应当用他人的自由的可能性来限制自己的自由"。④ 费希特希望在各自尊重和妥协的基础上建立起彼此的承认，来避免一切人反对一切人的战争，但显然追求利益的利己主义者们永远不会自动压制自利的欲望，因此他们只能诉诸法权来规约追求私利的个体行为，最终丧失了进一步拓展"联合"这件有力武器的可能性。而马克思则接过这件"批判的武器"，通过对费希特的原子式市民社会立场的扬弃，为"联合"赋予了相互承认的内涵。按照前文所述，马克思始终坚信相互平等的承认关系将最终取代资本主义

---

① 《马克思恩格斯文集》第 1 卷，人民出版社 2009 年版，第 571 页。

② 许章润：《论人的联合与双向承认法权》，《政法论坛》2007 年第 6 期。

③ ［德］费希特：《自然法权基础》，谢地坤、程志民译，商务印书馆 2004 年版，第 111 页。

④ ［德］费希特：《自然法权基础》，谢地坤、程志民译，商务印书馆 2004 年版，第 112、98 页。

的"主奴关系"，一切人反对一切人的失序状态必将让位于自由人联合体的有序状态，而已有的无产阶级的联合与人类团结的共存历史，便是人类具有实现这一历史目标的能力的明证。因此，人的联合与相互承认这一论题所描摹的，不仅是"人类的逐步解放的历史叙事，也是奋求解放的政治与道德提示"①。

在马克思所设想的联合体中，对于个体特殊性价值的承认通过普遍的联合而上升到共同体的层面，这样，对于个体的承认其实就是对共同体内一切人的价值取向的承认，因此个体与共同体之间的价值取向在联合的过程中融合在一起，而联合的实现依靠的其实就是相互承认，个体与共同体在取向上的差异通过相互承认被包容，个体与共同体在利益上的矛盾通过相互承认而消弭，个体通过共享共同体的利益来发展其本身的才能，共同体则依赖个体自觉的贡献来发展共同利益和社会财富，由此个体才真正地在共同体的层面获得自我实现的满足，共同体与个体最终处于一种相互依赖、相互满足、相互促进的和谐状态。

由此，按照马克思和恩格斯的理解，自由人联合体是"这样一个联合体，在那里每一个人的自由发展是一切人的自由发展的条件"②。在这个联合体中，"社会的每一个成员都能完全自由地发展和发挥他的全部才能和力量，并且不会因此而危及这个社会的基本条件"③。每个人都"能够实现自己的充分的、不再受限制的自主活动，这种自主活动就是对生产力总和的占有以及由此而来的才能总和的发挥"④。因此，联合体的发展与每个人的自由发展将不再是对立的，而是相辅相

①　许章润：《论人的联合与双向承认法权》，《政法论坛》2007 年第 6 期。
②　《马克思恩格斯文集》第 2 卷，人民出版社 2009 年版，第 53 页。
③　《马克思恩格斯全集》第 42 卷，人民出版社 1979 年版，第 373 页。
④　《马克思恩格斯文集》第 1 卷，人民出版社 2009 年版，第 581 页。

成、高度契合的。正如马克思所说，只有在"自由人联合体"中，联合起来的个人通过相互承认，"个人才能获得全面发展其才能的手段，也就是说，只有在共同体中才可能有个人自由"①。在马克思的构想中，全面发展的人应当是通过普遍性与特殊性、共性与个性的相互承认，从而包容了所有的对立，将全部丰富性结合在自身发展之中的人。一方面，之所以每个个体都能得到自由而全面的发展，是因为个人既能平等地获得人之为人所具有的普遍性发展水平，又能获得符合自我价值与个体特殊性的全面发展，从而具备了在共性与个性交融的层次上发展人的丰富性的条件，每个人才能通过能动的自觉活动，充分发挥自由自觉活动的类本性，达到自我实现，从而真正地实现人之为人的价值和在世界中的主体地位；另一方面，每个人的自由而全面的发展通过承认也必然与他人和联合体的发展相一致。每个人虽然按照个性去独立发展自己的力量，却又极大地依赖于他人和共同体的共同发展。如果没有与他人的联合发展，就无法实现自身的丰富性；如果没有与共同体交相进步，就不可能实现个体的自我价值。因而每个成员都将他者的全面发展当作自身需求一样竭尽全力地去满足，将共同体的利益放在与个人利益同等位置上去实现，正因如此，个体与共同体之间是交互对等地相互促进和最大限度地发掘人的潜能的关系。换言之，联合体其实采取了一种以个体的全面发展来促进整个共同体发展的有效途径。只有这样，才会真正满足马克思所提及的"每个人的自由发展便构成了一切人自由发展的条件"。

值得注意的是，在资本的无形"感召"下，工人们也会实现大规模的联合，资产阶级市民社会中也存在着各式各样的共同体或联合

———————————

① 《马克思恩格斯文集》第1卷，人民出版社2009年版，第571页。

体，但是这种联合是以付出个人的自由和承认为代价的。资本的自身特性决定了它不断膨胀，不断地拓展世界市场，从而将全世界互不相识的人作为劳动力联合在同一条生产线上。但是，工人却永远被限制在工厂之中，形式上联合起来的工人只是劳动力的聚合，而非相互平等地承认。同时，竞争的机制与私利的鼓吹只会导致人与人之间相互分裂对立，而无法真正地团结起来，因此这种联合是为了进一步系统地剥削人、压迫人而服务的。相对于相互承认的联合，这是一种彻头彻尾的"虚假的联合"。关于这一点，马克思特地摘引佩雷里诺·罗西（Pellegrino Rossi）在其《政治经济学教程》中的一段话来佐证："社会的进步不可能在于解散任何联合，而在于以自愿的、公正的联合来代替过去时代的强制的、压制的联合。最高程度的孤立状态是蒙昧状态；最高程度的强制的、压制的联合是野蛮状态。除了这些极端之外，我们看到历史上有各种各样的变形和色调。最完美的是自愿的联合，这种联合由于团结一致而增强了力量，同时对个人力量来说，既不排除它的能力，也不排除它的道德感和责任感。"对于罗西所提到的强制的、压制的联合，马克思认为这正好解释了资本中虚假联合现象的实质，但与罗西不同的是，马克思认为"在资本中，工人的联合并不是靠直接的身体上的强制，并不是靠强制劳动、徭役劳动、奴隶劳动而强迫实现的；这种联合所以成为强迫的，是因为生产条件是他人的财产并且生产条件本身是作为客观的联合而存在的，这种联合等于生产条件的积累和积聚"①。

为了进一步揭示这些联合体的欺骗性本质，马克思告诉我们："在过去的种种冒充的共同体中，如在国家等等中，个人自由只是对

---

① 《马克思恩格斯全集》第30卷，人民出版社1995年版，第593页。

那些在统治阶级范围内发展的个人来说是存在的，他们之所以有个人自由，只是因为他们是这一阶级的个人。从前各个人联合而成的虚假的共同体，总是相对于各个人而独立的；由于这种共同体是一个阶级反对另一个阶级的联合，因此对于被统治的阶级来说，它不仅是完全虚幻的共同体，而且是新的桎梏。"① 由此看来，当务之急就是打破这些虚幻共同体对于人们的桎梏，但是显然"不能靠人们从头脑里抛开关于这一现象的一般观念的办法来消灭，而只能靠个人重新驾驭这些物的力量，靠消灭分工的办法来消灭。没有共同体，这是不可能实现的"②。所以，无产阶级只有经由自发自觉的团结和联合，形成真正的共同体，通过联合起来的力量社会化地占有生产力，全面打破资本的奴役和阶级的压迫，进而"在发展进程中将创造一个消除阶级和阶级对抗的联合体来代替旧的市民社会"③。马克思认为，联合体的设想一经无产阶级的实践所掌握，就会在遵循历史规律的前提下，为无产阶级自由自觉地创造历史而服务。"联合起来的生产者，将合理地调节他们和自然之间的物质变换，把它置于他们的共同控制之下，而不让它作为一种盲目的力量来统治自己；靠消耗最小的力量，在最无愧于和最适合于他们的人类本性的条件下来进行这种物质变换。"④ 无产阶级最终将实现由必然王国到自由王国的过渡。

第三节　承认理论重构的逻辑与方法

众所周知，科耶夫与福山是选择耶拿后期的《精神现象学》来阐

---

① 《马克思恩格斯文集》第 1 卷，人民出版社 2009 年版，第 571 页。
② 《马克思恩格斯文集》第 1 卷，人民出版社 2009 年版，第 570—571 页。
③ 《马克思恩格斯文集》第 1 卷，人民出版社 2009 年版，第 655 页。
④ 马克思：《资本论》第 3 卷，人民出版社 2004 年版，第 928—929 页。

发黑格尔的承认辩证法，早期霍耐特则是立足于耶拿早期的《伦理体系》来挖掘黑格尔承认伦理的价值，两者的立足点不同，导致黑格尔在承认命题上呈现为截然不同的形象。但是，就黑格尔本身的理论体系生长脉络来看，《伦理体系》中的主题是从自然伦理的解体到伦理共同体重建①，承认只是黑格尔重建伦理共同体过程中的诸多线索之一，其所扮演的角色更多地停留在自然伦理阶段。在这里，黑格尔通过承认环节来揭示人的自然关系的社会化过程，也即承认从自然性的相互依赖，经过了劳动、交换和契约等形式，最后以爱的形式在家庭中实现了个体的普遍性。但是，自然伦理在黑格尔看来依然是社会发展的初级阶段，在历史的推进中，自然伦理必然会走向瓦解，从而进入更为广阔的市民社会阶段。因此，主奴关系的承认辩证法就是发生在市民社会阶段。在这一阶段，当原始共同体的自然伦理法则瓦解之后，原有的承认原则也不复存在，市民社会于是就变成了一个原子化的为了承认而斗争的原始丛林，因此，黑格尔希望通过承认的重建，来重建伦理共同体，但显而易见的是相互承认的产生并不能独立地产生作用，完全依赖于个人自律的道德意识，就会落入康德或尼采的悲观式结果，任何伦理共同体都不可能建成，因此，此时的承认还需要依赖契约来整合原子化的个体。正如邓安庆教授所指出的那样，"'相互承认'的市民社会伦理原则实际上是'抽象法'之道德性的表达"②。当然，市民社会显然并不是黑格尔所期待的最终解决方式，他认为市民社会的问题必须依赖外部的国家（在《伦理体系》中则表达为民族），也即绝对精神在现

---

① 参见邓安庆《从"自然伦理"的解体到伦理共同体的重建——对黑格尔〈伦理体系〉的解读》，《复旦学报》（社会科学版）2011 年第 3 期。

② 邓安庆：《国家与正义——兼评霍耐特黑格尔法哲学"再现实化"路径》，《中国社会科学》2018 年第 10 期。

实中的直观，才能真正获得解决。由此可见，无论是霍耐特还是科耶夫、福山，他们的解读都没有真正地把握黑格尔提出承认命题的实质，也即承认是理解人类历史从家庭解体过渡到市民社会后出现个体与整体相对立的一把钥匙。

面对黑格尔所提出的承认命题，只有马克思才真正地理解和把握住了它的实质，并且深刻地指出了黑格尔依靠外部的国家来解决市民社会内部的承认难题是根本行不通的，市民社会的问题必须从其内部寻找解决之道，从而为重构黑格尔式的承认理论开辟了一条全新的道路。本书认为，在历史唯物主义的理论体系中其实内隐着马克思重构承认理论的完整逻辑进程和独特改造方法。马克思面临的是黑格尔同样应对的启蒙现代性所带来的政治挑战，因此，承认绝不仅仅是一种文化抑或心理现象，而首先关涉政治斗争。所以在此意义上，黑格尔无疑是对的，承认确实是关系生死存亡的关键问题。正如泰勒所指出的那样，这是一种承认的政治。那么，承认政治的实质就是，如何解决古代社会共同体背景瓦解之后现代性个体本位的相互冲突，在黑格尔那里就转化为自然伦理瓦解之后市民社会中伦理共同体的重建难题，马克思则把它再转变为资本主义现实社会中人的自由解放问题。作为黑格尔的传人，马克思在这里显然继承了黑格尔的方式，即采取重建共同体——"自由人联合体"的方式，来恢复人的本质，实现真正的承认。但是，马克思区别于黑格尔的地方在于，他认为市民社会的问题必须从市民社会内部寻找解决方案，换言之，人的解放必然是从成熟的资本主义社会的内爆中赢得全面自由的发展，而绝不是如黑格尔那样以民族国家的方式来实施外科手术，以外部方式解决只会陷入黑格尔意义上"主人—奴隶"战争的"恶"之循环，人既无法获得自由，也无法赢得承认。同时，需要指出的是，黑格尔眼中的理性国家，在理念中表现为绝对精神，在现实中则表现为君主立宪的普鲁士王国，而在马克思看来，且不论绝对精神的合理性，单就普鲁士王国而言，就根本不配称为国家，它在欧洲大陆远远落后于英法，是落后的封建主势力的代表，根本无法体现解放人类的先进生产力。通过揭示现实中普鲁士王国与黑格尔的国家理念之间的巨大反差，马克思指出，黑格尔那种普遍国家理念不仅是一种丧失现实基础的幻想，而且必然会陷入其承认辩证法中的"片面的承认"状态。因此，不同于保守的黑格尔试图在现存历史中寻找个体与共同体、特殊性与普遍性达成承认的可能性，马克思的承认政治方案直接打破这种历史运动的基础，推翻现有资本主义秩序的合法性前提，提出一个彻底变革社会现实的共产主义方案，并将精神理念中的承认政治转变为一种历史运动的解放政治。并且马克思挖掘出资本主义社会中承载着最深重的异化承认的那个"自我"，因而也是最具有普遍性的阶级主体，更是历史上掌握着最先进生产力的人——无产阶级，用以替代黑格尔寄予厚望的官僚等级，这是由于官僚等级表面上服务于社会的普遍性利益，实际上却在追逐个体私利，中饱私囊，而只有工人阶级（无产阶级）才是普遍的阶级，因为工人阶级是一个"自己遭受普遍苦难而具有普遍性质"[1]的阶级，"一个被戴上彻底的锁链的阶级"[2]，更是一个"被侮辱、被奴役、被遗弃和被蔑视"[3]的阶级。在此意义上，马克思将承认政治的任务落实为无产阶级解放的事业，通过解放来打破无产阶级身上被侮辱、受蔑视的枷锁，恢复人的本质及其尊严，实现普遍承认。于是，承认问题也就从抽象的思辨哲学转化为具体的政治目标。套用泰勒的

---

① 《马克思恩格斯文集》第1卷，人民出版社2009年版，第17页。
② 《马克思恩格斯文集》第1卷，人民出版社2009年版，第16页。
③ 《马克思恩格斯文集》第1卷，人民出版社2009年版，第11页。

原话，承认问题"不仅对黑格尔来说是至关重要的，而且在马克思主义那里以不同形式变成了一项漫长的事业"①。

当解决作为政治问题的承认时，马克思的独特之处还在于坚持以经济的方式来解决政治问题，因此体现为词源意义上的政治经济学研究——将政治问题经济化。换言之，在马克思那里，承认不仅是一个政治问题，而且在本质上更是一个经济问题。因此，真正解决自我与他者之间的对立、私人存在与社会存在之间的异化这种承认政治式的现实症结，必须从经济视域入手。同样，对马克思而言，个体与类之间的承认冲突并不是人类历史的永恒难题，它是资本主义经济关系发展到一定阶段的历史产物，那么它也必然会随着资本主义所有制关系的消解而历史地消失。所以，马克思坚持通过历史的眼光来审视黑格尔市民社会中的承认困境，从经济基础出发，追问异化承认的成因，指出在商品生产者的资本主义社会里，承认关系事实上反映的是社会的生产关系，并通过《资本论》及其手稿的大量研究抽丝剥茧地揭示了资本逻辑造成承认困境的原因，即沿着财产的历史形态—原始共同体财产关系的解体—自由劳动的出现—交换价值的虚假性—资本与劳动的"小流通"—资本的单方面承认—资本的全面统治与属人的承认的全面丧失这一主线索。除了资本逻辑这一主线索，马克思还通过两条支线索呈现对承认问题的深刻认识和全面重构：一是交换的线索。交换范畴是马克思重构承认概念的关键场所。在马克思早期的《巴黎手稿》中，承认概念是通过劳动产品的交换过程而产生的，并在市民社会条件下的现实交换过程中出现异化。交换范畴发展到后期，则演化成政治经济学的交换价值（等价交换）以及"小流通"中的形式

---

① ［加］查尔斯·泰勒：《黑格尔》，张国清、朱进东译，译林出版社 2002 年版，第237 页。

交换（非等价交换）。二是劳动的线索。劳动范畴串起了马克思早期和后期对于承认概念的基本理解。在《巴黎手稿》中，马克思所提出的"真正的承认"概念因劳动产品的中介而获得意义，因劳动产品的否定而走向异化劳动和异化承认。到了后期，马克思意识到对这种劳动的理解有待进一步具体化，因而将劳动范畴细化为自由劳动，并提出雇佣劳动（活劳动）问题和劳动者的联合问题。可见，马克思对承认理论的政治经济学重构正是经过上述多条线索的演进得以不断地丰富和深化。

值得强调的是，由于马克思对于承认的改造与扬弃都建立在劳动的基础上，对于劳动的理解，无疑就构成了马克思重构承认理论的关键。显然，这种劳动绝不是黑格尔奴隶式的劳动陶冶，更不是资本逻辑下工人的谋生活动，而是实现对于人的本质的确证与肯定。藉此，马克思通过现实的个人的生产劳动揭示和解决了黑格尔承认政治的症结。但是，劳动并不是马克思重构承认理论的最终立足点，马克思真正超越黑格尔的地方还在于将劳动范畴上升为人的实践，正是实践性构成了马克思哲学视域下承认概念的独特之处。由此，我们就会发现承认在马克思那里不是表现为抽象批判思维的现实化，而是一种代表现实历史发展的实践运动。这就使得重构的承认理论呈现为一种"主观公式"与"客观公式"的统一，而非乔治·A.莱尔因（Jorge A. Larrain）意义上的相互对立。具体来说，马克思视域下的承认理论就表现为政治上的无产阶级解放（为承认斗争）和经济上的资本逻辑批判（异化承认批判）的辩证统一。

可见，西方承认理论通过回到黑格尔来发掘承认资源，但是他们仅仅把承认作为文化的甚至心理的范畴来处理，并以此来解决全球化时代下多元文化主义、种族主义、民族主义等问题，这显然就将黑格尔的承认范畴狭隘化、片面化和简单化了，从而将自身的发展局限在文化领域中。与此相对，马克思的承认方案作为一种彻底的社会变革方案，不仅是对黑格尔承认理论的重构，更是对于当代西方承认理论的全面超越，因为它标志着人在政治、经济、文化、生态等多领域全方位的解放。在此意义上，马克思的承认重构除了包含着上述的政治向度和经济向度，还包含着文化向度、生态向度等丰富内涵。在政治目标与经济基础的双重推进下，马克思的承认理论将在广义的历史进程中寻找发展的可能，一方面，通过人与自然的相互和解，打破资本逻辑下的物质变换过程，恢复自然的主体向度，实现人与自然的双重解放；另一方面，在精神文化上实现对人的审美本质的复归，促成人自身丰富性的最大展现，从而真正超越承认，彻底地实现个体与共同体、特殊性与普遍性的统一。

按照马克思的观点，共产主义所实现的全面解放，除了人类社会的解放，自然同样是解放的领域。在此意义上，无产阶级不仅要解放外部的自然，而且还要解放属人的自然。所谓自然的解放，意味着全面消弭人与自然之间对立的状态，打破人类中心主义的资本逻辑，消除资本对自然的掠夺与统治，从根本上消除触发自然异化与生态危机的关键因素，使人与自然回归一种相互和解的良性互动。这种人与自然的和解在本质上体现了人与自然界之间的相互承认关系。这种相互承认关系，一方面体现在作为"实现了的自然主义"的人，必须承认自然界作为人类生存环境及其内在规律的先在规定；另一方面表现为作为"人化自然"的自然界是对人的本质力量的一种肯定与确证。人通过创造性的生产劳动对自然界进行改造，促进自然界日益向人的生成，实现从自在自然向人化自然的过渡，进而从根本上改变自然的价值（作为一种交换价值或资本符号），而是真正地恢复到一种具有丰富性的自在存在，人类才能自觉地意识到自然与自身之间的多样化关联，从而在依循自然规律的过程中全方位地发展人与自然的关联，充分建立起自然主义与人道主义的相互协调的良性循环，最终创造出一个适合人类本性全面发展的人化自然。因此，所谓人与自然的相互承认，是"人和自然界之间、人和人之间的矛盾的真正解决，是存在和本质、对象化和自我确证、自由和必然、个体和类之间的斗争的真正解决"①。

相较于当代西方承认理论侧重的文化向度是将承认关系从文化心理、道德风尚与社群习俗来理解（譬如泰勒从加拿大魁北克的独立、霍耐特借助米德的社会心理与人格完整性等方面来阐发承认），马克思是从人本身的丰富性出发，通过承认来回归感性，实现全面的审美解放，使每个人都能够得到自由而全面的发展。根据马克思的构想，承认事实上对于人的审美需要起到了一种中介作用，因而承认构成了人的审美关系社会化的一个关键环节。毋庸置疑，马克思明确了人们是在生产劳动过程中创造了美，但是认识美、实现美乃至使作为人的本质需求的审美需求在劳动中得到满足，则是需要承认这个中介环节。具体而言，一方面，当美是对于人本身的自我确证和自我承认，承认使人对自身的美及其生命本质获得自省；另一方面，美也需要他人来欣赏和承认，人们正是在他人之美的本质认知中相互承认，进而在生产交往关系中获得个体与类的统一，也即社会本质的实现。可见，作为人的本质需要的审美通过相互承认的中介获得了现实化的可能。于是，作为中介环节的承认的价值，在人的审美本质的实现过程中得到了凸显。在马克思的共产主义构想中，当直接劳动缩减到最低

---

① 《马克思恩格斯文集》第 1 卷，人民出版社 2009 年版，第 185 页。

限度，人们的自由劳动时间相应地就会实现最大限度的扩展。于是，"我的劳动是自由的生命表现，因此是生活的乐趣"①，人们就会从事丰富的审美创造性活动，此时的审美活动不仅能够显现人的个人的本质力量，而且能够显现人的社会的本质力量。由于感觉的彻底解放，使得人与人之间的关系不再需要劳动产品以及劳动本身来作为中介，藉此而生的承认环节的中介使命便就此终结，每一个人都能在感性地直观中体验和感受他人和整个自由人联合体，使人在类中相互映照，直观自身。也正是在此意义上，人的本质的相互承认的理想便获得了真正的实现。总之，审美意义上的解放标志着共产主义的实现和人的自由全面的解放，这一时刻也意味着作为目标意义的相互承认自然包含在人的解放内涵之中，而作为手段（中介）意义的相互承认则真正完成了其历史使命。

① ［德］马克思：《1844年经济学哲学手稿》，人民出版社2000年版，第184页。

第三章　承认、正义与共同体[①]

  承认概念，究其实质，关涉的是两个主体之间的交往关系，之所以在今天成为社会的"关键词"（霍耐特语），其原因不仅在于它涉及了私人交往领域的人格与心理，更在于它体现了人们对于公共政治领域中平等与公正的共同诉求。可见，承认理论的根本任务是解决政治哲学的核心母题——正义。基于承认的正义，不同于现代自由主义传统下的分配正义将关注点落实在个体权利之上，而是将讨论重心放在个体之外，尤其是共同体的团结之上。在此意义上，承认理论成功绕开了现代自由主义正义的主体性窠臼，按照霍耐特的设想，回到黑格尔的伦理生活（Sittlichkeit）中重置正义的诸领域与规范原则。但本书以为，回到黑格尔并未真正体现出承认概念的历史价值，只有回到马克思那里，承认才能真正切中更为深刻的具体正义问题。需要指出的是，不同于霍耐特对马克思的承认概念最终落入"功利主义模式"或狭义经济领域的判断，马克思关注的其实是承认概念背后更为广泛的社会、政治问题，具体来说，即现代市民社会下无产阶级"被

---

  ①　本章内容已发表在《东岳论丛》2022 年第 4 期，谨致谢忱！

侮辱、被奴役、被遗弃和被蔑视"①的公正问题。正是在这里，承认问题体现了马克思政治哲学的独特气质，并将黑格尔意义上的"为承认而斗争"彻底转变为一种无产阶级解放所寻求的"自由人联合体"的现实运动。当然，这并不是马克思的发明，而是源于古希腊的古典正义传统。马克思的承认概念其实"隐含着一种对希腊城邦和亚里士多德哲学传统之批判性因素的恢复和回归"②。

第一节 承认的原初表达：友爱政治与共同体正义

承认概念在亚里士多德那里具有独特的地位。这是由于承认不仅具有个体交往过程中的古典伦理意义，从而被亚里士多德赋予了崇高的德性期望；更重要的是，承认还具有直接指导城邦生活的现实政治价值。在《尼各马可伦理学》中，亚里士多德的承认概念是以友爱的形式来表达的。友爱（φιλια），在古希腊的城邦社会中表现的是人与人之间共同生活中的"一种德性或包含一种德性"。亚里士多德把友爱定义为"出于关爱他人的互相祝福"，"这一形式的社会友谊，其特征为互相承认、互相爱、互相信任，以及带着善良意志共同期望走向德性的、善的生活的目标"③。在古希腊时代，城邦毫无疑问是人作为现实存在的实体形式，因此维护城邦（共同体）的团结与安全就成为正义的根本。而友爱及其德性的重要性就在于提供了社会框架和分享

---

① 《马克思恩格斯文集》第 1 卷，人民出版社 2009 年版，第 11 页。
② ［美］麦卡锡：《马克思与古人：古典伦理学、社会主义和 19 世纪政治经济学》，王文扬译，华东师范大学出版社 2011 年版，第 79 页。
③ ［美］麦卡锡：《马克思与古人：古典伦理学、社会主义和 19 世纪政治经济学》，王文扬译，华东师范大学出版社 2011 年版，第 99 页。

渠道，从而使共同体的联结与维系具备一种可能性。可见，友爱直接关系到共同体的正义。"友爱还是把城邦联系起来的纽带。立法者们也重视友爱胜过公正。因为，城邦的团结就类似于友爱，他们欲加强之；纷争就相当于敌人，他们欲消除之。而且，若人们都是朋友，便不会需要公正；而若他们仅只公正，就还需要友爱。人们都认为，真正的公正就包含着友善。友爱不仅是必要的，而且是高尚的。"① 因此，在亚里士多德眼中，友爱就构成了城邦（共同体）的基础。

亚里士多德曾将友爱区分为三种类型：基于善的友爱、基于有用的友爱和基于快乐的友爱。② 在上述的三者之中，只有基于善的友爱最为持久，这是由于这种友爱符合双方的本性，每一方都是因对方自身之故而希望他好，他们友爱朋友同时也是因其自身，而不是由于其他，因此，每一方的行为都能够表现出友爱所有的三种特性，在总体上使双方保持相互愉悦和相互有用的关系，从而使基于善的友爱具有稳固性和持久性，不易被离间；而另外两种友爱则只具有相对持久性，并存在着被离间的可能性。因此，基于善的友爱虽然稀少，却最能反映友爱的本质，所以它是友爱的最高形式，并且能直接体现为城邦政治的正义原则。按照亚里士多德的观点，友爱的现实政治价值可以从一般正义与具体正义两个层面来理解。具体来说，在一般正义层面上，友爱表现为正义的交往原则和社会的共同秩序，作为德性之首的正义之所以是德性的总体，是因为它不仅关注个体自身的个性发展，而且更加关注"对于他人的善"，"因为它是交往行为上的总体的德性，它是完全的，因为具有公正德性的人不仅能对他自身运用其德

---

① ［古希腊］亚里士多德：《尼各马可伦理学》，廖申白译，商务印书馆2003年版，第250页。

② ［古希腊］亚里士多德：《尼各马可伦理学》，廖申白译，商务印书馆2003年版，第252—253页。

性，而且还能对邻人运用其德性"。① 在具体正义的层面上，友爱则关涉具体正义的每一个层面，具体表现为公民间的友爱②体现了具体正义的原则，即分配的正义、矫正的正义与回报的正义，其中回报的正义体现得尤为明显。

值得注意的是，亚里士多德主要从经济交换的层面来阐释公民间的友爱所体现的回报正义，这也是承认概念首次在经济领域得到明确的阐发。首先，这种回报正义体现为双方在交换中都能获得交换物等值的公正回报。这是由于交换发生的前提是双方提供的东西在价值量上是相互对等的，因此公民之间的交换是自由自愿的，亚里士多德认为这种回报正义是维系交换关系的纽带，也是城邦赖以存在的基石。其次，回报的公正体现为商业交换过程中的产品价值应该由接受方在接受以前来确定。可见，与前者的等值回报相比，这种回报的正义体现为一种保障他者立场上的程序正义。所以，在友爱联结起来的共同体中，每个公民都是正义的提供方和保障方。于是，"他们就将以一种相互友善的精神来进行商业的或为着其他目的的交往，并且愿意按照友爱的要求，为那些相互的利益而牺牲他们自己的直接利益。这种相互的善意，毋宁说就是公民们出于对政治的共同体的上述性质的默契的共同认识，出于对自己的政治的存在的关切，而产生的对于所有他人作为同等的人的政治存在的关切。这种相互的善意的关切可以从对于政治共同体的互惠合作性质的共同认识产生出来"③。

---

① ［古希腊］亚里士多德：《尼各马可伦理学》，廖申白译，商务印书馆 2003 年版，第 143 页。

② 亚里士多德认为，公民的友爱可以区分为商业性和非商业性两种。非商业性的友爱主要涉及对城邦公共资源的分享，即政治生活事务；而商业性的友爱则主要涉及城邦中的经济生活事务。就伦理学尤其是友爱而言，亚里士多德更加关注商业性友爱在城邦生活中的作用。

③ 廖申白：《亚里士多德友爱论研究》，河南人民出版社 2000 年版，第 189 页。

至此，亚里士多德提出承认的目标指向就十分明确了。友爱虽然是个体之间的情感、伦理关系，但造就的却是城邦这一共同体的实体。友爱之所以重要，就是通过个体间的和睦相处、相互合作充分保障了城邦的团结与安定，所以友爱就是政治正义的直接体现。那么，为什么承认的原初状态会始终与共同体相关联，而不是表现为黑格尔意义上主人与奴隶之间的交往关系？如果按照马克思的观点，就会发现承认在亚里士多德那里的任务其实源自历史的必然，这是由于城邦社会尚处于"人的依赖性"的社会阶段，因此友爱与承认的提倡其实是人与人之间相互依赖的时代写照。就像柏拉图所构建的"理想国"中，城邦共同体的利益就是公民个体最大的正义。因为个体不具备实体的资格，"每一个单个的人，只有作为这个共同体的一个肢体，作为这个共同体的成员，才能把自己看成所有者或占有者"[1]。个体只有在城邦中才能获得自我的实现，进而成为理想的应然性存在。离开了共同体，个体将无法存在，个体的一切权利甚至是苏格拉底的生命都将不被承认。这也就解释了个体相互承认的实现在此时直接上升为政治共同体的实体正义。

第二节　承认的现代表达及其反思：共同体的瓦解与个体正义的批判

随着古希腊城邦的瓦解，承载着共同体正义的承认（友爱）关系也"随着亚里士多德的去世而终结了；作为一个个人的人，则是始于亚历山大"，"相比较而言，基督教的兴起在这一历史进程中只是引发

---

[1] 《马克思恩格斯文集》第8卷，人民出版社2009年版，第123—124页。

了若干表面上的变化"。① 尤其是随着自然法学派的出现，一直到启蒙哲学的兴起，作为实体的原子化个体全面替代了共同体，成为现代政治的主角。此时的个体开始学会单独生活，并逐渐拥有了自我意识，公民也就成为摆脱共同体而独立存在的个人。相应地，个体最大的挑战在于如何面对他人以及瓦解之后的社会。于是，承认议题再次被提上日程。在霍布斯看来，原子化个体兴起的时代就是一个崇尚"丛林法则"的自然状态，为了各自的私人利益，现代社会就会陷入一切人对一切人的冲突状态。但是，这种无休止的自然状态只有死亡才能终结，因此，为了保障个体的自由权利，人们不得不让渡出一部分自然权利，结成社会契约，建立国家。而个体通过对非人格性的契约/法律的承认，成为整个自由主义建立其个体正义秩序的核心。在此过程中，承认就从古代表达走向现代表达。毋庸置疑，现代承认与古代承认最大的区别就是摆脱了人格性的依赖，也即从马克思意义上的"人的依赖性"阶段走向"物的依赖性为基础的人的独立性"阶段。② 相较而言，亚里士多德的承认概念具有浓厚的人格化色彩，他将共同体视为一个人格化的伦理实体，因而共同体的团结与稳定就是通过建立人格间的依赖关系（兄弟关系）来实现的。但现代社会却是由原子化的独立性个体组成的"陌生人社会"，承认的基石不再是自然伦理，而是非人格的法律、财产、货币、资本。其背后的正义原则也从共同体优先的实体正义转变为个体优先的自由权利，并使这种特殊性的个体自由取代共同体而上升到普遍性的高度。

现代承认表面上倡导尊重他人的自由和权利，以达成个体之间的

---

① ［美］乔治·萨拜因：《政治学说史》上卷，邓正来译，上海人民出版社 2008 年版，第 183 页。

② 《马克思恩格斯文集》第 8 卷，人民出版社 2009 年版，第 52 页。

和解，但事实上，在黑格尔看来，人们只是片面地追求被人承认，从而表现为一种承认的欲望，而非构建一种承认的合理性。在《精神现象学》中，黑格尔通过"主奴辩证法"展示了这种"片面的承认"，奴隶出于对死亡的恐惧，而主动承认主人的权威，但是主人所获得的承认只是一种"片面的承认"；相反，奴隶经历了劳动的陶冶，真正体验到了独立的自我意识的本质。可见，主人"所完成的不是一个独立的意识，反而是一个非独立的意识，……独立的意识的真理乃是奴隶的意识"①。因此，按照黑格尔的观点，个体的承认欲望本质上表现的是一种任性，而非自由。对此，黑格尔开出的药方则是回到亚里士多德那里，将主体间的相互承认视为现代社会的有机凝聚力和伦理形式，从而弥合自由主义所带来的特殊性与普遍性之间的裂痕。

黑格尔试图从承认出发，重新界定霍布斯意义上的自然状态。早在《伦理体系》中，黑格尔就已经意识到"冲突确实表现为一种社会整合的机制，这种机制迫使主体相互认识，以致他们个人的整体意识与他者个人的整体意识最终交织在一起，形成一种'普遍'意识。……这种'绝对'意识最后为黑格尔提供了未来理想共同体的精神基础：作为一种社会普遍化的中介，相互承认创造了这一理想共同体，同时也就形成了'民族精神'"②。到了《精神现象学》中，黑格尔明确地区分了"纯粹的承认概念"及其"显现为自我意识过程"的方式，进而使相互外在的个体逐步过渡到全部主体。并且黑格尔认为自然状态的冲突还创造了实现自由定在的可能。因为自由的生活就是合理的生活，合理生活的标志就是摆脱了自然欲望和任性，最终

---

① ［德］黑格尔：《精神现象学》上卷，贺麟、王玖兴译，商务印书馆1979年版，第129页。

② ［德］阿克塞尔·霍耐特：《为承认而斗争》，胡继华译，上海人民出版社2005年版，第32页。

上升为普遍性的生活，而特殊性上升为普遍性的桥梁依然是合理性的民族国家通过相互承认的主体间性结构完成的。在黑格尔眼中，只有在现代国家中，普遍精神才能获得客观的存在，国家制度和法律才是精神的客观化，达到了精神的自我意识，至此，客观真理和自由才会在主体内部获得真正的和解。在此，一方面，自我只有在一个相互承认的共同体中才能获得真正的自由；另一方面，精神"在它的对立面之充分的自由和独立中，亦即在互相差异、各个独立存在的自我意识中，作为它们的统一而存在：我就是我们，而我们就是我"①。

正如霍耐特指出的那样，"黑格尔的承认理论就可以被理解为人类社会化之必要条件的学说"②。因此，现代承认在黑格尔的世界历史中成为一种社会化的中介机制，进而扬弃并融通古希腊传统的共同体与自由主义的原子个体。对此，霍耐特却提出，在理论前提已经发生变化的今天，黑格尔营造的承认机制是否经得起经验的质疑？在这一点上，霍耐特无疑是正确的，因为他清晰地指出了黑格尔的根本症结在于把承认理论"统统归到理性唯心主义理论的思辨视野，以致只有在他的传人完成历史唯物主义转向之后，才在历史现实中给这种社会斗争经验以一席之地"③。

作为黑格尔的传人，马克思在面对黑格尔所致力弥合的承认问题，即古代承认与现代承认之间的张力时，表现出完全不同于黑格尔的历史唯物主义立场。在马克思看来，黑格尔的处理方式是一种"颠倒"的

---

①　[德]黑格尔：《精神现象学》上卷，贺麟、王玖兴译，商务印书馆1979年版，第122页。

②　[德]阿克塞尔·霍耐特：《为承认而斗争》，胡继华译，上海人民出版社2005年版，第74页注释2。

③　[德]阿克塞尔·霍耐特：《为承认而斗争》，胡继华译，上海人民出版社2005年版，第74页。

方式，因此，他的解决方式就是使黑格尔的承认回归现实真相。在这里，马克思首先要回答：如果自我意识不是精神的展开，那么它从哪里来？同样，自由主义的原子化个体又是从哪里来？这直接关涉承认的产生以及作用对象。对此，马克思的解答显然是以"历史科学"的方式来回应现代承认表达背后的原子化个体主义立场，并且把黑格尔的承认概念从精神的自我意识中纳入现实的市民社会演进过程中。他明确表示："人只是在历史过程中才孤立化的。"① 在亚里士多德的时代，人最初表现为一种类存在物，通过政治的方式来落实共同体的分配正义，但是随着交换、分工的深入，物质生产力的推进，人们开始逐步摆脱血缘、土地等自然联系的束缚，取而代之的是交换过程中兴起的商品、货币与资本这些偶然的外部联系，于是，无论是霍布斯、洛克、卢梭从自然状态或社会契约出发，还是亚当·斯密、李嘉图从经济理性人出发，抑或是施蒂纳"宣称个人是至高无上的"②，本质上都是把18世纪才开始流行的原子式个体的想象作为解释现实的基础，"也就是把需要、劳动、私人利益和私人权利等领域看做自己持续存在的基础，看做无须进一步论证的前提，从而看做自己的自然基础"③。

马克思对此一针见血地指出，历史的真相是"这种18世纪的个人，一方面是封建社会形式解体的产物，另一方面是16世纪以来新兴生产力的产物"④。当自由主义将原子式个人的想象作为无须证明的自然前提，就必然会引发"大大小小的鲁滨逊一类故事所造成的美学上的假象"⑤。于是，承认的现代表达就会呈现为"现实的人只有以

① 《马克思恩格斯文集》第8卷，人民出版社2009年版，第147页。
② 《马克思恩格斯文集》第10卷，人民出版社2009年版，第24页。
③ 《马克思恩格斯文集》第1卷，人民出版社2009年版，第46页。
④ 《马克思恩格斯文集》第8卷，人民出版社2009年版，第5—6页。
⑤ 《马克思恩格斯文集》第8卷，人民出版社2009年版，第5页。

利己的个体形式出现才可予以承认，真正的人只有以抽象的 citoyen
[公民] 形式出现才可予以承认"①。尽管相互承认本质上要求一种社
会化的人的社会，但市民社会的现实却是原子化个体主义的天下，相
互承认只是实现私利的工具而已，所以承认原初的共同体指向被彻底
抹杀了，个体的实存竟然成为实体正义的最终立足点。

更糟糕的是，现实中的"假象"将代表资产阶级的利己主义个体
堂而皇之地作为"整个社会的代表"，于是，资产阶级这个特殊性阶
级就被承认为普遍性的阶级，成为市民社会中实体正义的载体。但
是，这种普遍性是异化的普遍性，资产阶级只会表现出狭隘的利己主
义本质，"并用这种狭隘性来束缚自己"②，在一切人对一切人的利己
主义战争中，陷入黑格尔意义上主人的"片面承认"。对此，黑格尔
的规划是通过现代民族国家的承认机制来解决，但他却错误地将希望
寄托在"官僚等级"身上，将其作为实现普遍性的现代国家的代表。
在马克思看来，黑格尔的官僚等级是资产阶级的另一个版本，官僚等
级不仅没有体现出所谓的普遍性，相反是以共同体（国家）这个借口
来谋取自身的特殊性私利，这与前文中普遍的利己主义没有任何区
别，成为黑格尔颠倒现实世界的又一个明证。

第三节 无产阶级的承认旨趣：自由人 联合体及其正义的实现

承认的现代表达是建立在共同体瓦解和利己主义普遍化的前提
上，但是这却抽空了承认的社会化关系内涵，斩断了与共同体之间的

---

① 《马克思恩格斯文集》第1卷，人民出版社2009年版，第46页。
② 《马克思恩格斯文集》第1卷，人民出版社2009年版，第15页。

紧密关联，同时使原子式个体的正义原则完全幻化为资产阶级自欺欺人的异化假象。黑格尔虽然力图依靠承认的中介去建构现代民族精神，却迷失在普遍精神的实体构建中，并且将官僚等级误识为普遍阶级，作为自由的最终实现者，但黑格尔的努力无疑极大地启发了马克思。正如阿维纳瑞所言，"黑格尔'普遍阶级'的观念，一旦被剥离出它的实体，对马克思而言就成了解释历史的媒介"①。马克思恰恰在无产阶级身上看到了普遍性在现实中的真正体现，从而指明了承认在现代历史中获得实现的现实载体。他指出："要使一个等级被承认为整个社会的等级，社会的一切缺陷就必定相反地集中于另一个阶级，一定的等级就必定成为引起普遍不满的等级，成为普遍障碍的体现；一种特殊的社会领域就必定被看做是整个社会中昭彰的罪恶，因此，从这个领域解放出来就表现为普遍的自我解放。"② 所以，处于资产阶级对立面的无产阶级，经受着现实中的最普遍的不满和障碍，也即黑格尔意义上奴隶般全部的"蔑视"（misrecognition）之后，背负起整个社会的需要，因此它不感到自己是一个特殊阶级，而是"与整个社会混为一体并且被看做和被认为是社会的总代表"③，"这个阶级在实现社会自由时，已不再以在人之外的但仍然由人类社会造成的一定条件为前提，而是从社会自由这一前提出发，创造人类存在的一切条件"④。正是在此意义上，无产阶级的解放才有可能打破"主奴辩证法"的"恶的循环"，实现"为承认而斗争"（霍耐特语），真正地回归人的本质，并推动正义原则在普遍性与特殊性中的统一。

---

① ［以］阿维纳瑞：《马克思的社会与政治思想》，张东辉译，知识产权出版社 2016 年版，第 66 页。

② 《马克思恩格斯文集》第 1 卷，人民出版社 2009 年版，第 15 页。

③ 《马克思恩格斯文集》第 1 卷，人民出版社 2009 年版，第 14 页。

④ 《马克思恩格斯文集》第 1 卷，人民出版社 2009 年版，第 16 页。

如果说黑格尔激发了马克思对无产阶级作为现代承认的历史载体的全新认识，那么市民社会下原子化个体的异化普遍化立场则为马克思找到未来社会的出路提供了一种现实的可能性，那就是复归亚里士多德意义上的共同体。"马克思把在越来越复杂的现代工业生产的条件下对合作、社会化和团结的日益增强的需要看作资本主义社会转变为一种在其核心体现人的社会性质的结构的内在证据。尽管存在资本主义经济理论的个体主义模式，但复杂的生产要求关涉他人。因此，当资本主义原则无法应付这种局势时，更加强烈地需要社会交往和关涉他人的暗示就会得到不断加强。这种使终极自由建立在对人与人相互依存的普遍承认（'联合体'）基础上的观点"① 就成为现代社会历史的必然趋势。

就承认的最终目标而言，马克思与亚里士多德无疑是一致的②，即在共同体中使人们成为社会制度的创造者，从而实现个体潜能的释放。马克思在思考无产阶级承认的实现过程中甚至将亚里士多德的"友爱"有机地融汇进来，他认为无产阶级历史使命的实现途径在于

---

① ［以］阿维纳瑞：《马克思的社会与政治思想》，张东辉译，知识产权出版社2016年版，第104页。

② 当然，从历史唯物主义视域来看，亚里士多德的共同体构图显然还停留在马克思意义上的"人的依赖性"阶段。由于产生人类历史的第一个前提是人们要满足生存、维持生活的需求，而古希腊城邦时代仍处于生产力不发达的奴隶制社会阶段，为了生存的共同需求，城邦的公民必须相互承认、互惠合作，以结成一种相互依赖的利益共同体。在这一特定的共同体中，"公民仅仅共同拥有支配自己那些做工的奴隶的权力，因此受公社所有制形式的约束。这是积极公民的一种共同私有制，他们面对着奴隶不得不保存这种自然形成的联合方式"（《马克思恩格斯文集》第1卷，人民出版社2009年版，第521页）。所以，作为维系社会自然联合的纽带的承认，究其实质，反映的是该社会阶段的所有制形式及其对于个体自由的束缚，而不是对亚里士多德心目中古典正义的实现。诚然，马克思对承认问题的把握注定与亚里士多德存在着历史的差别，但是，亚里士多德的重要性表现为在人类社会的最初阶段看到了承认作为共同体的直接基础和正义的表征，而马克思关注的则是当时人类社会发展的最高阶段（资本主义社会）承认的现实状态以及未来社会的可能性及其现实运动。

"必须在自身和群众中激起瞬间的狂热。在这瞬间，这个阶级与整个社会亲如兄弟，汇合起来"①。在马克思看来，"没有共同体，这是不可能实现的。只有在共同体中，个人才能获得全面发展其才能的手段"②。但马克思也指出，在过去其实充斥着形形色色的共同体，无一例外均是"虚假的共同体"以及"冒充的共同体"，因为这些共同体中的自由与平等只存在于统治阶级之中，本质上依然是前文黑格尔所言的"片面的不平等的承认"，"对于被统治的阶级来说，它不仅是完全虚幻的共同体，而且是新的桎梏"③。因此，对马克思而言，只有"在真正的共同体的条件下，各个人在自己的联合中并通过这种联合获得自己的自由"④，才能充分反映出承认关系的真正本质。

所谓"真正的共同体"就是《共产党宣言》中所构想的"自由人联合体"。

一方面，自由人联合体是自由个体间的自发联合，而非出于生存的需要或其他所有制形式的外在要求，它直接体现了人类生产以及以人的实存方式而体现出来的社会性质。正如阿维纳瑞所言："这种联合意味着一种社会连结的发展……这种联合创造了涉他性和互助性，它使工人们能够重新成为一个共同体。联合的行动与过程，通过改变工人及其世界，使人窥见未来社会。"⑤ 正是在相互承认的联合体中，共产主义的未来社会才能转变为现实运动。

另一方面，相互承认还预示着人的本质的实现与确证，也即每个

① 《马克思恩格斯文集》第 1 卷，人民出版社 2009 年版，第 14 页。
② 《马克思恩格斯文集》第 1 卷，人民出版社 2009 年版，第 571 页。
③ 《马克思恩格斯文集》第 1 卷，人民出版社 2009 年版，第 571 页。
④ 《马克思恩格斯文集》第 1 卷，人民出版社 2009 年版，第 571 页。
⑤ ［以］阿维纳瑞：《马克思的社会与政治思想》，张东辉译，知识产权出版社 2016 年版，第 159 页。

人在共同体的交往中对自身及他者作为人的本质予以双重肯定。在《穆勒评注》中，马克思曾明确地阐释了作为人的相互承认所具有的四重内涵："（1）我在我的生产中使我的个性和我的个性的特点对象化，因此我既在活动时享受了个人的生命表现，又在对产品的直观中由于认识到我的个性是对象性的、可以感性地直观的因而是毫无疑问的权力而感受到个人的乐趣。（2）在你享受或使用我的产品时，我直接享受到的是：既意识到我的劳动满足了人的需要，从而使人的本质对象化，又创造了与另一个人的本质的需要相符合的物品。（3）对你来说，我是你与类之间的中介，你自己认识到和感觉到我是你自己本质的补充，是你自己不可分割的一部分，从而我认识到我自己被你的思想和你的爱所证实。（4）在我个人的生命表现中，我直接创造了你的生命表现，因而在我个人的活动中，我直接证实和实现了我的真实的本质，即我的人的本质，我的社会的本质。"①

藉此，自由人联合体在展现马克思的承认构图的同时，也揭示了其承认范畴与古代承认或现代承认之间的实质性区别。与亚里士多德和黑格尔相比，马克思最大的不同就在于赋予了劳动在承认关系中不可或缺的中介地位。在黑格尔那里，承认是自我意识对另一个自我意识的直接性关联；但是到了马克思那里，个体之间并不是直接产生相互承认的联系，而必须依赖劳动及其对象化来体现。因此，劳动是人的相互承认关系的一面镜子。对于劳动不同的理解直接反映出承认关系在历史发展进程中的不同阶段：一种是基于雇佣劳动的工具性承认阶段，另一种是基于自由劳动的生命性承认阶段。

在工具性承认阶段，每个人都只是根据劳动产品或商品来承认对

---

① ［德］马克思：《1844 年经济学哲学手稿》，人民出版社 2000 年版，第 184 页。

方，此时的劳动不是作为人的本质的对象化来满足他人的需要，而是作为自私利益的外在形式化来建立市场交换关系。于是，人与人之间的关系经过劳动产品的确证就表现为一种物与物的关系，他人对于自我来说只是满足自身需要的一个手段，"每个人为另一个人服务，目的是为自己服务；每一个人都把另一个人当作自己的手段互相利用"①，因此承认关系就变成了一种纯粹的工具性关系。此时，任何一方对于承认关系本身都是漠不关心的。更为关键的是，"表现为全部行为的动因的共同利益，虽然被双方承认为事实，但是这种共同利益本身不是动因，它可以说只是发生在自身反映的特殊利益背后，……最后，是自私利益，此外并没有更高的东西要去实现；……共同利益就是自私利益的交换。一般利益就是各种自私利益的一般性"②。这就是资本主义社会承认关系的虚幻性所在。当我们透过雇佣劳动的由来继续往下追问，就会发现资本主义社会中的承认问题，既不是温情脉脉的情感伦理问题，也不是自我意识的认知问题，而是经济领域的生产流通问题，更是政治领域的公平正义问题。

在生命性承认阶段，劳动不仅是"实现自我创造和自我承认的必然过程"③，而且还被承认为作为类存在的人的目的本身。此时的劳动是一种自由自觉的活动，一种体现生命创造性的活动，是"自由的生命表现，因此是生活的乐趣"④，更是"自我实现，主体的对象化，也就是实在的自由"⑤。在此过程中，人与人之间的相互承认关系是彼

① 《马克思恩格斯全集》第 30 卷，人民出版社 1995 年版，第 198 页。
② 《马克思恩格斯全集》第 30 卷，人民出版社 1995 年版，第 199 页。
③ ［美］古尔德：《马克思的社会本体论：马克思社会实在理论中的个性和共同体》，王虎学译，北京师范大学出版社 2009 年版，第 59 页。
④ ［德］马克思：《1844 年经济学哲学手稿》，人民出版社 2000 年版，第 184 页。
⑤ 《马克思恩格斯文集》第 8 卷，人民出版社 2009 年版，第 174 页。

此作为人而发生关系，自我的个性经自由劳动的中介为他者所承认，进而意识到他者的承认是个体作为人的本质不可分割的一部分。同时，相互承认不仅是通过劳动外化形式进行的相互交换，而且还通过承认他者的需要，并确证另一个体的差异而形成。此外，每个自我的本质还被视为个体化能力的表现和对整个类本质的发展和补充。最终，这种承认关系上升为对每个生命本质及其社会存在的证实。

　　通过对以上两种不同承认阶段的揭示，马克思力图将基于劳动的承认概念全面纳入其以自由人联合体为目标的无产阶级的人类解放事业，这在理论上可视为向共同体传统的复归。但需要指出的是，马克思面向人的生命性本质，以自由劳动的政治经济学视域来理解和把握真正的承认关系，并以此建构共同体的正义基础，成为区别于古典传统与现代传统下其他承认理论的标志，而这一独特的理论认知进一步发展为对现代社会中无产阶级得不到承认的现实（政治经济学）根源的追问，最终在他的《资本论》及其手稿中达到了理论的顶点。

第四章　资本的批判与承认的本质①

　　承认问题，不仅是德国古典哲学与当代政治哲学关注的焦点，而且是理解马克思哲学革命的一条重要线索。迄今，对于马克思重构承认理论及其发展演进，最具代表性的观点有两种：第一种是承认断裂论，以霍耐特为代表。霍耐特最早关注了马克思承认理论的重构，他认为马克思在早期的《巴黎手稿》《穆勒评注》中继承了黑格尔的思想，原创性地将承认概念建立在一种人类学的劳动范畴上；但在后期的《资本论》中，马克思陷入了经济还原论和功利主义，从而抛弃了早期的承认理论。② 这种断裂论采取了典型的路易·阿尔都塞（Louis Althusser）式的立场，后来遭到了很多异议，比如齐泽、宽特等人就认为马克思后期并未放弃承认。③ 第二种是承认异化论，以宽特为代表。宽特认为马克思在早期的《穆勒评注》中通过诊断资本主义社会

---

　　① 本章内容已分别发表在《教学与研究》2018 年第 12 期和《国外理论动态》2022年第 3 期，谨致谢忱！

　　② 参见 ［德］ 阿克塞尔·霍耐特《为承认而斗争》，胡继华译，上海世纪出版集团2005 年版，第 152—157 页。

　　③ See, Andrew Chitty, "Recognition and Social Relations of Production", in Tony Burns & Ian Fraser, *The Hegel – Marx Connection*, London: Macmillan Press, 2000, pp. 167 – 197; Michael Quante, "Recognition in Capital", *Ethic Theory & Moral Practice*, No. 16, 2013, pp. 713 –727.

现实，得出了承认是一种异化现象的结论，而到了后期《资本论》尤其是价值理论中，他的承认理论始终遵循着早期的异化逻辑。[①] 这实质上是一种建立在人本主义预设上的马克思早晚期思想同构论，也代表了国外马克思主义研究中占据主流的异化论，比如伯特尔·奥尔曼（Bertell Ollman）、阿维纳瑞等人也持类似观点。[②] 对于上述观点，国内已有学者进行了积极回应，特别是针对马克思早期的承认理论做出了较为深入的探讨[③]，但是对于马克思后期的政治经济学研究，特别是《资本论》及其手稿中承认问题的探讨未能得到充分的展开。

第一节　承认概念的政治经济学缘起

马克思的承认概念源自黑格尔的《精神现象学》。在《精神现象学》的《自我意识章》中，黑格尔提出了著名的"主奴关系"的承认形态。后经科耶夫、依波利特、福山等人的阐发，"承认辩证法"成为《精神现象学》中最广为人知的部分，甚至构成了黑格尔承认理论的一种标签式注解。但仅从《精神现象学》的"主奴关系"来理解黑格尔的承认理论及其对马克思的影响是远远不够的。霍耐特就主张抛开"主奴关系"的承认形态，以黑格尔早期的《耶拿手稿》（特

---

① See, Michael Quante, "Recognition in Capital", *Ethic Theory & Moral Practice*, No. 16, 2013, pp. 713 – 727.

② 参见［美］奥尔曼《异化：马克思论资本主义社会中人的概念》，王贵贤译，北京师范大学出版社 2011 年版；［以］阿维纳瑞《马克思的社会与政治思想》，张东辉译，知识产权出版社 2016 年版。

③ 参见张盾《马克思实践哲学视野中的"承认"问题——黑格尔"主人/奴隶辩证法"与马克思政治理论的历史渊源》，《马克思主义与现实》2007 年第 1 期；韩立新《〈巴黎手稿〉研究》，北京师范大学出版社 2014 年版。

指《伦理体系》和《耶拿实在哲学》）为依据，提出了"爱—法律—团结"的承认形态。尽管学界对霍氏的解读众说纷纭①，但可以肯定的是，黑格尔的承认概念显然存在着多种形态，而非"主奴关系"这一种。

那么，黑格尔为什么会提出承认概念？皮平曾鲜明地提出，黑格尔的承认理论本质上是为了回答自由的本质及其可能性的问题。②艾伦·伍德（Allen W. Wood）也认为，自由是所谓的终极的善，为了论证人格的抽象自由也即抽象法权，黑格尔才引入了对承认概念的探讨。③不同于自由主义传统中不受他者干预的自由，黑格尔的自由无疑具有一种关系属性，建立在自我和他者的交往基础上。在《法哲学原理》中，黑格尔提出"自由的具体概念"，就是"自我在它的限制中即在他物中，守在自己本身那里……既守在自己身边而又重新返回到普遍物"④。这里的"守在自己身边"（bei sich selbst）是指自我和他者之间的关系，而自由就是自我"在他者之中守在自己身边"，这是黑格尔对于自由的一种特殊表达，而承认就是其中关键的一环。

相较而言，耶拿时期的《精神现象学》则凸显了承认在其中的中

---

① 霍耐特的观点直接引发了其与弗雷泽的"再分配与承认"之争，弗雷泽认为霍耐特的承认模型具有严重缺陷，缺少了再分配的维度，而罗伯特·皮平则认为霍耐特的承认解读最终堕入了心理学解释的窠臼。参见［美］南茜·弗雷泽、［德］阿克塞尔·霍耐特《再分配，还是承认？——一个政治哲学对话》，周穗明译，上海人民出版社2009年版，第3—20页；Robert Pippin, *Hegel's Practical Philosophy: Rational Agency as Ethical Life*, Cambridge/New York: Cambridge University Press, 2008, p. 183。

② Robert Pippin, *Hegel's Practical Philosophy: Rational Agency as Ethical Life*, Cambridge/New York: Cambridge University Press, 2008, p. 183。

③ ［美］艾伦·伍德：《黑格尔的伦理思想》，黄涛译，知识产权出版社2016年版，第127—129页。

④ ［德］黑格尔：《法哲学原理》，范扬、张企泰译，商务印书馆2017年版，第21页。

介作用，黑格尔明确指出："自我意识是自在自为的，这由于并且也就因为它是为另一个自在自为的自我意识而存在的；这就是说，它所以存在只是由于被对方承认。"① 在这里，黑格尔无疑吸收了费希特《自然法权基础》中"交互性关系"的承认形态，将他者作为自由的落脚点，使他者与自我的交互承认成为自由与自我意识的前提。但黑格尔超越费希特的地方在于，"他没有将承认视为自我意识之可能性的先验条件，相反，在他看来，承认是一个'过程'，是从'生死斗争'开始的，并且经历过一个不对称的'主奴'关系，在这种关系中，一方的自我为他人所承认，又不用以承认他人作为回报。在此过程中，自我获得了关于成为自由的自我意味着什么的更深刻的观念，并且这一过程的合乎理性的结果就是自由的有自我意识的存在者的交互意识，即彼此意识到对方都是拥有抽象法权的人格"②。可见，"主奴关系"的承认形态在本质上是为论证自由而服务的。需要指出的是，此时的自由虽然经历了劳动的教化，却仍然停留在斯多葛主义阶段，仅仅是思想的或概念的东西的实现，而尚未现实化。黑格尔认为，"自由的东西就是意志。意志而没有自由，只是一句空话；同时自由只有作为意志，作为主体，才是现实的"③。那么，如何来使自由意志现实化？黑格尔的回答是，"自由意志必须首先给自己以定在，而这种定在最初的感性材料就是事物，即外界的物"④。换言之，自由意志是将自身体现在外界的对象中，从而使其

---

① ［德］黑格尔：《精神现象学》上卷，贺麟、王玖兴译，商务印书馆 1979 年版，第 122 页。

② ［美］艾伦·伍德：《黑格尔的伦理思想》，黄涛译，知识产权出版社 2016 年版，第 137—138 页。

③ ［德］黑格尔：《法哲学原理》，范扬、张企泰译，商务印书馆 2017 年版，第 13 页。

④ ［德］黑格尔：《法哲学原理》，范扬、张企泰译，商务印书馆 2017 年版，第 48 页。

外化为定在。而自由这一外化的最初过程就是所有权，确切而言，就是财产权。① 黑格尔在《法哲学原理》中就明确指出："从自由的角度看，财产是自由的最初定在。"②

其实，财产权的论证思路在耶拿早期的《耶拿实在哲学》中就已经成型。在这里，黑格尔显然提出了一种新的承认形态——财产权的承认。在黑格尔看来，财产权的本质就是承认。"一件物品之所以是我的财产是由于它被他者承认。但是究竟他者承认的是什么？这就是我所拥有的，也是我所占有的。"③ 因此，黑格尔的财产权概念虽源于古典政治经济学，却与其不尽相同。它是以相互承认或社会共识为前提，占有是个体主义的偶然行为，而财产则表现为必然的社会特质。此时，"我"的财产在获得承认的同时，也意味着具有了一种排他性。也就是说，"我"不能从第三方那里占有物品，因为这些物品已经被承认为他的所有物。如果"我"依然想获得这些他者的财产，那就不能通过"生死斗争"的方式，而可以采取交换的方式。

在交换中，"每一方提供自己的所有物，否定（作为他的）自身存在，这种存在是以被承认的方式内蕴其中；另一方首先同意并接收它。双方都获得了承认；每一方都从另一方那里，收到了对另一方的占有……同意通过中介，接收它作为财产"④。在这里，一方面，财产因占有行为而具有的偶然性被彻底扬弃了，借助交换过程的相互

① 财产权的引入，标志着黑格尔已经自觉地吸收了政治经济学的成果，尽管财产权概念的使用仍然是在哲学人类学的基础上。

② ［德］黑格尔：《法哲学原理》，范扬、张企泰译，商务印书馆 2017 年版，第 61 页。

③ G. W. F. Hegel, *Hegel and the Human Spirit*: *A Translation of the Jena Lectures on the Philosophy of Spirit*（1805－1806）*with Commentary*, Leo Rauch ed. & trans. , Detroit：Wayne State University Press, 1983, p. 112.

④ G. W. F. Hegel, *Hegel and the Human Spirit*: *A Translation of the Jena Lectures on the Philosophy of Spirit*（1805－1806）*with Commentary*, Leo Rauch ed. & trans. , Detroit：Wayne State University Press, 1983, p. 122.

承认而获得普遍性；另一方面，交换的本质还关系到两个独立的自我意识在承认过程中的平等性，"自我面向另一自我的活动以及被他者承认，当一个自我关涉到所有物时，他想拥有的仅仅是我的意志的（同意），就像我自身面向他的所有物时，仅仅根据的是他的意志。（这就引起了）双方作为承认方的平等——（赋予）一种价值，物品的意义"①。

除了通过占有和交换来获得财产权，"一件存在的物品成为我的（财产），是通过一些符号的方式，比如，我在上面付出的工作"②。黑格尔所说的这种工作，就是劳动。黑格尔认为对象形式的真正消灭是通过劳动活动本身。③ 在他看来，劳动是原始享受的升华，它将欲望由最初的消灭性欲望改造为建设性欲望。同时，劳动是主观与客观的统一，劳动具有承认的特质，每个人的劳动都以他人为前设，从而使相互承认内化于劳动的过程之中。"劳动是人人为我、我为人人的（活动），劳动成果的享受是众人的享受。当每个人为他人提供帮助和服务时，个体才会作为个体而存在，此前，个体只是某种抽象、不真（的概念）。"④ 此后，在"主奴辩证法"中，奴隶就是经过劳动这个否定的中介过程，受到了陶冶，意识到自由的本质。

---

① G. W. F. Hegel, *Hegel and the Human Spirit: A Translation of the Jena Lectures on the Philosophy of Spirit (1805 – 1806) with Commentary*, Leo Rauch ed. & trans., Detroit: Wayne State University Press, 1983, p. 122, note 6.

② G. W. F. Hegel, *Hegel and the Human Spirit: A Translation of the Jena Lectures on the Philosophy of Spirit (1805 – 1806) with Commentary*, Leo Rauch ed. & trans., Detroit: Wayne State University Press, 1983, pp. 112 – 113.

③ G. W. F. Hegel, *System of Ethical Life (1802/3) and First Philosophy of Spirit (Part III of the System of Speculative Philosophy 1803/4)*, H. S. Harris and T. M. Knox trans., Albany: State University of New York Press, 1979, p. 106.

④ G. W. F. Hegel, *Hegel and the Human Spirit: A translation of the Jena Lectures on the Philosophy of Spirit (1805 – 1806) with Commentary*, Leo Rauch ed. & trans., Detroit: Wayne State University Press, 1983, p. 120.

值得注意的是，黑格尔对劳动与承认的论证并未止步于此，而是指出劳动对于承认的过度依赖必将导致异化的出现，进而提出了一种劳动的辩证法。黑格尔颠覆了古典政治经济学有关劳动的常识，即劳动是第一性的，交换以劳动产品的剩余为前提，此时劳动的性质已经发生了根本性的改变——劳动是社会性的劳动，每个人都为众多的社会需求而劳动，每个人需求的满足都依赖于他人的劳动。但是，这种普遍依赖就会导致个体的劳动内容完全超出其自身的需求。人们所生产的物品不再是其自身所需求的对象，而是一种普遍的、用于交换的商品。人的劳动就越来越沦为一种纯粹抽象的、机械的生产活动。具体而言，"α. 劳动的分工提高了制造物的积聚。……但是随着生产数目的提高，劳动的价值也开始下降；β. 劳动开始越来越死，它变成了机器的劳动，简单劳动者的技能越来越受到限制，工厂劳动者的意识不断枯竭，直至最后的麻木；γ. 同时，劳动特殊种类与无限需求之间的关系变得完全不可想象，并变成了一种盲目的依赖性。因而会出现一些遥远的行为切断了整个阶层人群的劳动，而这些人都是通过它（他人的劳动）来满足自身的需要；因而使得劳动变成剩余和无用的"①。其结果就是，原本旨在获取他人承认来达到普遍性，进而实现自由的劳动过程，竟然变成了奴役人们的桎梏。

第二节　异化劳动、生产交往与承认的非现实化

历史的机缘是如此巧合：青年黑格尔以自由为方向，借助承认概

---

① G. W. F. Hegel, *System of Ethical Life*（1802/3）*and First Philosophy of Spirit*（*Part III of the System of Speculative Philosophy 1803/4*），H. S. Harris & T. M. Knox ed. & trans., Albany: State University of New York Press, 1979, p. 248.

念的中介，引发了有关异化劳动的冥想，竟然成为 40 年后青年马克思《巴黎手稿》中所着力研讨的主题。而马克思显然没有看过黑格尔的《耶拿手稿》，正如多年以后的卢卡奇未看到《巴黎手稿》却能准确推测马克思的主题一样。有趣的是，这三人在这里的关联竟然都围绕着异化劳动而展开。需要强调的是，黑格尔与马克思在对异化的理解上显然存在着重大的差别。关于这一点，卢卡奇曾在《青年黑格尔》中提出，黑格尔认为异化是劳动对象化的必然趋势，是现代社会无法摆脱的结构性宿命；而马克思则认为，劳动的异化存在着救赎的可能性，因为异化并不是生产过程本身所固有的，而只是具体的历史条件的产物。① 作为对比，黑格尔虽然同情并控诉工人的悲惨命运，但他的希望却放在官僚等级（阶级）身上，因为在他看来，官僚等级才是普遍的等级，他们以社会的普遍利益为指向，而在马克思看来，官僚等级表面上服务于社会的普遍性利益，实际上却在追逐个体私利，中饱私囊，而只有工人阶级（无产阶级）才是普遍的阶级，因为工人阶级是一个"自己遭受普遍苦难而具有普遍性质"② 的阶级，"一个被戴上彻底的锁链的阶级"③，更是一个"被侮辱、被奴役、被遗弃和被蔑视"④ 的阶级。正是在此意义上，马克思提出了承认概念——无产阶级解放，通过解放来打破无产阶级身上被侮辱、受蔑视的枷锁，恢复人的本质及其尊严，实现普遍承认。承认概念也就从抽象的思辨哲学转化为具体的政治目标。因此，自 1843 年起，马克思终生奋斗的事业就已经十分清晰。套用泰勒的话来说，承认概念"不

---

① Georg Lukacs, *The Young Hegel*: *Studies in the Relations between Dialectics and Economics*, Rodney Livingstone trans. , London: Merlin Press, 1975, pp. 383 – 384.

② 《马克思恩格斯文集》第 1 卷，人民出版社 2009 年版，第 17 页。

③ 《马克思恩格斯文集》第 1 卷，人民出版社 2009 年版，第 16 页。

④ 《马克思恩格斯文集》第 1 卷，人民出版社 2009 年版，第 11 页。

仅对黑格尔来说是至关重要的，而且在马克思主义那里以不同形式变成了一项漫长的事业"①。

在这项漫长的事业提出明确目标之后，马克思基于《精神现象学》开始审视和批判黑格尔的"片面性和局限性"，这首先是从作为自由定在的私有财产开始的。马克思明确指出，私有财产的本质不是承认，而是劳动。"私有财产的主体本质，私有财产作为自为地存在着的活动、作为主体、作为人，就是劳动。"② 此外，私有财产是由劳动、资本以及两者关系构成的。马克思认为，黑格尔始终强调自由及其财产权的现实化，但最终实现的却是两者的非现实化，私有财产不是对自我的承认抑或人格的实现，而是异化的承认或人格的否定。在私有制条件下，不管是自我还是他者，不管是资本还是劳动，其必然的趋势都是从直接或间接的统一走向相互对立以及与自身的对立。"整个社会必然分化为两个阶级，即有产者阶级和没有财产的工人阶级。"③ 由此，马克思在《巴黎手稿》中揭示了异化劳动的四重规定，其矛头直接指向私有财产。因此，马克思指出，只有通过扬弃私有财产，才能实现人的一切感觉和丰富特性的彻底解放。

值得一提的是，20 世纪 90 年代以来，霍耐特等人之所以选择复兴承认理论，其中一个深层原因就在于通过回到黑格尔来获得对当代社会诸问题（多元文化主义、民族主义、种族主义、身份政治等）的诊治方案。在《为承认而斗争》一书中，霍耐特认为黑格尔承认理论的缺陷在于受形而上学传统的影响，始终停留在意识哲学层面，无法

① ［加］查尔斯·泰勒：《黑格尔》，张国清、朱进东译，译林出版社 2002 年版，第 237 页。
② 《马克思恩格斯文集》第 1 卷，人民出版社 2009 年版，第 178 页。
③ 《马克思恩格斯文集》第 1 卷，人民出版社 2009 年版，第 155 页。

解释经验层面的社会冲突。① 在霍耐特看来，黑格尔的缺陷正是在马克思那里得到了有效的弥补。马克思继承了黑格尔《精神现象学》中的承认理论，继续将劳动与承认相关联，建构起一种哲学人类学意义上的承认理论，并成功地运用到资本主义的社会分析中。② 本书以为，霍耐特对马克思的这个判断基本是正确的。黑格尔突出交互性立场的承认理论无疑给青年马克思提供了很大的启发。虽然马克思并没有在对《精神现象学》《法哲学原理》等文本的批判性阅读中专门建构自身的承认理论，但是在《巴黎手稿》中，马克思正是在积极扬弃黑格

① 本书以为，霍耐特显然误读了黑格尔提出承认的初衷。黑格尔承认概念的提出，目的是在法国大革命之后的现代性语境中揭示自由的合理性及其现实化问题，而非霍耐特所指称的社会冲突的道德动力以及三种承认领域（家庭—市场—国家）渐进式的自我实现问题。即便是霍耐特所立论的《耶拿手稿》时期，黑格尔也并未停留在意识哲学层面，相反大量借鉴古典政治经济学的成果，将劳动环节置于承认的过程之中，从而将自由的追索深入现代性的本质中去。他指出，个体意识实现普遍性自由的一种方式就是劳动，［另一种方式则是语言，参见 G. W. F. Hegel, *System of Ethical life（1802/3）and First Philosophy of Spirit（Part III of the System of Speculative Philosophy 1803/4）*, H. S. Harris and T. M. Knox ed. & trans. , Albany: State University of New York Press, 1979, p. 248。］经由承认的中介，扬弃个别性，上升到普遍性，最终表现在民族的整体中。此后，在《精神现象学》中，自由的现实化过程表现为主奴之间的"承认辩证法"，奴隶在经过劳动的陶冶后，真正地体会到自我意识的自由，而非主人所获得的"虚假的"承认与依赖性的自由。到了《法哲学原理》，自由逻辑就表现得更为明晰：承认是实现自由的一个必要前提。自由的具体概念就是一种交互性的承认关系，即"在他物中，守在自己本身那里"（［德］黑格尔：《法哲学原理》，范扬、张企泰译，商务印书馆 2017 年版，第 21 页）。自由为了获得定在，必须取得对物的占有，并在他人承认的基础上获得所有权，因此财产就是自由的现实化。可见，承认作为自由现实化的中介和表征，贯穿黑格尔整个思想的发展过程。但需要指出的是，在对待黑格尔的局限上，必须承认霍耐特是准确的，因为无论是黑格尔早期将自由的终极载体视为民族精神，还是晚期将国家视为具体自由的现实，始终把自由的运动归结为精神的运动，因此作为自由的实现环节和具体表征的承认仍然停留在形而上的维度，套用马克思在《巴黎手稿》中的原话，黑格尔唯一知道并承认的东西是抽象的精神的东西。

② ［德］阿克塞尔·霍耐特：《为承认而斗争》，胡继华译，上海世纪出版集团 2005 年版，第 153 页。

尔私有财产的前提下，重新确立了对承认内涵的理解——"人如何生产人——他自己和别人；直接体现他的个性的对象如何是他自己为别人的存在，同时是这个别人的存在，而且也是这个别人为他的存在。"① 在此，马克思显然不是简单地回到黑格尔抑或费希特那里，通过"自我是为他的存在"来继续表达一种主体间性的承认形态，而是力图在"当前的经济事实"中，揭示一种复归人的本质（生产劳动）的承认形态，即真正的承认。在《穆勒评注》中，马克思在生产交往领域进一步探讨了承认的丰富内涵——"假定我们作为人进行生产。在这种情况下，我们每个人在自己的生产过程中就双重地肯定了自己和另一个人"，具体而言，"……（2）在你享受或使用我的产品时，我直接享受到的是：既意识到我的劳动满足了人的需要，从而使人的本质对象化，又创造了与另一个人的本质的需要相符合的物品。（3）对你来说，我是你与类之间的中介，你自己认识到和感觉到我是你自己本质的补充，是你自己不可分割的一部分，从而我认识到我自己被你的思想和你的爱所证实。（4）在我个人的生命表现中，我直接创造了你的生命表现，因而在我个人的活动中，我直接证实和实现了我的真正的本质，即我的人的本质，我的社会的本质"②。除了第一层次主要针对经过扬弃的劳动是自由生命的体现，马克思分别从需要的交互满足、类活动与类意识的证实、社会本质的实现这三个层次阐释了承认的应然状态。

虽然马克思意识到要将承认概念引入历史的现实中，但是他此时对承认状态的评判标准以及对私有财产的理解依然建立在与黑格尔相似的哲学人类学基础上，其理想状态中的类意识和类本质的引入，更

① 《马克思恩格斯文集》第 1 卷，人民出版社 2009 年版，第 187 页。
② ［德］马克思：《1844 年经济学哲学手稿》，人民出版社 2000 年版，第 184 页。

是带有明显的路德维希·费尔巴哈（Ludwig Feuerbach）式印记。因此，马克思的潜在逻辑就表现为由人的本质（类本质）的歪曲向人的本质（类本质）复归这一人本主义的思维路径，表现在《穆勒评注》中，就是认为承认的现实化恰恰是一种非现实化，也就是一种极端的双重异化。具体来说，"自我异化不仅以自我异化的形式而且以相互异化的形式表现出来"①。这里的自我异化是指异化劳动，也即自我的劳动产品不再是对我作为人的本质的承认，而相互异化则是指社会交往关系中的异化承认。由此，我们发现这种人本主义的思维方式直接影响马克思此时只能围绕承认的非现实化（异化）这个表象而展开，无法有效地介入表象背后的本质，来彻底解答为什么现代市民社会中的承认必然走向非现实化。相较而言，黑格尔在此则是虚晃一枪，直接抛开了《耶拿手稿》中对于异化劳动的现实揭示，诉诸抽象哲学的方式，在其客观精神（国家）的普遍性与特殊性统一之中将自由的现实化与承认的本质相嫁接。

马克思拒斥黑格尔式"形式的抽象的理解"，他同样使用了交换环节作为分析对象，却以更为激烈的批判和更为丰富的视角向我们揭开了交换过程如何从人的本质需要的交互承认沦为人与人之间的权力斗争和相互欺骗。一开始，交换是出于双方的需要，因为"你作为人同我的产品有一种人的关系"，但是，你的需要或愿望对我的产品来说却是软弱无力的，这是由于相互异化导致了我的产品"所承认的不是人的本质的特性，也不是人的本质的权力"，因此你并不具有支配这种产品的权力，相反，你还要依赖于我的中介，于是就赋予了我来支配你的权力，这就导致原本是我为你的需要而进行劳动成为谎言，

---

① ［德］马克思：《1844 年经济学哲学手稿》，人民出版社 2000 年版，第 176 页。

我们的相互补充变成了一种"以相互掠夺为基础的假象"。至此,"我们的交换无论从你那方面或从我这方面来说都是自私自利的",于是双方就必然会开始相互欺骗。"我认为我的物品对你的物品所具有的权力的大小,当然需要得到你的承认,才能成为真正的权力。但是,我们互相承认对方对自己的物品的权力,这却是一场斗争。在这场斗争中,谁更有毅力,更有力量,更高明,或者说,更狡猾,谁就胜利。"①

第三节　分工逻辑的澄清与承认真相的揭橥

毋庸置疑,正是借助政治经济学的研究方法,青年马克思有效地抓住了黑格尔承认概念背后的法权实质,但是此时他的理论出发点仍然是类本质的应然设置,也就是在资本主义社会的异化承认之外,预置了一个类本质的"真正的承认"状态,而人本主义的悬设使得他对现实的把握缺乏充分的说服力。因此,政治经济学只是外在于马克思现实批判的一个补充工具,而只有到了《资本论》及其手稿的写作阶段,政治经济学的研究方法才自觉地内化于马克思的承认批判思想之中。对此,霍耐特就认为晚期马克思的注意力不再集中在"资本主义劳动组织所产生的侮辱现象上"②,从而放弃了青年时期的承认概念,发生了一次阿尔都塞式的断裂,在《资本论》中转向经济还原主义或其所谓的"功利主义"。

在本书看来,霍耐特的结论固然是基于表象的观察,但他却还原了一个事实:相较于早期,马克思重构承认理论确实发生了巨大变化,他开始自觉地清算人本主义的应然逻辑,一大表征就是不再

---

① [德] 马克思:《1844 年经济学哲学手稿》,人民出版社 2000 年版,第 181—182 页。
② [德] 阿克塞尔·霍耐特:《为承认而斗争》,胡继华译,上海世纪出版集团 2005 年版,第 154—155 页。

关注人本式的异化承认问题，他的理论出发点也开始从价值预设的交往关系转向现实中的资本主义生产关系，从而将承认问题的探讨从现象界全面转入实在界。在《资本论》的写作过程中，马克思重构承认理论的一个重大推进体现为重点揭示承认现象发生的社会经济根源。此时，马克思意识到黑格尔的承认概念，无论是表现为《精神现象学》中的"主奴辩证法"，还是表现为《法哲学原理》中的财产权自由，反映的都是现代资本主义社会下主体间的经济关系。也就是说，"人们扮演的经济角色不过是经济关系的人格化，人们是作为这种关系的承担者而彼此对立着的"①。可见，马克思对承认问题的基本认知型已经从交往劳动领域彻底转向商品等价交换的流通领域。

更为重要的是，马克思对承认关系的解读突破了黑格尔承认理论背后所隐藏的亚当·斯密所确立的分工逻辑。如果从政治经济学的视角出发，就会发现亚当·斯密其实是最早从分工的角度揭开了现代资本主义社会（斯密意义上的商业社会）中人与人之间相互承认的关系。在《国富论》的开篇，亚当·斯密就指出，分工一经完全确立，个体的劳动产品就只能满足极小部分的自身欲望，而大部分欲望，只能通过交换自己消费不了的剩余物以换取他人劳动产品的方式来满足。于是，"一切人都要依赖交换而生活，或者说，在一定程度上，一切人都成为商人，而社会本身，严格地说，也成为商业社会"②。而这一派基于分工逻辑的"商业社会"现象，在黑格尔眼中就展现为自我对于承认的欲望。自我意识只有依赖于他者的承认，才能获得自我

---

① 《马克思恩格斯全集》第 44 卷，人民出版社 2001 年版，第 103—104 页。
② ［英］亚当·斯密：《国富论》上卷，郭大力、王亚南译，商务印书馆 1983 年版，第 20 页。

意识的自在自为。可见,黑格尔正是借助亚当·斯密意义上的"分工—交换"体系构建了一种普遍的承认。在确切意义上,人们正是通过社会分工产生对彼此的需要,而满足需要的前提就是相互承认,于是交换行为就成了商业社会中个体之间承认的现实表达。所以,分工逻辑无疑就成为理解黑格尔承认理论的一把钥匙。

在马克思看来,黑格尔的承认理论完全是建立在资本主义社会中私人的个别劳动基础上,但是通过承认的中介,他居然将个别的特殊性直接混淆为普遍性的存在。而这一做法其实跟亚当·斯密直接相关。因为在亚当·斯密那里,个体特殊性向普遍性的转化就是一种直接的转换,也就是说,个别劳动与普遍劳动是私人劳动的一体两面,普遍劳动本身就是个别劳动的固有属性。基于亚当·斯密的观点,黑格尔进一步提出:"个体满足它自己的需要的劳动,既是它自己的需要的满足,同样也是对其他个体的需要的一个满足,并且一个个体要满足它的需要,就只能通过别的个体劳动才能达到满足的目的——个别的人在他的个别的劳动里本就不自觉地或无意识地在完成这一种普遍的劳动,那么同样,他另外也还当他自己的有意识的对象来完成着普遍的劳动;这样,整体就变成他为其献身的事业的整体,并且恰恰由于他这样献出自身,他才从这个整体中复得其自身。"① 如果将其转化为承认逻辑,就体现为个体经过相互承认需要的中介,个别劳动便可以直接上升为普遍劳动,换言之,自我意识通过主体间的相互承认便可意识到自身所蕴含的普遍性。在此意义上,科耶夫、霍耐特等人将承认视为一种穿越历史时空的永恒规律并解释为推动历史发展(社会冲突)的根本动力就不足为奇了。

---

① [德]黑格尔:《精神现象学》上卷,贺麟译,商务印书馆1997年版,第234页。

　　按照马克思的观点，无论是亚当·斯密还是黑格尔对普遍劳动的理解都存在着严重的偏差，而亚当·斯密的分工逻辑经过黑格尔的形而上转换所表达的承认命题更是完全脱离了现实的真相。因此，要厘清承认的真相就必须对亚当·斯密以来的分工逻辑予以澄清。马克思在《资本论》第一卷中首先区分了分工的两种基本类型，即社会（内部的）分工和工场手工业（内部的）分工。① 亚当·斯密的问题就出在认为这两者的区别只是观察者的主观区别，因而将其混为一谈，而马克思认为两者之间有着质的区别，并提出"整个社会内的分工，不论是否以商品交换为中介，是各种经济的社会形态所共有的，而工场手工业分工却完全是资本主义生产方式的独特创造"②。因此，亚当·斯密是把各种社会形态中共有的社会分工作为现代资本主义社会的观察视角。于是，一方面，资本主义生产方式的特殊性被彻底掩盖；另一方面，其特殊性被亚当·斯密当成所有社会共有的普遍规律来理解。到了黑格尔那里，亚当·斯密的社会分工逻辑就自然转换成以商品交换为基础的相互承认，于是承认成为所有社会共有的普遍性规律就顺理成章。由此，我们可以理解马克思正是从资本主义生产方式的现实入手，击中了黑格尔承认问题的理论根基，从而彻底突破亚当·斯密以来的分工逻辑，将承认的探讨从自我意识的形而上云端拉回到工场手工业的现实。

----

　　① 马克思虽然早在批评蒲鲁东的过程中就提出了两种分工的区分："整个社会的分工都是按照一定的规则进行的。……它们最初来自物质生产条件，只是过了很久以后才上升为法律。分工的这些不同形式正是这样才成为同样多的社会组织的基础。至于工场内部的分工，它在上述一切社会形式中都是很不发达的。"（《马克思恩格斯文集》第 1 卷，人民出版社 2009 年版，第 624 页。）但与《哲学的贫困》不同的是，马克思所关注的焦点不再是社会分工，而是工场手工业（内部）的分工以及随之发展的机器大工业。因此，马克思此时已经扬弃了《德意志意识形态》所建立起来的哲学人类学意义上的物质生产范畴，而是专注于对资本主义社会发展规律的揭示和批判。

　　② 《马克思恩格斯全集》第 44 卷，人民出版社 2001 年版，第 415—416 页。

那么，马克思揭开的关于承认的真相又是什么呢？与亚当·斯密、黑格尔在社会分工中标榜的平等承认相反，工场手工业中只存在一种单向度的不平等承认，那就是工人对于工场主资本家的绝对承认。因为工场手工业内部的分工是以生产资料集中在一个资本家手中为前提，在这里，资本家对于他"所拥有的总机构的各个肢体的人们"具有绝对的权威，而工人则像"主奴辩证法"中的奴隶那样匍匐在地，不配也不可能获得主人的承认。藉此，马克思揭开了资本家那套欺世盗名的承认把戏，"资产阶级意识一方面称颂工场手工业分工，工人终生固定从事某种局部操作，局部工人绝对服从资本，把这些说成是为提高劳动生产力的劳动组织，同时又同样高声责骂对社会生产过程的任何有意识的社会监督和调节，把这说成是侵犯资本家个人的不可侵犯的财产权、自由和自决的'独创性'"①。在这里，资本家一方面堂而皇之地以财产权的承认作为自由的定在来讴歌；另一方面却肆意践踏着相互承认的颂辞，将工人牢牢地控制在工厂中。不仅如此，资本主义的生产方式也改变了社会分工中的相互承认原则，"他们不承认任何别的权威，只承认竞争的权威，只承认他们互相利益的压力加在他们身上的强制，正如在动物界中一切反对一切的战争多少是一切物种的生存条件一样"②。到这里，马克思撕下了资本家伪善的面纱，揭开了承认被歪曲的真正原因。

但是，工场手工业只是资本主义生产的开端，随着机器生产的普及，机器大工业逐步替代了工场手工业，也实现了对手工业工人的大量替代。因此，"在工场手工业和机器生产之间一开始就出现了一个本质的区别。在工场手工业中，单个的或成组的工人，必须用自己的

①《马克思恩格斯全集》第44卷，人民出版社2001年版，第412—413页。
②《马克思恩格斯全集》第44卷，人民出版社2001年版，第412页。

手工工具来完成每一个特殊的局部过程。如果说工人会适应这个过程，那么这个过程也就事先适应了工人。在机器生产中，这个主观的分工原则消失了。在这里，整个过程是客观地按其本身的性质分解为各个组成阶段，每个局部过程如何完成和各个局部过程如何结合的问题，由力学、化学等等在技术上的应用来解决"①。恰恰是看到了机器大工业的积极意义，英国的"工厂哲学家"安德鲁·尤尔（Andrew Ure）就提出，机器大工业时代的到来不仅能够给资本家带来获利的机会，而且能够有效将工人从繁忙的劳动中解放出来，随着工人重获自由，以往的单向度承认就不复存在。但在马克思看来，机器大工业并没有带来对于工人的承认，而是催生了一种更为稳定的承认歪曲形式。诚然，机器体系的运行确实有助于劳动的解放，但需要看到的是，在资本主义生产方式下，资本将会把机器生产以及科学技术的应用全部转化为资本的内在属性，从而完成对劳动的全面剥夺。甚至它会把妇女儿童乃至整个产业后备军都置于资本的绝对统治之中。所以，马克思明确指出机器大工业绝对不可能实现真正的承认以及工人的解放。

第四节　交换价值、"小流通"与资本逻辑

1856—1857 年，由欧陆蔓延到美国所形成的第一次世界性经济危机给马克思带来极大的触动，他认为世界性的革命即将到来，其所预言的承认目标将以"工人解放这种政治形式""从私有财产等等解放出来、从奴役制解放出来"②，因此，马克思开始加紧自己的研究工作。

---

① 《马克思恩格斯全集》第 44 卷，人民出版社 2001 年版，第 436—437 页。
② 《马克思恩格斯文集》第 1 卷，人民出版社 2009 年版，第 195 页。

摆在马克思面前的是早期承认论述中所遗留下的诸多问题，比如《巴黎手稿》中未曾阐释清楚私有财产与异化承认的内在逻辑关联，对于黑格尔的回应依然停留在一种人本主义的异化逻辑和对表象的笼统批判上，等等。马克思显然已不再满足基于价值判断的抽象方式，转而开始思考如何以政治经济学的路径从历史发展的源头对皮埃尔－约瑟夫·蒲鲁东（Pierre – Joseph Proudhon）提出的那个著名问题"什么是财产"进行回应，并藉此将资本问题带入对承认概念的探究中。这一工作其实最早从《德意志意识形态》就已经开始，但最终是在《资本论》手稿的写作，尤其是《大纲》中基本完成的。马克思在《大纲》中指出，财产一开始意味着人把"他的生产的自然前提看作属于他的，看作他自己的东西这样一种关系，是以他本身是共同体的天然成员为中介的"①。就个体而言，他只能作为某一人类共同体（如亚细亚的、斯拉夫的、日耳曼的形式）的成员，才能将财产视为自己的。所以，财产的这种共同体属性（社会属性）就决定了财产不仅具有涉己性，而且具有涉他性。就此而言，黑格尔的结论似乎并没有问题。因为在古代共同体社会中，财产关系的出现天然伴随着个体与共同体之间的交互承认。

问题的关键在于黑格尔以及亚当·斯密、李嘉图的出发点都是属于"18 世纪的缺乏想象力的虚构"②，其实际所指向的显然是现代市民社会，而不是古代社会。更有趣的是，按照国民经济学的观点，似乎古代社会与市民社会天然地并无二致，在财产关系上都会涉及主体间的交互承认。但是，马克思指出，古代的观点比市民社会要崇高得多！这是由于在古代社会，人总是体现为生产的目的；而到了现代市

---

① 《马克思恩格斯全集》第 30 卷，人民出版社 1995 年版，第 482 页。
② 《马克思恩格斯全集》第 30 卷，人民出版社 1995 年版，第 22 页。

民社会，生产反而体现为人的目的，财富则是生产的目的。虽然马克思接下来继续以类似《巴黎手稿》的论述方式来揭露 18 世纪市民社会的承认关系，但叙述的侧重点已经由权力之争转变为利益之争，比如马克思明确提出："是自私利益，此外并没有更高的东西要去实现；另一个人也被承认并被理解为同样是实现其自私利益的人，因此双方都知道，共同利益恰恰只存在于双方、多方以及各方的独立之中，共同利益就是自私利益的交换。"[①]

那么，为什么古代共同体社会的承认关系不存在异化现象，而到了现代市民社会就会产生异化承认？答案是《巴黎手稿》所提到的私有制还是劳动异化。当我们带着上述疑问再回到马克思的思想轨道上时，就会发现马克思的高明之处在于以历史唯物主义的眼光扬弃了一切先入为主的回答，而客观地站在历史的立场来审视古代向现代转型过程中财产关系的嬗变。随着生产力的发展，古代共同体的解体，财产关系的核心——所有权关系也随之解体。具体表现为劳动者与作为生产的自然条件的土地之间关系的解体、劳动者与劳动工具之间关系的解体，以及劳动者本身（活的劳动能力）作为直接属于生产的客观条件的解体。尤其是第三层人身依附关系的解体，直接导致了自由劳动的出现。毫无疑问，这是一个划时代的时刻，因为一切要素皆已齐备，呼之欲出的便是资本！当资本的身影开始在现代社会崛起时，马克思敏锐地从对财产关系的讨论过渡到资本的原始形成条件——资本与劳动的交换，并从中挖掘出异化承认的成因。在《大纲》的《资本章》中，马克思明确地表示："要阐明资本的概念，就必须不是从劳动出发，而是从价值出发，并且从已经在流通运动中发展起来的交换

---

① 《马克思恩格斯全集》第 30 卷，人民出版社 1995 年版，第 199 页。

价值出发。"① 这意味着一个全新的开端！由此，马克思开始采取全新的政治经济学的方法来揭开承认问题的本质。

让我们回到《穆勒评注》中所讨论的物物交换过程，也即简单流通。虽然是同一个议题，但是此时马克思已经取得了重大的突破！他发现产生异化承认的一个关键其实隐藏在交换价值的假象之中，确切地说是在资本与劳动的交换过程中。诚然，交换价值遵循的一个前提就是等价交换原则，因此，表面上，资本与劳动的交换依然是交互承认的自由平等，"他们交换的对象，等价物，它们不仅相等，而且确实必须相等，还要被承认为相等""而在这一过程的背后，在深处，进行的完全是不同的另一些过程，在这些过程中个人之间这种表面上的平等和自由就消失了"②。马克思继续以抽丝剥茧式的手法向我们揭开这个等价交换背后的谜团：首先，"人们忘记了：交换价值作为整个生产制度的客观基础这一前提，从一开始就已经包含着对个人的强制"③，进入交换环节，"劳动只有对资本来说才是使用价值"，对于工人来说，劳动本身并不能给他带来财富，只有拿它进行交换过后，才能带来收益，也即只有交换价值。其次，这一交换过程不仅不是自由的，更不是平等的。由于"资本换进的这种劳动是活劳动，是生产财富的一般力量，是增加财富的活动"④，相形之下，工人却依旧贫穷，因为他们是不可能通过那点工资来致富的。这是由于工人的价值是"由包含在他的商品中的对象化劳动决定的"⑤，它存在于工人的生命力之中，那么所谓的价值就是工人为了保持生命力所需要的消耗

---

① 《马克思恩格斯全集》第30卷，人民出版社1995年版，第215页。
② 《马克思恩格斯全集》第30卷，人民出版社1995年版，第196、202页。
③ 《马克思恩格斯全集》第30卷，人民出版社1995年版，第203页。
④ 《马克思恩格斯全集》第30卷，人民出版社1995年版，第266页。
⑤ 《马克思恩格斯全集》第30卷，人民出版社1995年版，第284页。

的补偿，换句话说，资本所付出的报酬仅仅够工人维持自身的生命以便保持其使用价值。但是，资本却彻底攫取了活劳动的支配权，从而掌控了自身增殖的决定权！

为了进一步揭开资本的真面目，马克思直接把资本和劳动的交换从流通领域剥离开来，把它命名为"小流通"加以专门论述。他认为资本的"小流通"是"资本借助交换的形式，不经交换就占有了他人的劳动时间"①，也即资本对工人的巧取豪夺。因此，"价值过渡到资本时，等价物的交换转化为它的对立物，在交换的基础上交换变成纯粹的形式，而相互性完全成了单方面的了"②。由此，我们可以清晰地看到，资本与劳动之间的关系就是市民社会中承认关系的一个缩影。承认关系产生异化的一个关键原因就在于它的相互性已经被资本取消，正如"主奴辩证法"所形成的虚假承认一样，资本摇身一变，成为主人，而工人则充当了奴隶。在这里，资本对于工人的单方面承认（也即工资）显然是一种虚假的承认。

按照马克思的观点，这仅仅是冰山一角，资本的野心显然是要永久地固化这种不平等的承认关系，从而维持并加剧资本的统治。为此，资本着手从建立世界市场和世界工厂这两个方面进行紧锣密鼓的筹备。一方面，是在空间上扩大交换的规模，建立起资本的世界市场。人们在世界市场中似乎建立起一种日益紧密和相互依赖的普遍性联系。显而易见的是，这种普遍联系并不是建立在人与人之间自主交往的基础上，而是受到资本的紧密操控。因此，"他们的联合不是他们的存在，而是资本的存在"③。另一方面，通过大工业的方式消除工

---

① 《马克思恩格斯全集》第 31 卷，人民出版社 1998 年版，第 69 页。
② 《马克思恩格斯全集》第 31 卷，人民出版社 1998 年版，第 68 页。
③ 《马克思恩格斯全集》第 30 卷，人民出版社 1995 年版，第 587 页。

人的独立分散性，全面建立起资本版图中的世界工厂。"资本不再作为单个交换者进行交换，而是在交换行为中代表社会""通过这种交换，他们的劳动产品，从而他们的劳动本身，被集合起来，联合起来，虽然他们的劳动是彼此独立进行的"①，资本就成为工人们共同的中心。同时，资本将工人们集中到一个生产地点，使工人们在生产中联合起来，而这种联合的基础就只在于工作地点、监工的监督以及苛刻的工作纪律。除此以外，工人们以异己的方式相互集聚，"即使在工作之余，人与人之间也很难发生交往关系，只会出现彼此越来越冷漠、每个人都倍感孤独的局面。在资本的剥削与压迫之下，工人的地位与机器无异，无产阶级陷入了绝对的贫困之中，不仅物质上极度的匮乏，而且在精神上也被彻底地奴役，人之为人的尊严和承认都已经丧失殆尽，因此，无产阶级想要获得人的承认和尊严，就必须将资本的统治彻底地打碎"②。

第五节　承认本质的解读与"客观公式"的剖析

除了对资本逻辑的把握，马克思还进一步提出了劳动二重性和劳动价值理论，对资本主义社会中承认的对象进行剖析。马克思认为，承认的对象是辨识和理解承认关系及其形成的关键所在。当英国人（李嘉图）把承认的对象由人变成了帽子，德国人（黑格尔）把人变成了观念之后③，马克思的目光就落在了承认的对象如何由人变成帽

---

① 《马克思恩格斯全集》第 30 卷，人民出版社 1995 年版，第 589 页。
② 陈良斌：《承认哲学的历史逻辑：黑格尔、马克思与当代左翼政治思潮》，人民出版社 2015 年版，第 121 页。
③ 参见《马克思恩格斯文集》第 1 卷，人民出版社 2009 年版，第 597 页。

子上，因为他深知观念只是"颠倒"了的帽子，承认的本质必须在帽子这个商品中寻找。乍一看，帽子作为商品，好像是一件简单而平凡的东西。但马克思在《资本论》开篇的《商品章》中明确指出："它却是一种很古怪的东西，充满形而上学的微妙和神学的怪诞。"① 这种"微妙"和"怪诞"就表现为商品具有一种与任何其他商品进行"普遍交往"的"谜一般的性质"。在马克思看来，要破解谜团，就要从承认对象的生成过程入手，也就是从交换过程中找到承认的本质。马克思认为："首先，他们在交换行为中作为这样的人相对立：互相承认对方是所有者，是把自己的意志渗透到自己的商品中去的人，并且只是按照他们共同的意志，就是说实质上是以契约为中介，通过互相转让而互相占有。……其次，存在于进行交换的主体的意识中的是，每个人在交易中只有对自己来说才是自我目的；每个人对他人来说只是手段；最后，每个人是手段同时又是目的，而且只有成为他人的手段才能达到自己的目的，并且只有达到自己的目的才能成为他人的手段。"② 总之，表面上人与人在交换环节中相互承认为所有者，但实际上人只是商品的附庸，因为这里承认的对象是作为商品的帽子，而不是发生交易的人。作为商品的帽子，如果就使用价值而言，帽子并不神秘，那就是满足日常的穿戴需要，但是在资本主义社会中大量的帽子交易就不再是满足个体的需要，而是追求帽子的交换价值，因此，帽子的交换价值才是资本主义社会中承认的真正对象。在此意义上，马克思认为，"平等和自由不仅在以交换价值为基础的交换中受到尊重，而且交换价值的交换是一切平等和自由的生产的、现实的基

---

① 《马克思恩格斯全集》第 44 卷，人民出版社 2001 年版，第 88 页。
② 《马克思恩格斯全集》第 31 卷，人民出版社 1998 年版，第 357 页。

础"①。由此看来，交换价值承载的承认逻辑是整个资本主义价值体系的集中体现。

那么，作为承认对象的交换价值从何而来？它的尺度又是如何确定的？为了回应这两个问题，马克思提出了劳动二重性理论和劳动价值理论来进行解答。诚然，马克思的答案在很大程度上继承了政治经济学的劳动价值学说，但是，他的思想已经完全超越了亚当·斯密和李嘉图的劳动价值论。因为不管是亚当·斯密还是李嘉图，交换过程中的承认对象都停留在具体劳动的层面，而马克思则将其明确为抽象劳动。众所周知，在亚当·斯密那里，"劳动是衡量一切商品交换价值的真实尺度"②，商品的交换价值其实是个体具有"同量劳动价值"物品的交换。可见，交换过程中的承认对象是同等数量的个别劳动。而承认对象的定位在李嘉图那里发生了一定程度的变化，即"一切商品……规定其交换价值的永远不是在极为有利、并为具有特种生产设施的人所独有的条件下进行生产时已足够用的较小劳动，而是不享有这种便利的人进行生产时所必须投入的较大量劳动"③。换言之，承认对象虽然不再是个别劳动，而是社会中"最不利条件下"的最大劳动量，但李嘉图依然是在具体劳动的层面来理解交换价值。需要强调的是，这种具体劳动，无论是个别劳动量还是最大劳动量，一旦经过社会化的交换（也即黑格尔意义上的相互承认），具体劳动就立即获得了普遍性的尺度。所以，在马克思看来，亚当·斯密和李嘉图的最大问题就在于"对特殊形式的研究非常混乱，它总是把特殊形式和一般

① 《马克思恩格斯全集》第 30 卷，人民出版社 1995 年版，第 199 页。
② ［英］亚当·斯密：《国富论》上卷，郭大力、王亚南译，商务印书馆 1983 年版，第 26 页。
③ ［英］斯拉法：《李嘉图著作和通信集》第 1 卷，郭大力等译，商务印书馆 1997 年版，第 60 页。

形式混淆起来"①。

在《政治经济学批判（第一分册）》中，马克思第一次对抽象劳动和具体劳动进行了明确区分，他认为"生产交换价值的劳动是抽象一般的和相同的劳动，而生产使用价值的劳动是具体的和特殊的劳动"②。正是通过抽象劳动，马克思将古典政治经济学始终混淆的环节予以清晰地展现。具体来说，资本主义社会中的承认对象之所以能获得"谜一般的性质"，是由于个体劳动中所蕴含的抽象劳动，而不是具体劳动，赋予了商品被普遍承认的交换价值。可见，抽象劳动的阐明是马克思全面超越亚当·斯密、李嘉图以及黑格尔的重要标志，并且为接下来价值理论的提出奠定了基础。马克思自己对抽象劳动的重要性也极为推崇，他在1866年致恩格斯的信中曾将劳动二重性理论评价为"我的书（指《资本论》第一卷）最好的地方"，认为"这是对事实的全部理解的基础"。③

此时，还有一个问题尚未解答，那就是什么是作为抽象劳动的交换价值的尺度。对于此，马克思首先区分了交换价值与价值的关系，指出作为人类抽象劳动的价值是社会实体的共有结晶，而交换价值只是其价值量的外在表现形式，因此交换价值一直在扮演价值的角色，成为商品交换过程中普遍承认的对象。关于衡量的尺度，马克思通过社会必要劳动时间来阐释作为抽象劳动的价值内涵，提出商品的价值是"无差别的人类劳动的单纯凝结，即不管以哪种形式进行的人类劳动力耗费的单纯凝结"。所谓无差别，是一般人类劳动（抽象劳动）的体现，是指"形成价值实体的劳动是相同的人类劳动，是同一的人

---

① 《马克思恩格斯文集》第10卷，人民出版社2009年版，第269页。
② 《马克思恩格斯全集》第31卷，人民出版社1998年版，第421页。
③ 《马克思恩格斯文集》第10卷，人民出版社2009年版，第268页。

类劳动力的耗费。体现在商品世界全部价值中的社会的全部劳动力，在这里是当作一个同一的人类劳动力，……从而在商品的生产上只使用平均必要劳动时间或社会必要劳动时间"①。

至此，马克思就将关于承认的一切本质规定都揭示了出来。承认关系，在商品生产者的社会里，本质上反映的是社会的生产关系。当生产者将劳动产品当作商品时，就意味着对商品的价值进行承认，然后通过"物的形式"，再把私人劳动（具体劳动）承认为价值量相等的一般人类劳动（抽象劳动）来相互发生关系。而决定着商品价值量的根本依据是凝聚在该商品中的社会必要劳动时间（平均劳动）。众所周知，"社会必要劳动时间是在现有的社会正常的生产条件下，在社会平均的劳动熟练程度和劳动强度下制造某种使用价值所需要的劳动时间"②。于是，社会必要劳动时间的长短直接反映了社会平均劳动的生产效率，这也意味着价值量的高低直接取决于社会生产力的发展水平。由此，我们可以发现马克思的意图很明确，那就是将对承认本质的分析最终引向对社会生产力和生产关系的讨论。

英国学者莱尔因曾提出一个有趣的见解，那就是马克思在阐释历史动力的过程中前后存在着"两种公式"的对立："一是《政治经济学批判》序言中的'客观公式'，强调生产力的发展及其与生产关系的冲突；二是《共产党宣言》中的'主观公式'，侧重于阶级斗争。"③ 但是，本书以为，莱尔因的判断显然是误解了马克思的原意。因为马克思重构承认理论的演进过程恰恰证明了这两个公式之间并没有冲突，而是一个从主观走向客观、理论不断深化的过程。马克思早

---

① 《马克思恩格斯全集》第44卷，人民出版社2001年版，第51—52页。
② 《马克思恩格斯全集》第44卷，人民出版社2001年版，第52页。
③ ［美］莱尔因：《重构历史唯物主义》，姜兴宏、刘明如译，中国社会科学出版社1991年版，第24页。

期从人本主义逻辑出发，经交往劳动和私有财产的中介，得出了无产阶级不被承认、工人遭遇全面异化的结论，因此无产阶级必须通过主体反抗来为承认而斗争。这是典型的"主观公式"的体现。于是，霍耐特直接把它发展成为一条主体对抗的社会冲突路径，从而建构起一种以主体斗争为手段的承认逻辑。

值得注意的是，霍耐特的做法在相当程度上代表了当代西方左翼政治的主流立场，无论是恩斯特·拉克劳（Ernesto Laclau）、尚塔尔·墨菲（Chantal Mouffe）的"激进民主"，还是安东尼奥·奈格里（Antonio Negri）、迈克尔·哈特（Michael Hardt）的"自治对抗"，抑或是斯拉沃热·齐泽克（Slavoj Žižek）、雅克·朗西埃（Jacques Rancière）、阿兰·巴迪欧（Alain Badiou）的"政治主体"，都是这种主观公式的翻版。但究其实质而言，他们的解决方案从来就不是从马克思的方法论和立场出发，而是经过嫁接的、充满后现代式伦理色彩的主体政治学。相反，马克思则通过政治经济学的探索，通过现实地分析工场手工业和机器大工业的分工状况，从而超越古典政治经济学的分工逻辑，从承认的对象入手，经"交换价值—抽象劳动—价值"的线索，一路抽丝剥茧地切入承认关系的现实本质，从而将"主观公式"落实到生产力与生产关系的"客观公式"中去。这也解释了马克思在《资本论》以后的论证中，为何会有意识地从客体向度来剖析资本主义生产关系的矛盾运动过程，并进一步论证资本主义必然灭亡的客观趋势。但是，如果就此认为马克思最终是以"客观公式"压倒"主观公式"，那就显然走向了另一个极端。在本书看来，马克思的两个公式之间是一种有机统一的关系。因为马克思在《资本论》第三卷揭示完资本主义的"三位一体"（资本—利润，土地—地租，劳动—工资）公式之后，最终回到"阶级"逻辑之中，也就是从"客观公式"重返"主观公式"。这实际上表明在洞悉资本主义总生产过程的全部奥秘之后，马克思认为无产阶级革命在这一刻才具备了实现"真正的承认"的全部条件。

综合上述对马克思承认概念的梳理和解读，我们可以简单得出以下三点结论。

首先，马克思前期与后期的承认理论存在着鲜明的区别。在论证思路上，《巴黎手稿》是在哲学人类学视域下，遵循着人本主义的异化逻辑。事先在生产交往领域设定真正的承认（承认的应然状态），然后刻画异化的承认（承认的实然状态），马克思的意图很明显，就是在扬弃异化状态后，向真正的承认状态复归。而在对异化承认的批判过程中，沿着自我异化（异化劳动）—相互异化（交换/生产交往异化）的线索而展开。当然，异化逻辑能直观地切中市民社会的现实矛盾，但是其缺点在于只限于对表象的描述，而无法解释问题的本质，只能诉诸道德的批判，而不能彻底解释异化产生的原因，同时其复归的人本假设在本质上也是抽象的。而《大纲》则是在政治经济学视域下，遵循着历史主义的资本逻辑，沿着财产的历史形态—原始共同体财产关系的解体—自由劳动的出现—交换价值的虚假性—资本与劳动的"小流通"—资本的单方面承认—资本的全面统治与承认的全面丧失这一思路，具体地展示了现代市民社会中资本如何造成承认的异化。因此，马克思的理论推进主要体现为他已经自觉地扬弃了异化逻辑，运用政治经济学的分析方法来替代笼统的道德判断，将承认发生异化的关键原因及诸环节都历史地还原出来，这恰恰是资本逻辑优越于异化逻辑之处。

其次，马克思的承认概念经历了一个从《巴黎手稿》到《资本论》及其手稿的历史演进过程。我们可以发现，承认概念演进的过程主要体现为以下几条线索。其中，主线索是异化承认的批判，当早期承认概念在批判现实的过程中陷入表象性描述的困境之后，马克思转向政治经济学，继续追问异化承认的成因，最终借助资本逻辑成功解决了承认之谜。此外，承认概念的演进还存在两条支线索：第一条是劳动的线索，劳动范畴串起了早期和后期承认概念的基本内涵。早期真正的承认概念因劳动产品的中介而获得意义，因劳动产品的否定而走向异化劳动和异化承认；到了后期，马克思意识到对这种劳动的理解有待进一步具体化，因而将劳动范畴细化为自由劳动，并提出雇佣劳动（活劳动）问题和劳动者的联合问题。第二条是交换的线索，交换范畴则是承认概念生成的关键场所。早期承认概念是通过劳动产品的交换过程而产生的，并在市民社会条件下的现实交换过程中出现异化。交换范畴发展到后期，则演化成政治经济学的交换价值（等价交换）以及"小流通"中的形式交换（非等价交换）。可见，马克思的承认概念正是经过上述多线索的演进得以不断地丰富和深化。因此，霍耐特认为承认理论只存在于马克思青年时期的观点显然是站不住脚的。①

最后，马克思的承认概念具有丰富的内涵。马克思的承认概念存在着作为无产阶级解放目标的承认与作为社会交往实践的承认这两层含义。一方面，针对无产阶级作为被蔑视的普遍阶级，马克思在《〈黑格尔法哲学批判〉导言》中将争取无产阶级的普遍承认作为人类解放的目标来提出，所以，马克思整个理论体系的抱负在于工人的解放事业，而普遍的承认始终是其应有之义；另一方面，马克思还基于人类社会的交往实践提出了承认概念的应然状态，也即人与人之间

---

① ［德］阿克塞尔·霍耐特：《为承认而斗争》，胡继华译，上海世纪出版集团 2005 年版，第 154 页。

的相互肯定和人之交往关系本质的确证，并最终将其落实到一种面向现实的物质生产活动中来探讨。作为对比，21世纪以来承认政治的流行在很大程度上被理解为多元文化主义的立场，承认概念也通常表达为指向平等的话语诉求。对此，马克思的承认概念告诉我们，承认是通过实践活动、通过劳动去赢得的，而绝不是纯粹的话语问题抑或心理问题。这恰恰是当代承认理论最大的症结所在。

第五章　承认、自然与解放

众所周知，承认问题是人类社会所特有的现象，人与人之间的相互承认是从属于社会关系范畴的一个重要部分，但需要指出的是，这种建立在个体基础上的承认理解是站在现代承认的基础上。而马克思的承认范畴超越于现代承认的地方，就是批判现代承认所隐含的"原子化"个体假设及其在资本主义社会中的异化，同时借助历史唯物主义观测视角，来透析承认关系的历史基础和现实状况。那么，在探讨人与人的承认关系达成之前，必须深入讨论人存在的第一个物质前提，那就会涉及人与自然之间的承认关系。用恩格斯的话来说，"我们这个世纪面临的大转变，即人类与自然的和解以及人类本身的和解"①。可见，这种承认关系表达的是一种和解的关系。正是在这个意义上，本书意图通过承认范畴来引申出马克思把握人与自然之间关系的独特视角。

第一节　人与自然的和解：相互承认的达成

一般而言，相互承认的产生，必然是指两个主体之间的互动关系。但是，人与自然之间的关系通常是指主体与客体之间的关系：人

---

① 《马克思恩格斯文集》第 1 卷，人民出版社 2009 年版，第 63 页。

类是主体，起着支配的作用；自然是客体，是人类主体行为指向的对象。因此，人与自然如何能形成一种主体之间才具有的相互承认关系？需要指出的是，本书在这里采取的是马尔库塞意义上的自然"主体"论来理解人与自然之间的关系，即通过对自然赋予人的属性，使自然具有了主体性的意蕴，因而将自然从客体抬升到主体的地位。根据马尔库塞的观点，自然"将不单纯作为材料——有机的或无机的物质而出现，而是作为独立的生命力，作为主体—客体而出现；对生命的追求是人和自然的共同本质。人将塑造一个活的对象。只要物本身就是对象性的人的关系：人的关系的对象化和因此人道地对待人，那么感觉就能够为了物而同物发生关系"①。可见，自然不再是单纯的客体，而是一个具有生命力的活的对象，是一个相对于人类主体而言的具有同样"主体性"的客体存在。因此，人与自然就可以从主体间的承认视角来进行探讨。

但是，我们为什么要舍弃通行的"主体—客体"路径，而以这样一种复杂的"主体—主体"方式来观察和理解人与自然的关系？本书以为，人与自然之间的关系作为一个重大的理论和现实问题，并非一开始就成为困扰人类社会的古老难题，而恰恰是晚近的时代议题，这一命题具有鲜明的现代性烙印，甚至是一种现代性的宿命。须知，在生产力低下的古代社会，生命的脆弱和食物的短缺，使得人类长期作为自然的附庸，只会臣服在自然的支配下，将自然视为神灵来崇拜。换言之，此时的自然才是绝对的主体。当历史跨入生产力发达的现代工业社会后，我们才开始以"主体—客体"视角来测度人与自然的相互关系，因此这种视角的开启本身就承认了人类对于自然的优越性抑

———————

① ［美］马尔库塞等：《工业社会和新左派》，任立编译，商务印书馆1982年版，第132页。

或以人类中心主义为前提的先在性。在此意义上，我们就能理解恩格斯为何会提出"人类与自然的和解"的命题，其立场的核心就在于站在历史唯物主义的视域下对自然的客体性展开自觉的反思。因此，回归主体间的视角来揭示人与自然的关系，完全符合马克思和恩格斯看待自然的原初立场。套用马尔库塞的话来说，自然的承认乃是人的承认的手段。①

　　所谓"人类与自然的和解"，在马克思那里，究其本质就是指"人同自然界的完成了的本质的统一，是自然界的真正复活，是人的实现了的自然主义和自然界的实现了的人道主义"②。这种人与自然的和解在本质上体现了人与自然界之间的相互承认关系。这种相互承认关系的出现，一方面体现为作为"实现了的自然主义"的人，必须承认自然界作为人类生存环境及其内在规律的先在规定。因此，"自然界是人为了不致死亡而必须与之处于持续不断的交互作用过程的、人的身体。所谓人的肉体生活和精神生活同自然界相联系，不外是说自然界同自身相联系，因为人是自然界的一部分"③。在此意义上，人在与自然的交往联系中，逐步实现人与自然的相互统一；另一方面，承认关系表现为作为"人化自然"的自然界是对人的本质力量的一种肯定与确证。人通过创造性的生产劳动对自然界进行改造，促使自然界日益向人生成，实现从自在自然向人化自然的过渡，最终将自然界变成人的"无机的身体"。

　　在马克思看来，人与自然的关系之所以在现代性社会的背景下达成和解，并形成一种事实上的相互承认关系，只有从历史唯物主义的

---

　　①　[美]马尔库塞等：《工业社会和新左派》，任立编译，商务印书馆1982年版，第127页。

　　②　《马克思恩格斯文集》第1卷，人民出版社2009年版，第187页。

　　③　《马克思恩格斯文集》第1卷，人民出版社2009年版，第161页。

立场出发才能获得本质上的理解。毫无疑问，人与自然的关系首先体现为人对于自然的依赖性，这是由于自然是人类生存的基础，自然的规定性就构成了人类史不可或缺的背景。在此意义上，全部人类史的首要前提就是对于自然规定性的承认。正如马克思所指出的，"第一个需要确认的事实就是这些个人的肉体组织以及由此产生的个人对其他自然的关系"①。人作为自然存在物，与其他动植物一样，为了自身种群的生存与繁衍，必须依靠自然界来生活。自然作为人的"无机的身体"，为人类的生存和繁衍提供了必要的资源，"没有自然界，没有感性的外部世界，工人什么也不能创造。自然界是工人的劳动得以实现、工人的劳动在其中活动、工人的劳动从中生产出和借以生产出自己的产品的材料"②。经过物质与能量的变换过程，人类经过生产劳动的中介，将自然这个无机的身体逐步改造成为适合自身的有机的身体，从而构建起物质的存在。

同时，自然不仅作为人类的无机身体而存在，而且还是人类的"精神的无机界"，成为人类具有精神归属的家园，人类依照自然构建其属于自身的意义空间。当我们从理论视角出发来透视自然界，就会发现"植物、动物、石头、空气、光等等，一方面作为自然科学的对象，另一方面作为艺术的对象，都是人的意识的一部分，是人的精神的无机界，是人必须事先进行加工以便享用和消化的精神食粮"；当我们从实践视角出发，就会感受到自然界对于人类精神世界的建构有着本体高度的重大价值，因为"这些东西也是人的生活和人的活动的一部分。人在肉体上只有靠这些自然产品才能生活，不管这些产品是以食物、燃料、衣着的形式还是以住房等等的

---

① 《马克思恩格斯文集》第 1 卷，人民出版社 2009 年版，第 519 页。
② 《马克思恩格斯文集》第 1 卷，人民出版社 2009 年版，第 158 页。

形式表现出来"①。自然界以其无穷的魅力吸引、教化并启迪着人类的智慧，正是在此基础上，人类学会了以自然规定性为蓝本来创造自身的历史。

但值得强调的是，对于自然的承认并不等同于承认此时的自然是一种自在自然，也即一种独立于人类社会而存在的自然。因为马克思始终关注的是"现实的自然"，也即人化自然，而不是自在自然。因为离开了人类存在的自在自然，在马克思眼中就丧失了被关注的意义。马克思在《德意志意识形态》中曾经明确指出，迄今为止的一切历史观都是"把人对自然界的关系从历史中排除出去了，因而造成了自然界和历史之间的对立"②。过去的历史观，特别是黑格尔的历史观中的自然界是与人分离的自然界，对人而言就是一个"无"，因而是一种非现实的、抽象的自然界。在这一点上，卢卡奇毫无疑问是对的，他把握住了马克思的人与自然关系的精髓，他指出："自然是一个社会的范畴。这就是说，在社会发展的一定阶段上什么被看作是自然，这种自然同人的关系是怎样的，而且人对自然的阐明又是以何种形式进行的，因此自然按照形式和内容、范围和对象性应意味着什么，这一切始终都是受社会制约的。"③因为按照马克思的观点，人化的自然不是一种普通的客体存在，而是一种特殊的社会性存在，更是人与人达成相互承认关系的纽带。马克思告诉我们："自然界的人的本质只有对社会的人来说才是存在的；因为只有在社会中，自然界对人来说才是人与人联系的纽带，才是他为别人的存在和别人为他的存在，只有在社会中，自然界才是人自己的合乎人性的存在的基础，才

---

① 《马克思恩格斯文集》第1卷，人民出版社2009年版，第161页。
② 《马克思恩格斯文集》第1卷，人民出版社2009年版，第545页。
③ ［匈］卢卡奇：《历史与阶级意识》，杜章智等译，商务印书馆1996年版，第325页。

是人的现实的生活要素。只有在社会中，人的自然的存在对他来说才是人的合乎人性的存在，并且自然界对他来说才成为人。"①

阿尔弗雷德·施密特（Alfred Schmidt）无疑很好地理解了这一点，他认为："把马克思的自然概念从一开始同其他种种自然观区别开来的东西，是马克思自然概念的社会—历史性质。……他把自然看成从最初起就是和人的活动相关联的。"② 因此，人化自然的出现，首先表明人类以自身需要的属性通过自身的活动改变自然的状态，并彰显自然对人的有用性，甚至人类通过劳动为自然赋予新的属性。比如，自然所提供的矿石、树木、果实、种子等原料，但是经过人类的无数道工序，这些自然原料被加工成种类繁多的符合人类需求的产品之后，我们甚至已经无法辨认出这些工业品、农业品作为自然物的本来面目了；而这些经过改造过的自然满足了人的需求，也打上了深深的人类的烙印，因而已经从本质上区别于自在自然。恰如马克思批判费尔巴哈时所论述的那样："他没有看到，他周围的感性世界决不是某种开天辟地以来就直接存在的、始终如一的东西，而是工业和社会状况的产物，是历史的产物，是世世代代活动的结果……甚至连最简单的'感性确定性'的对象也只是由于社会发展、由于工业和商业交往才提供给他的。"③

毋庸置疑，人化自然的出现意味着自然环境本身的改变。在自然物被改变形态的同时，自然环境的形态也随之改变。比如，持续不断的矿石采掘、资源加工，不仅改变了山川河流这些作为自然的地形地貌，而且改变了当地的生态气候以及动植物系统等。随着生态的改

---

① 《马克思恩格斯文集》第1卷，人民出版社2009年版，第187页。
② ［德］A. 施密特：《马克思的自然概念》，吴仲昉译，商务印书馆1988年版，第2页。
③ 《马克思恩格斯文集》第1卷，人民出版社2009年版，第528页。

变，人类的活动会进一步使自然生物圈的物质与能量变换出现变化，有些是出于人类的主观意图，有些则是人类意料之外的。毫无疑问，人类的实践已经改变了地球历经数十亿年所建立起的生态系统，自然的人化一方面为人类的发展和繁荣提供了强大的动力基础；另一方面人类对于自然过度的开发和利用也引起了巨大的生态危机，造成了愈加严重的资源枯竭和生态恶化，而这也成为人类必须面对的自然过度人化所带来的反作用。

对此，马克思始终强调人化自然不等于人类主宰世界，为自然立法不等于任性妄为。人化自然固然是自然环境对于人的本质力量的一种外在确证，在事实层面上体现为人的价值被承认，但是自然是人类实践的活动空间，它规定了人类活动的边界和范围，人与自然的内在统一性使得人们必须学会理解和尊重自然的先在性，也就是人的创造性劳动必须以承认自然环境及其内在规律为基础。在此意义上，人与自然之间构成了一种双向的相互承认关系。马克思告诉我们："事实上，我们一天天地学会更正确地理解自然规律，学会认识我们对自然界习常过程的干预所造成的较近或较远的后果。特别自本世纪自然科学大踏步前进以来，我们越来越有可能学会认识并从而控制那些至少是由我们的最常见的生产行为所造成的较远的自然后果。而这种事情发生得越多，人们就越是不仅再次地感觉到，而且也认识到自身和自然界的一体性，那种关于精神和物质、人类和自然、灵魂和肉体之间的对立的荒谬的、反自然的观点，也就越不可能成立了。"① 可见，人类活动依然遵循着自然的固有的客观规律，这种规律永远不以人的意志为转移，人类的历史是自然历史不可

---

① 《马克思恩格斯文集》第9卷，人民出版社2009年版，第560页。

或缺的组成部分。当然，作为对照，自然史只有在人类新的历史进程中才会揭开新的篇章。

第二节　物质变换的断裂、自然的
贫困与承认关系的异化

在马克思那里，人化自然走向生态危机是资本主义现代危机的一个重要表现，生态危机的日益激化恰恰在本质上反映出人与自然的相互承认关系处于崩溃的边缘。之所以会产生这样的后果，马克思在《资本论》中专门引入了"物质变换"的观点来对资本主义社会的现实原因进行揭示。需要指出的是，"物质变换"（Stoffwechsel/Metabolism）并不是马克思最先提出的概念。据约翰·贝拉米·福斯特（John B. Foster）的考证，"物质变换"这一概念最早出现于1815年，用来表达人体内与呼吸有关的物质交换；到了1842年，德国农业化学家尤斯图斯·李比希（Justus von Liebig）将其转变为一个"研究有机体与它们所处环境之间相互作用的系统论方法中的关键范畴"①。此后，这种研究方法被生物学界广泛采用。马克思对李比希的物质变换范畴曾给予高度评价，称其将整个自然界描绘成一个循环的有机体。继而他在《资本论》中将李比希的概念创造性地应用到了社会生态关系领域，具体用来解释自然环境与人类劳动之间的关系，从而使物质变换范畴"既有特定的生态意义，也有广泛的社会意义"②。

---

① ［美］约翰·贝拉米·福斯特：《马克思的生态学——唯物主义与自然》，刘仁胜、肖峰译，高等教育出版社2006年版，第178页。
② ［美］约翰·贝拉米·福斯特：《马克思的生态学——唯物主义与自然》，刘仁胜、肖峰译，高等教育出版社2006年版，第176页。

马克思眼中的物质变换，是在李比希的基础上将人与自然之间的物质循环理解为人与自然之间的物质变换。值得注意的是，与李比希不同的地方在于，马克思将劳动作为实现人与自然之间物质变换的纽带和中介。在此意义上，容易发现马克思其实在物质变换的视角下以劳动为桥梁架起了人与自然之间相互承认的双向关系。具体来说，一方面，马克思认为，"劳动首先是人和自然之间的过程，是人以自身的活动来中介、调整和控制人和自然之间的物质变换的过程"，同时，劳动也是"人和自然之间的物质变换的一般条件，是人类生活的永恒的自然条件"①。由此，作为物质变换过程的劳动，很大程度上反映着人对于自然永恒条件的一种承认和肯定；另一方面，马克思认为劳动是人的自由自觉本性的实现，在劳动过程中，人类通过加工自然使物质发生变换，藉此，将自身的本质对象化到自然物质中，从而使人化的自然物质成为人类社会交往中相互满足对方需要，并且承认相互本质的存在，进而促进人的本质得到相互承认。可见，作为对象化活动的劳动，反映着自然对于人的一种确证和承认过程。

但是，在资本逻辑的推动下，资本主义的生产方式所带来的首先是人与自然的物质变换之间出现了无法弥合的"断裂"。福斯特曾经指出："马克思运用了'断裂'的概念，以表达资本主义社会中人类对形成其生存基础的自然条件——马克思称之为'是人类生活的永恒的自然条件'——物质异化。"② 在马克思看来，人与自然之间物质变换的断裂成为资本主义社会一大固有特征，其本质在于商品的交换价值在整个社会中占据着绝对性的支配地位。在资本主义社会生产条

---

① 马克思：《资本论》第 1 卷，人民出版社 2004 年版，第 207、215 页。
② ［美］约翰·贝拉米·福斯特：《马克思的生态学——唯物主义与自然》，刘仁胜、肖峰译，高等教育出版社 2006 年版，第 181 页。

件下，商品生产的目的已经从追求使用价值彻底异化为追求交换价值，交换价值进而转化为资本的增殖。于是，当交换价值成为社会生产的唯一目标之后，人们为了生产更多的商品去获得交换价值，作为使用价值来源的自然就会相应地遭到掠夺性的开采，这样就必然造成自然的贫困。

对此，马克思专门以资本主义农业作为典型，揭开了物质变换的断裂所导致的自然贫困的必然趋势，进而指出，正是资本的逻辑才将人与自然的相互对立推到了历史的极致，也是全面崩溃的境地。毋庸置疑，由于资本的逻辑是快速涌动的增殖欲望，于是农业资本家为了获得最大利益，就会希望在一块土地上尽可能产出更多的产品，以获得更多的剩余价值。但是，这样的做法就会助长农业资本家最大限度地掠夺土地的产能，耗尽土地的肥力，同时变本加厉地剥削农业工人，最终的结果就是"大工业和按工业方式经营的大农业共同发生作用。如果说它们原来的区别在于，前者更多地滥用和破坏劳动力，即人类的自然力，而后者更直接地滥用和破坏土地的自然力，那么，在以后的发展进程中，二者会携手并进，因为产业制度在农村也使劳动者精力衰竭，而工业和商业则为农业提供使土地贫瘠的各种手段"①。于是，对土地肥力的榨取和滥用代替了对土地世代耕作的传统方式，而如此无限度地榨取土地的方式只是人对自然进行掠夺性使用的一个最明显的案例。对此，马克思在《资本论》中明确指出，"正像贪得无厌的农场主靠掠夺土地肥力来提高收获量一样"②，"同是盲目的掠夺欲，在后一种情况下使地力枯竭，而在前一种情况下使国家的生命

---

① 《马克思恩格斯文集》第 7 卷，人民出版社 2009 年版，第 919 页。
② 《马克思恩格斯文集》第 5 卷，人民出版社 2009 年版，第 276 页。

力遭到根本的摧残"①。因此，资本主义的农业越是发展越是进步，自然的贫困就越是深重。同时，随着这种资本主宰的工农业的野蛮开发和大规模对自然的掠夺，自然与人之间的关系必然会发生异化和断裂。在《德意志意识形态》中，马克思曾以鱼与河水之间的关系为例来说明："鱼的'本质'是它的'存在'，即水。河鱼的'本质'是河水。但是，一旦这条河归工业支配，一旦它被染料和其他废料污染，成为轮船行驶的航道，一旦河水被引入水渠，而水渠的水只要简单地排放出去就会使鱼失去生存环境，那么这条河的水就不再是鱼的'本质'了，对鱼来说它将不再是适合生存的环境了。"② 这就充分体现了"只有在资本主义制度下自然界才真正是人的对象，真正是有用物；它不再被认为是自为的力量"③。由此看来，在资本主义社会中，人与自然的关系归根结底是一种资本对自然的占有关系。资本逻辑的贪婪性注定它只会对自然环境变本加厉地征服和掠夺。但吊诡的是，自然的受控反过来同样会成为加剧人类自身异化的一个关键性因素，马尔库塞就曾告诫我们："在现存社会中，越来越有效地被控制的自然已经成了扩大对人的控制的一个因素：成了社会及其证券的一个伸长的胳臂商业化的、受污染的、军事化的自然不仅从生态意义上，而且也从生存的意义上缩小了人的生活世界。它妨碍着人对他的环境世界的爱欲式的占有（和改变）。"④ 所以，只有致力于人类和自然的相互承认，才能从根本上提出实现人类与自然的真正"和解"。

接下来，马克思透过物质变换的断裂及其所带来的自然的贫困，

---

① 《马克思恩格斯文集》第5卷，人民出版社2009年版，第307页。
② 《马克思恩格斯文集》第1卷，人民出版社2009年版，第549—550页。
③ 《马克思恩格斯文集》第8卷，人民出版社2009年版，第90页。
④ ［美］马尔库塞等：《工业社会和新左派》，任立编译，商务印书馆1982年版，第128页。

揭开了自然与人类社会之间的承认关系的全面异化。从自然的角度来看，物质变换的断裂意味着自然与社会之间已经无法维持一种良性的物质能量交换；从人类的角度来看，物质变换的断裂则标志着被资本逻辑全面扭曲了人类对自然的需求和关系，作为中介的劳动已经完全成为资本的奴隶。按照福斯特的观点，在断裂的物质变换链条中，自然的异化与劳动的异化在本质上是同根同源的。在马克思看来，"不是活的和活动的人同他们与自然界进行物质变换的自然无机条件之间的统一，以及他们因此对自然界的占有；而是人类存在的这些无机条件同这种活动的存在之间的分离，这种分离只是在雇佣劳动与资本的关系中才得到完全的发展"①。与此同时，资本主义的生产方式不仅改变了自然的面貌，而且也改变了人类社会的生活方式，城市在资本的积累过程中获得惊人的发展，大量的人口像变戏法一样从城市中涌出，由于城市人口的爆发式增长，"它一方面聚集着社会的历史动力，另一方面又破坏着人和土地之间的物质变换，也就是使人以衣食形式消费掉的土地的组成部分不能回到土地，从而破坏土地持久肥力的永恒的自然条件"②。马克思以同时代的北美合众国为例，当美国的大农业越是以大工业的方式来发展自身，这种破坏就会愈发迅速，破坏的结果也愈加严重。因此，"大土地所有制使农业人口减少到不断下降的最低限量，而同他们相对立，又造成一个不断增长的拥挤在大城市中的工业人口。由此产生了各种条件，这些条件在社会的以及生活的自然规律决定的物质变换的联系中造成一个无法弥补的裂缝"③。于是，物质变换的断裂问题不仅具有急迫的自然环境意义上的生态价

---

① 《马克思恩格斯全集》第30卷，人民出版社1995年版，第481页。
② ［德］马克思：《资本论》第1卷，人民出版社2004年版，第579页。
③ 《马克思恩格斯文集》第7卷，人民出版社2009年版，第918—919页。

值，而且具有深远的人类社会意义上的历史价值。正是在此意义上，人与自然的共同解放就必然成为马克思重构承认理论乃至整个人类自由和解放事业中的重要规划。因此，马尔库塞才会指出："解放最终和什么问题有关，亦即和人与自然的新关系——人自己的本性与外界自然的新关系有关。"①

第三节　相互承认和人与自然的双重解放

马克思的承认概念无疑开辟了一条通往人与自然相互和解的现实道路，同时站在共产主义的高度为人与自然的共同解放指明了方向。他指出："共产主义是……通过人并且为了人而对人的本质的真正占有；因此，它是人向自身、也就是向社会的即合乎人性的人的复归，这种复归是完全的复归，是自觉实现并在以往发展的全部财富的范围内实现的复归。这种共产主义，作为完成了的自然主义，等于人道主义，而作为完成了的人道主义，等于自然主义。"② 藉此，我们就能理解马克思把自然主义和人道主义相结合的共产主义作为超越资本主义生产方式的实践向度。所以，在克服了物质变换断裂的共产主义的未来社会条件下，"社会化的人，联合起来的生产者，将合理地调节他们和自然之间的物质变换，把它置于他们的共同控制之下，而不让它作为一种盲目的力量来统治自己；靠消耗最小的力量，在最无愧于和最适合于他们的人类本性的条件下来进行这种物质变换"③。

----

① ［美］马尔库塞等：《工业社会和新左派》，任立编译，商务印书馆1982年版，第127页。

② 《马克思恩格斯文集》第1卷，人民出版社2009年版，第185页。

③ 《马克思恩格斯文集》第7卷，人民出版社2009年版，第928页。

在马克思那里，共产主义社会所实现的全面解放除了实现了人类社会的解放，自然同样是解放的领域。在此意义上，我们不仅要解放外部的自然，而且要解放属人的自然。在这里，所谓自然的解放，预示着人与自然之间对立状态的全面消弭，打破人类中心主义的资本逻辑，消除资本对自然的掠夺与统治，从根本上消除触发自然异化与生态危机的关键原因，使人与自然回归一种相互承认的良性互动。同样，人的解放或社会的解放是自然解放的前提。须知，只有从根本上消解"见物不见人"的资本逻辑，真正打破导致社会异化与人的异化的资本主义生产方式，自然的价值在人的眼中才会不再是一种交换价值或资本符号，而是真正地恢复到一种具有丰富性的自在存在，人类才能自觉地意识到自然与自身之间的多样化关联，从而在依循自然规律的过程中全方位地发展人与自然的关联，充分建立起自然主义与人道主义的相互协调的良性循环，最终创造出一个适合于人类本性全面发展的人化自然。因此，马克思勾勒的人的解放，是"人和自然界之间、人和人之间的矛盾的真正解决，是存在和本质、对象化和自我确证、自由和必然、个体和类之间的斗争的真正解决"①。

需要强调的是，马克思的本意不仅仅是通过这种共产主义社会为我们描绘了人与自然共同解放的应然状态或合理性的标准，相反，马克思是要通过目标的设置来激发现代社会中解放自然运动的巨大潜能，来消灭现实中承认异化的关系。对此，马克思曾明确表态："共产主义对我们来说不是应当确立的状况，不是现实应当与之相适应的理想。我们所称为共产主义的是那种消灭现存状况的现实的运动。"②对此，马尔库塞十分准确地把握住马克思的精髓，他提出："解放自

① 《马克思恩格斯文集》第 1 卷，人民出版社 2009 年版，第 185 页。
② 《马克思恩格斯文集》第 1 卷，人民出版社 2009 年版，第 539 页。

然的思想并不以宇宙中有这样的计划或目标为前提：解放主要就是人的可能在自然中实现的计划和目的。"① 如果依然以应然的共产主义理想为前提，无疑将马克思定格在了青年人本主义阶段，而看不到马克思后来政治经济学批判所展现出的改变世界的真正意图。显然，马克思的解放叙事充分考虑了资本主义社会下人与自然的复杂现实，即自然是被遮蔽的主体，人则是失落的主体。在此基础上，人的解放就需要从自然的解放中获得支撑，正如马尔库塞所理解的那样："解放要求，自然迎合这样一种活动，要求自然中拥有能支持和促进人的解放的力量，而这些力量曾经受到歪曲和压制。自然的这样一种能力可以被看作是偶然的或盲目的自由，这种能力能赋予人的努力一种意义：将自然从这种盲目性中解脱出来。"②

而要在现实中实现这种自然的解放乃至实现人与自然的相互和解与相互承认，"需要对我们的直到目前为止的生产方式，以及同这种生产方式一起对我们的现今的整个社会制度实行完全的变革"③。在马克思眼中，只要从资本主义社会过渡到了共产主义社会，人与自然之间的相互承认关系就会自然生成；相反，只有从生产方式到生活方式实现"完全的变革"，才有可能将资本逻辑的思维定势彻底打破。这就需要对社会与自然的方方面面进行着手，比如城乡对立、人口分布、工农业的整合、土壤的改良等。对此，恩格斯提出，采取社会主义革命的方式来建构"能够有计划地从事生产和分配的自觉地社会生产组织"。他认为："只有一种有计划地生产和分配的自觉的社会生产组织，才能在社

①　[美]马尔库塞等：《工业社会和新左派》，任立编译，商务印书馆1982年版，第133页。

②　[美]马尔库塞等：《工业社会和新左派》，任立编译，商务印书馆1982年版，第133页。

③　《马克思恩格斯文集》第9卷，人民出版社2009年版，第561页。

会方面把人从其余的动物中提升出来，正像一般生产曾经在物种方面把人从其余的动物中提升出来一样。历史的发展使这种社会生产组织日益成为必要，也日益成为可能。一个新的历史时期将从这种社会生产组织开始，在这个时期中，人自身以及人的活动的一切方面，尤其是自然科学，都将突飞猛进，使以往的一切都黯然失色。"①

正是在科学技术发展的基础上，人与自然的双重解放才会提上现实的日程。但在科技迅猛发展的今天，人与自然之间的对立状态并未由于科学技术的发展以及生产力的提高而实现缓解，相反，科技的进步似乎加剧了发达工业社会中劳动异化的状态，从而进一步加深了人与自然之间的对立。值得注意的是，马克斯·霍克海默（Max Horkheimer）和西奥多·阿多诺（Theodor Adorno）早已意识到这个问题的严重性，他们认为，以启蒙理性为代表的科学技术在 20 世纪的突飞猛进所带来的却是启蒙走向它的反面，这就是他们在著名的《启蒙辩证法》中所提出的担忧。而这种担忧具体到人与自然的关系上，科学技术其实在加剧人类对于自然的控制和征服，科学理性最终沦为资本营利的工具，甚至其本身成为一种资本化的意识形态。但在马尔库塞看来，科学技术本身并没有过错，发达工业社会出现人与自然关系异化，其根源恰恰在于科学技术的使用方式是资本逻辑式的滥用，这就导致了科学技术在发达资本主义阶段既变成了对自然进行毁灭性滥用的手段，也变成了支配人的"政治工具"。他一针见血地指出："技术转变同时就是政治转变。但政治的变化只有当它能改变技术进步的方向，即发展一种新技术时，才会变成社会的质变。"② 所以，按照马尔

---

① 《马克思恩格斯文集》第 9 卷，人民出版社 2009 年版，第 422 页。
② ［美］马尔库塞：《单向度的人：发达工业社会意识形态研究》，刘继译，上海译文出版社 2008 年版，第 192 页。

库塞的观点，我们要抓住问题的关键——资本逻辑式的使用方式，而不是禁止对科学技术的使用，更不是全盘否定其背后的启蒙理性。因此，"自然的解放并不是回到技术前状态，而只是推动它向前，以不同的方式利用技术文明的成果，以达到人和自然的解放，和将科学技术从为剥削服务的毁灭性滥用中解放出来"①。

因此，人类在当前亟待解决的是合理地引导科学技术，充分回归人的创造性本能，将自然的解放建立在人与自然相互承认的良性互动的关系之上，以人化尺度的技术同时也是符合自然规律的方式将生态危机彻底解决，最终才能实现人与自然的双重解放。马尔库塞明确提出："马克思把自然看作是一个世界，当自然固有的有助于解放的力量和质被重新获得和释出的时候，这个世界就将成为人的享受的适当的工具。和资本主义对自然的剥削形成强烈对比的是，对自然的'人道的占有'是非暴力的，非毁灭性的：目标是自然内在的、能提高生活的、感性美的质。发生了这样的变化以后，'人化'的自然就迎合人对满足的追求，没有'人化'的自然人就不可能得到满足。对象具有自己的'内在的尺度'：这一尺度是在它们之中的，对它们来说是一种内在的潜力；只有人才能将它释放出来，因此它也是人固有的人的潜力。"② 可见，人与自然的双重解放就是真正超越资本逻辑的物质变换断裂，全面消除人与自然之间的对立状态而实现人与自然之间的充分和解与和谐共生，最终实现人与自然在共存和共荣中的可持续发展。

---

① ［美］马尔库塞等：《工业社会和新左派》，任立编译，商务印书馆1982年版，第128页。

② ［美］马尔库塞等：《工业社会和新左派》，任立编译，商务印书馆1982年版，第134页。

第六章 审美、感性与承认的超越

审美是马克思人类解放规划的一个关键维度。与传统美学将审美作为人或主体的观念形式不同，马克思的审美始终存在于人与对象世界之间的关系中，并在交往关系尤其是生产劳动关系中展现为人的本质力量。对此，霍耐特曾将其概括为马克思的"生产美学"，并将马克思根据手工劳动模式或艺术活动模式建构起来的生产劳动概念解释为主体间的承认过程。① 虽然霍耐特极力否认这种生产美学价值的观点存在着很大的片面性，但这却不妨碍他有效地提供了一种透析人的审美在马克思那里是通过潜在的相互承认的方式来化解"人的个体感性存在和类存在的矛盾"②。于是，这就为我们理解马克思的审美为何始终建立于人与人之间社会交往关系的基础上提供了一种衔接逻辑演绎上的思维细节和观测视角。正是在此意义上，霍耐特所提出的承认问题，在马克思的美学以及人的解放规划中扮演着何种角色就成为本书所关注的焦点。

---

① ［德］阿克塞尔·霍耐特：《为承认而斗争》，胡继华译，上海世纪出版集团2005年版，第152页。

② 《马克思恩格斯文集》第1卷，人民出版社2009年版，第55页。

第一节　感性、承认与人的审美尺度

特里·伊格尔顿（Terry Eagleton）曾指出，康德在审美的表达中将所有的感性予以驱逐，只留下纯粹的形式；弗里德里希·席勒（Friedrich Schiller）将美学分解为创造性的不确定性，进而有目的地通过与物质领域相异来改造美学；而黑格尔则贬低艺术，仅仅认可身体上那些看起来对于理念开放的感觉；只有马克思才是最深刻的"美学家"。① 马克思不仅继承了德国古典美学的审美观念，而且突破了将美学视为艺术哲学的传统局限，将美学与改造世界的实践活动直接关联，最终将审美作为真正的解放力量以及解放的衡量尺度。

按照马克思的观点，审美的独特性与重要价值就在于它是人的本质需要。而人的需要与动物的需要是完全不同的。在马克思看来，只有人才会具有需要，这是由于动物的需要只是本能或欲望，动物不会考虑生存本能层次以上的"属人"的需要，更不会考虑人才会考虑的他人的需要。相较之下，人除了满足生存层次上的本能欲望之外，还拥有着对他人需要的观念，这是人之为人的社会性需要，正如亚伯拉罕·马斯洛（Abraham Maslow）的"需要层次理论"中所提出的交往的需要、尊重的需要以及自我实现的需要等。在马克思那里，"动物只是按照它所属的那个种的尺度和需要来构造，而人却懂得按照任何一个种的尺度来进行生产，并且懂得处处都把固有的尺度运用于对象；因此，人也按照美的规律来构造"②。所以，人必然会按照美的规

---

① ［英］特里·伊格尔顿：《审美意识形态》，王杰等译，广西师范大学出版社 2001年版，第 191、197 页。

② 《马克思恩格斯文集》第 1 卷，人民出版社 2009 年版，第 163 页。

律来进行生产劳动，并将自身的本质对象化到劳动产品。在此过程中，审美对人的生产劳动而言充当着双重尺度：它不仅是客观规律的表现，呈现为一种外在尺度，而且也是人自身本质的自我确证，体现为一种内在尺度。

一方面，作为内在尺度的审美，呈现的是个体审美的内在形成与自我本质的实现与确证。具体来说，个体的审美活动同其他价值活动一样，既存在着主体的对象化过程，也存在着对象对主体的确证。"我在我的生产中使我的个性和我的个性的特点对象化，因此我既在活动时享受了个人的生命表现，又在对产品的直观中由于认识到我的个性是对象性的、可以感性地直观的因而是毫无疑问的权力而感受到个人的乐趣。"① 所以，主体在生产劳动过程中实现对客体的改造，赋予对象人的本质的烙印，使对象在成为人化对象的同时对人的内在本质予以承认和确证。与此同时，作为客体的对象也会向个体的审美价值进行渗透和转化，使主体在对象化的同时更好地理解和遵守美的规律。

另一方面，作为外在尺度的审美，则展现了人的社会性本质和相互承认的必要性。按照马克思的观点，由于人的本质是一切社会关系的总和，这种审美的外在尺度表现为人们不仅具有自我确证和自我实现的个体需求，还具有一种相互承认的社会需求。换言之，审美的尺度既关注个体本身的自我需求，同时也需要他人来欣赏和承认。人们正是在社会交往尤其是交互承认的过程中体验到彼此对于美的需要，因此，马克思在《穆勒评注》中曾明确地提出："……（2）在你享受或使用我的产品时，我直接享受到的是：既意识到我的劳动满足了

① 马克思:《1844 年经济学哲学手稿》，人民出版社 2000 年版，第 184 页。

人的需要，从而使人的本质对象化，又创造了与另一个人的本质的需要相符合的物品。（3）对你来说，我是你与类之间的中介，你自己认识到和感觉到我是你自己本质的补充，是你自己不可分割的一部分，从而我认识到我自己被你的思想和你的爱所证实。（4）在我个人的生命表现中，我直接创造了你的生命表现，因而在我个人的活动中，我直接证实和实现了我的真实的本质，即我的人的本质，我的社会的本质。"① 在此基础上，审美的外在需求在相互承认的基础上发展到个体与类的统一之中。

可见，根据马克思的构想，承认事实上对于人的审美需要起到了一种中介作用，因而承认构成了人的审美关系社会化的一个关键环节。毋庸置疑，马克思明确了人们是在生产劳动过程中创造了美，但是认识美、实现美乃至使作为人的本质需要的审美在劳动中实现，则需要承认这个中介环节。具体而言，一方面，美是对于人本身的自我确证和自我承认，承认使人对自身的美及其生命本质获得自省；另一方面，美也需要他人来欣赏和承认，人们正是在对他人之美的本质认知中相互承认，进而在生产交往关系中获得个体与类的统一，也即社会本质的实现。可见，作为人的本质需要的审美通过相互承认的中介获得了现实化的可能。于是，作为中介环节的承认的价值，在人的审美本质的实现过程中得到了凸显。

当我们重新来看待和理解承认环节的重要性时，就会发现，马克思早已赋予承认更为丰富的含义，即采取回到感性的方式来诠释承认在审美现实化过程中的作用。马克思的审美观一开始就强调："人不仅通过思维，而且以全部感觉在对象世界中肯定自己。……从主体方

---

① ［德］马克思：《1844 年经济学哲学手稿》，人民出版社 2000 年版，第 184 页。

面来看：只有音乐才激起人的音乐感；对于没有音乐感的耳朵来说，最美的音乐也毫无意义，不是对象，因为我的对象只能是我的一种本质力量的确证，就是说，它只能像我的本质力量作为一种主体能力自为地存在着那样才对我而存在，因为任何一个对象对我的意义（它只是对那个与它相适应的感觉来说才有意义）恰好都以我的感觉所及的程度为限。"① 此时，通过感觉的直观来实现内在本质的承认，达成的是内在尺度的审美需求。套用伊格尔顿在《审美意识形态》中的观点，马克思的审美需要事实上是"扮演着主体的统一的角色，这些主体通过感觉冲动和同情而不是通过外在的法律联系在一起，每一主体在达成社会和谐的同时又保持独特的个性"②。这恰恰是马克思思想不同于德国古典美学的地方。

但值得注意的是，在马克思之前，费希特也曾经强调感性，但是他与马克思不同的地方是通过感性世界来提出另一个信仰领域的"超感性世界"。与感性世界不同，超感性世界中起支配性作用的是道德律而非各种因果律。因此，在费希特那里，"超感性世界是我们的诞生地，是我们的惟一坚实的立脚点；感性世界只是超感性世界的反映"③。藉此，费希特希望通过超感性世界来强调人性的尊严和人本质的超越性。相对于康德，费希特的感性世界毫无疑问超越了抽象的"物自体"，但在费希特的感性世界中，却存在着外部自然因果律对于人的诸多限制，因而无法识别人的实践活动的价值，于是只能用超感性世界来替代。而马克思则从人的感性的对象性活动出发，将感性理

---

① 《马克思恩格斯文集》第 1 卷，人民出版社 2009 年版，第 191 页。
② ［英］特里·伊格尔顿：《审美意识形态》，王杰等译，广西师范大学出版社 2001 年版，第 16—17 页。
③ ［德］费希特：《费希特著作选集》第 3 卷，梁志学主编，商务印书馆 1997 年版，第 418 页。

解为实践活动创造出来的对象性存在。在马克思看来，"工业的历史和工业的已经生成的对象性的存在，是一本打开了的关于人的本质力量的书，是感性地摆在我们面前的人的心理学；对这种心理学人们至今还没有从它同人的本质的联系，而总是仅仅从外在的有用性这种关系来理解，因为在异化范围内活动的人们仅仅把人的普遍存在，宗教，或者具有抽象普遍本质的历史，如政治、艺术和文学等等，理解为人的本质力量的现实性和人的类活动"①。

所以，马克思采取感性的实践活动来诠释承认环节是如何实现审美需要的内在尺度。同样，马克思区别于费尔巴哈的地方也是通过对象化的实践来表征。马克思在著名的《费尔巴哈的提纲》的第一条明确地指出，"从前的一切唯物主义（包括费尔巴哈的唯物主义）的主要缺点是：对对象、现实、感性，只是从客体的或者直观的形式去理解，而不是把它们当做感性的人的活动，当做实践去理解，不是从主体方面去理解。因此，和唯物主义相反，唯心主义却把能动的方面抽象地发展了，当然，唯心主义是不知道现实的、感性的活动本身的"②。在费尔巴哈那里，作为人的存在的感性根本上是一种类本质的欲望，尤其是爱。虽然它也包含了一种艺术性的审美内涵，但是，费尔巴哈却将它置于抽象的类本质中，而不是现实中的人的感性交往关系，错把理论的活动视为人的本质，因而注定不能当作实践去理解审美的内涵，更无法把握审美的本质存在是通过承认的中介来实现其个体与类的统一。

此外，马克思通过承认将个体的感性上升为类的原则，进而借助承认中介将感性的审美表达为一种普遍和特殊的辩证法。正如马尔库

---

① 《马克思恩格斯文集》第1卷，人民出版社2009年版，第192页。
② 《马克思恩格斯文集》第1卷，人民出版社2009年版，第499页。

塞所指出的那样："康德力图调和人和自然，自由和必然，普遍和特殊，而黑格尔的上述观点则是从康德向马克思的唯物主义观点过渡的转折点。黑格尔的现象学和康德的先验论观念决裂了：历史和社会深入到认识论（和认识结构本身）之中并铲除了先验的'纯粹性'；自由的理念开始唯物主义化。"① 在黑格尔那里，感性的审美反思恰恰揭示了"我们"是在"我"的直观感知中。因此，当个体真正开始通过感性来反思自我与我们的关系时，就会发现"'我们'就作为社会的现实性展开在主人和奴隶为争取'相互承认'的斗争中"②。而马克思继承了黑格尔的承认概念，并将承认概念深入生产劳动的实践活动，从而将黑格尔颠倒的承认环节落实到了唯物主义的现实中。在此基础上，马克思才能实现人的审美的内外尺度的统一以及个体与类的真正统一。

第二节　异化承认与审美幻象

在马克思看来，审美需要作为人的丰富本质的展开，超越于一般的本能和欲望，但是审美的现实化只有回到感性的社会关系也即在主体间相互承认的生产劳动环节中才能获得实现，这恰恰是马克思扬弃德国古典美学的地方。审美的真正实现是人类解放规划的关键构成，也是马克思关于共产主义构想的具体展现。但值得注意的是，此时的马克思的审美观直接受到席勒、费尔巴哈的影响，审美的现实化依然是以人本主义理论的思辨想象来把握现实。正是恩格斯激发了马克思对于资本主义现实真相的关注，并采取政治经济学的方法观测现实中的社会关系，尤其是审美关系。这使得马克思首先从关注审美的异化

① ［美］马尔库塞等：《工业社会和新左派》，任立编译，商务印书馆1982年版，第139页。
② ［美］马尔库塞等：《工业社会和新左派》，任立编译，商务印书馆1982年版，第139页。

（审美幻象）及其实现中介——承认环节的异化问题入手，来揭示现实中资本主义社会的全面异化。

在马克思那里，感觉构成了人类实践的前提，是所有科学的基础。人一旦丧失感觉，就会丧失一切的承认，剥夺感性的审美需要，变成一种非人的对象。不幸的是，资本首先拒绝承认工人的感觉，"使人成为被侮辱、被奴役、被遗弃和被蔑视的东西"①，直接将工人降低为商品，而且是最贱的商品，并且把工人的需要与人的需要完全对立起来。"他把工人的需要归结为维持最必需的、最悲惨的肉体生活，并把工人的活动归结为最抽象的机械运动；于是他说：人无论在活动方面还是在享受方面都没有别的需要了；因为他甚至把这样的生活宣布为人的生活和人的存在。"因为在资本家看来，作为活劳动的工人，只是一种抽象的具有劳动功能的动物，因而拒不承认工人所具有的属人的需要。所以，"他把工人变成没有感觉和没有需要的存在物，正像他把工人的活动变成抽去一切活动的纯粹抽象一样。因此，工人的任何奢侈在他看来都是不可饶恕的，而一切超出最抽象的需要的东西——无论是被动的享受或能动的表现——在他看来都是奢侈"②。除了维持自身的生命，来保证继续劳动的功能之外，工人所谓的审美体验在本质上与瓦尔特·本雅明（Walter Benjamin）所描述的赌徒与游手好闲者是一样的，因为他们都在机械麻木地重复着同一个动作，而无视生命的丰富体验。《摩登时代》中查理·卓别林（Charlie Chaplin）所饰演的流水线工人执着于拧螺丝的动作，与游手好闲者反复穿行于拱廊街、狂热的赌徒疯狂地掷骰子没有任何分别。虽然资本赋予了工人消费的冲动，但这种冲动实质上是资本所强加给工人

① 《马克思恩格斯文集》第1卷，人民出版社2009年版，第11页。
② 《马克思恩格斯文集》第1卷，人民出版社2009年版，第226页。

的动物本能式的欲望，这种欲望不是真实的需要，更不是人的需要，而是一种商品或者资本的需要，这是由于工人作为活劳动本身就是一种商品和资本。在此意义上，丧失了感觉的工人就是卓别林在《摩登时代》片头所展现的无产阶级形象，其需要是资本主义异化劳动和商品化生产条件下的非人性的需要，但它又最合乎资本主义所制造的禁欲主义式"审美观"。

这种审美观对承认环节实施了全面的异化与扭曲，具体来说：对于属人的一切需要不予承认，相反，对于动物式的本能与欲望反而加以承认。于是，承认环节不再是对人的本质的现实化，而是对人的物的本能的现实化。因此，工人越是克制自己的需要，他所积攒的工资就会越多。正如马克思所言："你的存在越微不足道，你表现自己的生命越少，你拥有的就越多，你的外化的生命就越大，你的异化本质也积累得越多。"① 但是，如果你认为工人是唯一的悲惨的异化存在，那么你就错了！在马克思看来，资本家其实与工人一样，当他剥夺了工人的感觉之后，他同样也剥夺了他自身的感觉，因为在资本逻辑的运行之下，资本也异化了他的感性世界和属人的审美需要，于是他就用资本自身来弥补异化的感性，结果就是资本"把从你的生命和人性中夺去的一切，全用货币和财富补偿给你。你自己不能办到的一切，你的货币都能办到：它能吃，能喝，能赴舞会，能去剧院，它能获得艺术、学识、历史珍品、政治权力，它能旅行，它能为你占有这一切；它能购买这一切；它是真正的能力。……因此，一切情欲和一切活动都必然湮没在贪财欲之中"②。至此，无论是资本家还是工人，作为人的审美需要都已经被彻底剥夺，人的感觉丰富性已经异化为单一

---

① 《马克思恩格斯文集》第1卷，人民出版社2009年版，第226页。
② 《马克思恩格斯文集》第1卷，人民出版社2009年版，第227页。

的本能冲动，因而完全陷入资本逻辑所塑造的审美幻象和金钱欲望之中。

与资本家的异化不同，资本的审美幻象为作为弱者的工人全面布展了一种空洞单一的意识形态，从而使得"弱者总是靠相信奇迹求得解救，以为只要他能在自己的想象中驱除敌人就算打败了敌人；他总是对自己的未来，对自己打算建树，但现在还言之过早的功绩信口吹嘘，因而失去对现实的一切感觉"①。之所以工人会沉迷于自我编织的审美幻象，是因为在工人看来，弱者只有通过审美幻象才能获得解救。于是，工人宁肯丧失对真实的审美感觉，也要以自欺欺人的方式来片面地放纵消费的欲望、压抑自身的丰富本质。马克思曾在《路易·波拿巴的雾月十八日》中指出，资产阶级革命所营造的审美幻象，使参与革命的人都变成了精神病人，而波拿巴不仅本身就是这样的病人，而且还善于利用审美幻象的意识形态来达到复辟帝制的目的。对照今天，这在一定程度上也解释了为什么当代资本主义社会的左翼政治思潮突飞猛进，革命理论一个接着一个，本质上却是在书斋中的喧嚣与激进，其实自身长期沉溺在想象的狂欢状态无法自拔，而与现实无涉。

那么，为什么会出现承认环节的非现实化并产生审美幻象？马克思在回答这个问题时，全面超越了德国古典美学，因为在康德和席勒那里，资本主义审美幻象的出现更多地源于人的感性与理性的分裂，因此他们开出的药方是通过审美教育就能够重建人性的丰富性和完整性。马克思通过政治经济学的研究发现，资本家和工人的审美贫困及其意识形态幻象的出现根本上是源于资本主义生产资料的私人占有

①《马克思恩格斯文集》第2卷，人民出版社2009年版，第475页。

制:"私有制使我们变得如此愚蠢而片面,以致一个对象,只有当它为我们所拥有的时候,就是说,当它对我们来说作为资本而存在,或者它被我们直接占有,被我们吃、喝、穿、住等等的时候,简言之,在它被我们使用的时候,才是我们的。尽管私有制本身也把占有的这一切直接实现仅仅看做生活手段,而它们作为手段为之服务的那种生活,是私有制的生活——劳动和资本化。"① 因此,德国古典美学通过审美来实现个体与类的统一,并且达到启蒙规划下的人类解放目标,其实是以意识领域内的想象来取代现实领域内的实践,从而在理论上陷入了观念论的窠臼,在政治上落入了空想主义的陷阱。

马克思则通过对私有制的批判全面超越了德国古典美学,从而揭示了这一切的根源在于私有制和私有财产的存在。马克思认为,"私有财产不过是下述情况的感性表现:人变成对自己来说是对象性的,同时,确切地说,变成异己的和非人的对象;他的生命表现就是他的生命的外化,他的现实化就是他的非现实化,就是异己的现实"②。至于艺术、宗教、道德、科学等都是私有财产运动的特殊方式,都会受到生产资料私有制规律的支配。正是在私有制下,生产资料与劳动者相互分离,工人一方面依赖于对象化的劳动产品来承认和确证自身的审美本质;另一方面却眼睁睁地看着凝结着自身特质的产品成为他人的财产。同时,资本家也从来不是赢家,因为在马克思看来,"我们相互承认对方对自己物品的权力,这却是一场斗争。在这场斗争中,谁更有毅力,更有力量,更高明,或者说,更狡猾,谁就胜利。……就整个关系来说,谁欺骗谁,这是偶然的事情。双方都进行观念上和

---

① 《马克思恩格斯文集》第1卷,人民出版社2009年版,第189页。
② 《马克思恩格斯文集》第1卷,人民出版社2009年版,第189页。

思想上的欺骗，也就是说，每一方都已在自己的判断中欺骗了对方"。① 最终，无论是资本家还是工人都使自身陷入不被承认的全面贫困，这是私有制所带来的必然结果。所以，马克思的目标很明确，那就是消灭私有制，因为只有彻底消灭私有制，一切属人的特质才能获得全面的解放，人才能克服全面异化的状态，恢复其被掠夺的感觉力量与能力，真正实现其审美的本质和全面的自由。

第三节　审美解放与超越承认

诚如伊格尔顿所指出的那样，马克思"相信人类的感觉力量和能力的运用，本身就是一种绝对的目的，不需要功利性的论证；但是这种感性丰富性的展开是自相矛盾的，只有通过颠覆资产阶级社会关系的严酷的工具主义（实验主义）实践才能实现。只有当身体性的动力已经从抽象需要的专制中释放出来时，当对象已经从抽象的功能中恢复到感性具体的使用价值中去时，才有可能达到审美化的生活"②。马克思力图从资本主义社会的现实关系出发，向我们指出作为人的本质确证的审美自由的实现，必须消灭私有制，才能在根本上从相互不承认的异化关系中将人的全部对象与全部感觉特性解放出来，而这一现实的过程本身就是共产主义的实现。所以，马克思的审美是将感性解放与审美的根本理想（共产主义）与现实地解放人类自身的实践活动关联起来，并在现实条件下将自由自觉的共产主义目标落实为消灭不合理的私有制的现实运动。

---

① ［德］马克思：《1844 年经济学哲学手稿》，人民出版社 2000 年版，第 182 页。
② ［英］特里·伊格尔顿：《审美意识形态》，王杰等译，广西师范大学出版社 2001 年版，第 197 页。

在马克思那里，消灭私有制，狭义上表现为对于私有财产的积极扬弃，在广义上则表现为对于人的自我异化的积极扬弃，尤其是对感觉异化和审美异化的扬弃。在马克思那里，资本主义私人占有制必然会将人的需要转变为功利主义的欲望，也就是动物式的本能，因此工人是以颠倒的状态去体验自我与他人的需要。而人的审美所具有的非功利性，是对那种资本主义肮脏的功利性的超越，并与出于本能欲望的异化（强制性）劳动形成鲜明的对照。在此过程中，审美所依赖的承认环节也就被单一、狭隘的"有用性"功利性标准所替代，因此只有通过对私有财产的历史性扬弃，感性的主体才能恢复生机。对此，马克思一针见血地指出："对私有财产的扬弃，是人的一切感觉和特性的彻底解放；但这种扬弃之所以是这种解放，正是因为这些感觉和特性无论在主体上还是在客体上都成为人的。眼睛成为人的眼睛，正像眼睛的对象成为社会的、人的、由人并为人创造出来的对象一样。……因此，需要和享受失去了自己的利己主义性质，而自然界失去了自己的纯粹的有用性，因为效用成了人的效用。"①

当马克思根据美的规律来改造现实世界时，套用马尔库塞的话来说，马克思既不是附带说说的，也不是为了表示自己的慷慨激昂。在马克思看来，美是从社会现实和实践中提取出来的，它是人的自由自觉的实践活动的根本特征。诚然，实践的观点并不是马克思的发明，黑格尔也曾在其《美学》中谈及实践的重要性，他指出："人还通过实践的活动来达到为自己（认识自己），因为人有一种冲动，要在直接呈现于他面前的外在事物之中实现他自己，而且就在这实践过程中认识他自己。人通过改变外在事物来达到这个目的，在这些外在事物

---

① 《马克思恩格斯文集》第 1 卷，人民出版社 2009 年版，第 190 页。

上面刻下他自己内心生活的烙印，而且发现他自己的性格在这些外在事物中复现了。人这样做，目的在于要以自由人的身份，去消除外在世界的那种顽强的疏远性，在事物的形状中他欣赏的只是他自己的外在现实。"① 可见，黑格尔眼中的实践之所以重要，是由于实践能达成自由的缘故，但是实践活动必须在人的对象化基础上经由外在世界对自我的承认中介，才能认识他自身，进而在个体自身发现自由，于是展开世界历史视域下个体作为特殊性与绝对精神的普遍性的辩证发展历程。与黑格尔不同的是，马克思始终坚持，"'解放'是一种历史活动，不是思想活动。'解放'是由历史的关系，是由工业状况、商业状况、农业状况、交往状况促成的"②。人的解放尤其是感性解放，并不是一个黑格尔式的思辨过程，而是一个现实的、历史的过程。此外，在黑格尔那里，这个社会中的自我与他人之间因为相互承认而获得一种抽象形式上的平等权利。但是，在具体的现实中，所谓的承认是异化的，工人的审美是扭曲的，只存在着残酷的资本与劳动的不平等。

因此，马克思的感性解放就是要着眼于现实中的审美异化关系来揭开黑格尔所谓世界历史的真相。在此，马尔库塞的观点无疑正确地把握了马克思的要旨，他认为："人们正在寻求表达肉体（和灵魂）的经验的艺术形式，但不是把它作为劳动力和放弃的媒介，而是作为解放的媒介。正在寻求一种感性文化，所谓'感性'就是它包含有对人的感性经验和接受性的激进化改造：就是将其从自发进行的、赢利的、歪曲性的生产力中解放出来。但是文化革命远远超出了对艺术的

---

① ［德］黑格尔：《美学》第 1 卷，朱光潜译，商务印书馆 1979 年版，第 39 页。
② 《马克思恩格斯文集》第 1 卷，人民出版社 2009 年版，第 527 页。

重新评价：它直波及到资本主义在个人身上的根子。"① 需要指出的是，马尔库塞在这里将感性的审美作为实现人的解放的一种媒介，但事实上，在马克思那里，人的解放本身就是审美的全面解放，更是人的一切感觉和特性的彻底解放。马克思力图在审美的生产过程中创造出人的自由本质。此外，马尔库塞认为美的本质从根本上看是非暴力的，是非统治性的。他把审美作为一种理想化的女性社会的原则，它处于资本主义社会下男性原则占据统治地位所带来的具有破坏性生产力的对立面。而对于马克思视域下的实践唯物主义者而言，"全部问题都在于使现存世界革命化，实际地反对并改变现存的事物"②。具体而言，审美解放的前提就是全面消灭资本的逻辑，消灭资本主义的生产资料私人占有制。

所以，正是在政治经济学批判的语境中，马克思通过商品、价值、使用价值、交换价值等概念，全面颠覆了人们对于实践与审美的关系的理解。正如伊格尔顿所指出的那样："这是一种态度，既不同于交换价值的残酷工具主义，也不同于无功利的审美沉思；它的孪生对手是对象和内驱力的商品化抽象以及社会寄生的审美幻象，它把功利与快感、必然性和欲望捆在一起，并且允许后者在与物质必然性没有联系的状态中消费它们自己。……古典美学和商品拜物教都努力清除事物的具体性，把事物的感性内容从纯粹的理想化形式中剥离出来。"③ 藉此，马克思真正将德国古典美学的理想主义落实到挖掘审美异化的现实根源之中。

但需要强调的是，进入《资本论》及其手稿的写作，马克思开始

① ［美］马尔库塞：《工业社会和新左派》，任立编译，商务印书馆1982年版，第146页。
② 《马克思恩格斯文集》第1卷，人民出版社2009年版，第527页。
③ ［英］特里·伊格尔顿：《审美意识形态》，王杰等译，广西师范大学出版社2001年版，第200页。

清晰地认知到异化的本质其实建立在直接劳动的前提之上。从古典政治经济学到德国古典哲学，对于直接劳动的强调，使得相互承认成为个体特殊性上升为普遍性的关键环节，但是马克思渐渐意识到，承认环节只是解放人的本质过程中一个必须扬弃的中介。马克思基于机器大生产的观察提出了自由劳动时间。他提出，随着机器在生产过程中的作用越来越大，工人的角色将从生产者变成监督者，社会物质财富的生产不再来源于直接劳动，而是来源于间接劳动。所以，"一旦直接形式的劳动不再是财富的巨大源泉，劳动时间就不再是，而且必然不再是财富的尺度，因而交换价值也不再是使用价值的尺度。群众的剩余劳动不再是一般财富发展的条件，同样，少数人的非劳动不再是人类头脑的一般能力发展的条件。于是，以交换价值为基础的生产便会崩溃，直接的物质生产过程本身也就摆脱了贫困和对立的形式。个性得到自由发展，因此，并不是为了获得剩余劳动而缩减必要劳动，而是直接把社会必要劳动时间缩减到最低限度，那时，与此相适应，由于给所有的人腾出了时间和创造了手段，个人会在艺术、科学等等方面得到发展"①。

---

① 《马克思恩格斯全集》第 31 卷，人民出版社 1998 年版，第 100—101 页。

第七章　当代西方语境下承认
理论进展的再审视

　　在当代西方承认理论中，霍耐特是当之无愧的旗手。他在其代表作《为承认而斗争》中通过回到青年黑格尔，发展出了包括爱、权利和团结在内的"承认一元论"的理解框架，来解释现代性所遭遇的内在张力，引起了学界的广泛争议。最近，霍耐特在坚持既有的承认理论框架的前提下，一方面为了回应学界的质疑和批评；另一方面为了继续回到黑格尔的实践哲学，在黑格尔法哲学的基础上进一步发展出一种宏大的"社会分析的正义论"来弥合理论研究与经验研究（或规范分析与社会分析）之间的鸿沟，并继续深入现代社会的内部，试图以承认为内核构建的政治伦理学①来应对理论与现实的挑战。因此，本章拟以霍耐特的近期研究②为例，来呈现当代西方承认理论的最新发展动向，并站在马克思的立场上予以再审和回应，以期在一些

----

　　① 有关霍耐特的政治伦理学，参见王凤才《承认·正义·伦理：实践哲学语境中的霍耐特政治伦理学》，上海人民出版社2017年版。

　　② 由于拙著《承认哲学的历史逻辑》此前已对霍耐特前期承认理论以及整个承认理论流派的思想史做过系统阐述，故本章对此不再展开，相关内容请参见陈良斌《承认哲学的历史逻辑：黑格尔、马克思与当代左翼政治思潮》，人民出版社2015年版。

关键议题中澄清以霍耐特为代表的西方承认理论中具有影响力的误读。

第一节　解放政治的当代叙事：承认逻辑还是歧见逻辑①

2009 年 6 月，霍耐特在著名的德国法兰克福社会研究所（Institut für Sozialforschung）与法国哲学家朗西埃围绕着各自的代表作（《为承认而斗争：论社会冲突的道德语法》与《歧见：政治与哲学》）展开了一场关于"承认还是歧见"（Recognition or Disagreement）的主题论争。② 在论争中，霍耐特的社会哲学立场带有强烈的黑格尔主义的自由色彩，而朗西埃的激进政治视角则是一种着眼主体化过程的"平等方法"。虽然这场论争的结果似乎证明了朗西埃"歧见"范畴的合理性，但正如卡提亚·哥奈尔（Katia Genel）所言："在这场哲学的不期而遇中，不仅是两种方法也是两种风格在相互交锋，因而这场对话是以富有成效和硕果累累的曲解为标志。……我们的交锋为解决作为前沿问题之一的社会与政治的叠加（imbrication）提供了未来反思的基础。"③

---

① 本节内容的删节版已发表在《哲学研究》2018 年第 2 期，谨致谢忱！

② 据此后 2016 年 5 月结集出版的《承认还是歧见》一书，这场批判理论的内部交锋由三个回合构成：第一回合，霍耐特和朗西埃事先针锋相对地准备了一篇有关对方代表作的反思与批判，作为讨论的热身；第二回合，两人正式通过面对面的讨论来实现思想的碰撞，具体涉及承认的目的、平等的状态等五个方面内容；第三回合，两人在讨论后，各自提交一篇主题论文作为对这场讨论的回应与总结。

③ Katia Genel, "Jacques Rancière and Axel Honneth: Two Critial Approaches to the Political", in Axel Honneth and Jacques Rancière, *Recogntion or Disagreement: A Critical Encounter on the Politics of Freedom, Equality and Identity*, Katia Genel and Jean – Philippe Deranty eds., New York: Columbia University Press, 2016, p. 32.

一 解放政治：承认逻辑还是歧见逻辑

批判理论的政治旨趣始终与解放图景的现实化紧密相连。作为德法批判理论的传人，霍耐特与朗西埃不约而同地致力于解放政治的可能性，但是对于解放政治本身的内涵及其现实化逻辑，两人呈现出截然不同的理论立场。

霍耐特的解放逻辑植根于他的承认理论，从而明确表现为一种承认逻辑，其解放的指向亦是承认的目标，是指一种人类学意义上的个体完整性，也即"未受扭曲的、完整的自我关系"①。但霍耐特指出，这种完整性只是作为朝向解放运动的目标而存在，目前还无法对其做出一种现实的描述。换言之，完整的自我关系只是作为一种假设的理想状态而存在，虽然无法定义这种"完整"的具体内涵，却不影响人们继续使用"完整"这个词来描述目标。在霍耐特眼中，"这是一种'调节性'理念，……没有它，我们就不能描述这些进程的运动或政治斗争的目标，即使我们永远不能彻底地真正建立完整自我关系的含义"②。这是由于霍耐特将解放的现实化可能寄托在现实中对非正义关系的克服上。他认为："政治斗争作为内在的为承认斗争通常起源于非正义的经验，也即意味着不完整的自我关系（如果我们进入政治心理学中）或是通过特定种类的情感，这些情感意味着政治承认的现存范畴引起的焦虑，而这些是你必须

①　Axel Honneth and Jacques Rancière, *Recogntion or Disagreement: A Critical Encounter on the Politics of Freedom, Equality and Identity*, Katia Genel and Jean - Philippe Deranty eds. , New York: Columbia University Press, 2016, p. 111.

②　Axel Honneth and Jacques Rancière, *Recogntion or Disagreement: A Critical Encounter on the Politics of Freedom, Equality and Identity*, Katia Genel and Jean - Philippe Deranty eds. , New York: Columbia University Press, 2016, p. 110.

克服的，这种克服可以描述为非身份化（dis – identification），并且它引向再身份化（re – identification）。"① 在霍耐特赖以成名的承认理论模型中，三种不同层次的承认形式（爱、权利、团结）及其所形成的自我关系（自信、自尊、自重）与不同层次的非正义侵犯形式，即蔑视形式（虐待、剥夺权利、伤害）——对应，从而构成了社会冲突的道德语法。因此，霍耐特描述解放的理论视角始终围绕着承认逻辑而展开，将外在非正义关系的出现"追溯到了一种不完整的承认状态：……罪犯的内在动机就在于……现有的相互承认的水平上，他没有得到让他满意的承认"②。

在朗西埃看来，霍耐特的承认概念显然与他对承认的理解存在着一定的距离。他指出，承认概念通常具有两重含义：一是指现实的理解与已有知识之间的一致；二是对他者的主张进行回应，并将其视为自主的实体或平等的人。③ 在此意义上，承认是一种确证行为，它不是对现存事物的确证，而是对公共世界的建构，所以承认会更关注确证背后的条件，也就是公共领域（政治领域）的结构。同时，朗西埃对霍耐特的承认理论模型先后提出了三方面的异议。首先，霍耐特的承认目标是完整性，而这种完整性所引发的后果是不明确的，因为这种完整性必须预设一种朝向未来的进步方向，也即历史目的论。而在朗西埃看来，"历史是不存在什么动力的：历史没有

---

① Axel Honneth and Jacques Rancière, *Recogntion or Disagreement：A Critical Encounter on the Politics of Freedom，Equality and Identity*，Katia Genel and Jean – Philippe Deranty eds. ，New York：Columbia University Press，2016，p. 111.

② ［德］阿克塞尔·霍耐特：《为承认而斗争》，胡继华译，上海世纪出版集团2005年版，第25页。

③ Axel Honneth and Jacques Rancière, *Recogntion or Disagreement：A Critical Encounter on the Politics of Freedom，Equality and Identity*，Katia Genel and Jean – Philippe Deranty eds. ，New York：Columbia University Press，2016，p. 84.

做任何事"①，他主张以一种自我建构的主体化过程来替代霍耐特的进步完整性模型。其次，霍耐特的承认模型提出了一个身份（Identity）建构的动态模型，这不仅让个体身份获得承认，而且使个体去创造新的能力，同时这些新能力也需要获得承认。在此，朗西埃认为真正重要的不是身份，而是随着身份的丰富或扩大而增加的能力。所以，朗西埃批评霍耐特过分强调了身份的作用，他提出：当"承认理论的批判潜能为身份的参照所弱化，非身份化概念在承认理论中是否还具有一席之地"②？最后，朗西埃认为，霍耐特的承认逻辑同时建构了两个方面：一方面是自我的建构，它依赖他者的中介；另一方面是基于共同体理论，主张共同体的存在是主体间关系的建构。对此，朗西埃一开始就质疑作为个体身份的承认如何实现与普遍性的相融，并且认为霍耐特对共同体中主体间二元关系的重要性过度夸大。

在对霍耐特的承认逻辑提出批评的同时，朗西埃主张回到其独树一帜的歧见逻辑来阐释解放政治的可能性。这种歧见逻辑的前提是其独特的政治定义，因为朗西埃推翻了传统政治的理解，重新定义了政治（the political）的含义。他首先区分了政治与治安（the police）两个概念。以往，政治"被视为一组达成集体的集结或共识的程序、权力的组织、地方与角色的分配，以及正当化此一分配的体系"③。现

---

① Axel Honneth and Jacques Rancière, *Recogntion or Disagreement: A Critical Encounter on the Politics of Freedom, Equality and Identity*, Katia Genel and Jean – Philippe Deranty eds., New York: Columbia University Press, 2016, p. 95.

② Axel Honneth and Jacques Rancière, *Recogntion or Disagreement: A Critical Encounter on the Politics of Freedom, Equality and Identity*, Katia Genel and Jean – Philippe Deranty eds., New York: Columbia University Press, 2016, p. 108.

③ ［法］雅克·朗西埃：《歧义：政治与哲学》，刘纪蕙等译，西北大学出版社 2015 年版，第 46 页。

在，朗西埃受福柯"治理术"的影响，将其命名为治安，意在指明传统的政治秩序是一种同一性的支配式规训，它"是界定行动方式、存在方式与说话方式分配的身体秩序"①。在朗西埃那里，传统的政治秩序，即治安秩序，包含在政府的合法形式之中，治安秩序的再生产是通过感知形式与可见形式中的规范原则的固化，而这些固化的规范性原则的根基是一种虚假的共识，所谓共识的本质是对某些个体或团体的排斥；与之相对，朗西埃眼中的政治则是一种意在打破同一性的异质性的声音，即歧见的逻辑。"透过建立一个在根本上极为异质的假定，亦即，无分者之分，破坏治安秩序的感知分配。"② 在此意义上，政治即解放，政治旨在打破治安秩序支配的行动就是解放的目标。因此，朗西埃在概念意义上将解放与政治相统一，而解放的逻辑无疑就是歧见的逻辑，"一种异质性逻辑"③。他强调"分歧（dissensus）始于一种新的信仰：参与者认为他正是处在被剥削的地方""解放意味着你决不能等到被传授剥削和统治的机制""共识就意味着忽略它的不可能性。社会解放始于忽略它的决定，忽略意味着重构他们占有空间和时间的方式，对那些工人而言，解放意味着努力摆脱存在、看、说、做的方式，这些使其适应他们条件的方式"。④ 在朗西埃看来，解放之时就是感知世界的重构之刻，它消解了目的与手段、现在与未来之间的传统对立，也消解了私人生活与集体生活之

---

① ［法］雅克·朗西埃：《歧义：政治与哲学》，刘纪蕙等译，西北大学出版社 2015 年版，第48 页。

② ［法］雅克·朗西埃：《歧义：政治与哲学》，刘纪蕙等译，西北大学出版社 2015 年版，第48—49 页。

③ ［法］雅克·朗西埃：《政治的边缘》，姜宇辉译，上海译文出版社 2007 年版，第55 页。

④ Axel Honneth and Jacques Rancière, *Recogntion or Disagreement：A Critical Encounter on the Politics of Freedom, Equality and Identity*, Katia Genel and Jean – Philippe Deranty eds., New York：Columbia University Press, 2016, pp. 140 – 141.

间的对立。

对于朗西埃的质疑，霍耐特选择了有关身份的批评进行了回应。他完全不认同既定身份的预设，他认为这将预设那些追求承认的斗争者已经发展出了一种完善的个体或集体的身份理念，那样，为承认斗争的结果就仅仅成了一种解身份化（de‐identification）。具体而言，即通过斗争来重新规划现存的承认原则，人们就会失去现存的塑造自身个性和集体身份的能力。霍耐特进而以家庭主妇为例，来说明为承认斗争并不意味着为已存在的身份去斗争，那样只会把固定的身份打破。但这显然不是他的本意，"我描述这些斗争主要是借助于非正义概念的帮助，非正义的经验刻画了斗争的开端，即非正义引发在参照现存规范原则的固定化描述。而斗争中所发生的只是对非正义的克服，而对非正义的回应包含着非身份化的进程"①。同时，霍耐特对朗西埃的政治定义，也即歧见逻辑，表现出一种复杂的态度。一方面，他在一定程度上"出乎意外"地同意朗西埃的观点，这是由于他认为朗西埃的政治秩序同样可以理解为承认秩序，即分层的承认原则的规范秩序，但是他指出朗西埃借助柏拉图的理想国模型对政治秩序的描述太死板，他认为这种秩序以及原则不是一成不变的；另一方面，霍耐特认为朗西埃与他的最大差别在于，朗西埃侧重于外在的斗争，而他侧重于内在的斗争，但是内在斗争在他看来比外在斗争更为重要。他主张："今天政治的典型例子不是总体中断，而毋宁是为承认的内在斗争，这区别于所谓的'为承认的外在斗争'，……朗西埃考虑的是外在的承认斗争。然而在处理我们这种社会中的日常政治，通过整

① Axel Honneth and Jacques Rancière, *Recogntion or Disagreement: A Critical Encounter on the Politics of Freedom, Equality and Identity*, Katia Genel and Jean‐Philippe Deranty eds. , New York: Columbia University Press, 2016, p. 109.

个政治秩序被质疑的方式是很难看到如何来重新规划非正义，我认为更重要的是去处理那些再定义的小规划或再占用政治合法性的现存模式的小规划。"①

二 价值原则：社会自由还是激进平等

在霍耐特那里，自由始终是政治哲学和社会哲学的关键概念，他延续了其专著《自由的权利》中的观点，基于黑格尔《法哲学原理》的解读，明确将社会解放的价值原则凝练为自由。霍耐特将自由区分为三个不同的层次，即消极自由、反思自由（积极自由）与社会自由（客观自由）。但与《自由的权利》不同的地方在于，霍耐特认为上述自由是黑格尔伦理生活学说的三种不同的自由形式，而不再是《自由的权利》中对应于自由概念思想史中三个不同的发展阶段（消极自由的代表是霍布斯、萨特，反思自由的代表是卢梭、康德，社会自由的代表则是黑格尔）。在黑格尔的伦理生活体系中，消极自由是一种个体自由，类似以赛亚·柏林（Isaiah Berlin）的消极自由，是指"个体能简单地享有通过被允许的受限制的空间来不受妨碍地追求他的目标"②。相比消极自由，反思自由源于康德，存在于反思的自我关系中，它的焦点完全转向目标的外在实现上，它的目标在于超越纯粹的自然因果性。反思自由作为积极自由，超越了消极自由，但是，它仍然不充分，缺乏客观性环节。因

① Axel Honneth and Jacques Rancière, *Recogntion or Disagreement：A Critical Encounter on the Politics of Freedom, Equality and Identity*, Katia Genel and Jean‐Philippe Deranty eds. , New York：Columbia University Press, 2016, p. 106.

② Axel Honneth and Jacques Rancière, *Recogntion or Disagreement：A Critical Encounter on the Politics of Freedom, Equality and Identity*, Katia Genel and Jean‐Philippe Deranty eds. , New York：Columbia University Press, 2016, p. 162.

此，第三种社会自由，即客观自由，就应运而生。在这里，客观性是理解这种自由的一把钥匙。社会自由是指"通过思考社会现实的客观性，作为理性的、自我关联的主体性的产物，来反映精神的结构"，"通过客观自由，黑格尔的意思是个体自由能使个体在制度化实践中承认自身"。① 霍耐特继续区分社会自由自身的不同种类，也即爱、市场和国家，每种都与一个特定的制度设置以及实践关系相关。具体来说，在爱与友谊层面，相互关怀与感情的实践代表了这个阶段的客观自由；而在资本主义市场层面，则是金钱中介的物品和服务交易实践；最后，在君主—市民的国家层面，则是关心公共物品和相互支持的实践。

相较于霍耐特，朗西埃旗帜鲜明地将平等原则作为理解其"政治"的前提。朗西埃坚信，"政治的唯一的普遍性就是平等。……平等，就其付诸实践来说，是作为普遍性的效果而存在的。它并不是一种人们可以诉诸的价值，而是一种须被预设的普遍性"②。但是在治安逻辑的支配下，整个社会本质上体现为一种不平等秩序的固化。在此意义上，朗西埃的治安逻辑就近似于阿尔都塞的意识形态国家机器功能中对主体的"询唤"③。人们被迫接受不平等的统治，是由于他们忽略了统治的法律，但他们有所不知，这种忽略恰恰是治安机制不断渗透和刻意为之的产物。这就造成了一种永不休止的循环——"他们处在那里，是因为不知道他们在哪里以及为何他们会在那里，与此同

---

① Axel Honneth and Jacques Rancière, *Recognition or Disagreement: A Critical Encounter on the Politics of Freedom, Equality and Identity*, Katia Genel and Jean – Philippe Deranty eds., New York: Columbia University Press, 2016, pp. 163、168.

② [法] 雅克·朗西埃:《政治的边缘》，姜宇辉译，上海译文出版社 2007 年版，第55 页。

③ [法] 阿尔都塞:《哲学与政治: 阿尔都塞读本》，陈越编译，吉林人民出版社2003 年版，第364—365 页。

时，他们不知道他们在哪里以及为何在那里，就是因为他们就待在那里"①。但是，与阿尔都塞不同的是，朗西埃认为治安逻辑并不是以意识形态的询唤，而是通过感知分配来维持不平等的秩序。所谓感知分配，是指"从我们所接触而感受到的事物，到我们的认知模式，……以及这些事物引发的好恶之情，……有用与公正的界分，平等与正义的判断，整体与部分的计算，都已经在一整套相互关联运作的范畴与层级中被分配与安置"②。可见，感知分配无关阿尔都塞的意识形态或科学，即便是科学，朗西埃认为由于治安逻辑的规训，也成为一种确证不平等的科学，于是科学的传播变成了一种确证的确证，甚至变得更为激进，将那些任性的故事都转化为科学论证。所以，感知分配只与共识（Consensus）和分歧（Dissensus）有关。当人们相信感觉，相信共识，就相信了谎言，因为共识也是统治运作的方式，表现在民主原则上，民主需要达成共识，而共识的背后恰恰是同一性的规训，人们都被这种共识民主所欺骗，进而促使不平等的持续。朗西埃指出，所有的这些幻象都有一个共同的方法，那就是假装从不平等向平等运动的方法，其实这是一种永远再生产不平等的方式。只有从一开始就采取平等的方式，打破共识，回归分歧，才能建立起政治的秩序，以实现解放。在朗西埃的设想中，平等意味着没有人具有特定的能力，这种能力是由所有人所共享的，政治的基本理念是一种共享的能力，它不能在那些注定要统治的和那些注定要被统治的人之间区分，这也是朗西埃所提出的民主原则，它不是特定的统治者或政府的

---

① Axel Honneth and Jacques Rancière, *Recogntion or Disagreement：A Critical Encounter on the Politics of Freedom*, *Equality and Identity*, Katia Genel and Jean‐Philippe Deranty eds., New York：Columbia University Press, 2016, p. 134.

② 刘纪蕙：《感受性体制、理解与歧义、理性与计算、间距与"空"》，载［法］雅克·朗西埃《歧义：政治与哲学》，刘纪蕙等译，西北大学出版社 2015 年版，第 201 页。

原则，而是政治本身的原则。

霍耐特则始终反对平等的价值原则，他曾在《自由的权利》中提出："'平等'的思想当然是很有影响效用的，但我并不把它看成是一种独立的价值，因为只有当它作为一种对个人自由价值的解释时，它才能被人们所理解：现代社会的所有成员都有着平等地实现自己自由的权利。所有关于社会平等的要求都只是通过个人自由才具有意义。"① 对于朗西埃的激进平等原则，霍耐特将其概括为政治人类学背景下的一种平等主义欲望。他认为，首先，不能将平等主义或平等作为政治秩序的组成特征，因为当政治共同体内的所有人都以平等为参照，那么个体的特殊性就会受到影响，平等原则的参照与特定的规范原则之间就必然存在难以融合的张力。其次，平等原则的抽象假设是非历史的，如果我们在古希腊、中世纪去预设平等，那会非常奇怪，因为古代人生活在一个并不将平等作为规范性语汇的时代。霍耐特认为，无论是朗西埃的平等理论还是自己的承认理论，都需要解释反抗现存政治秩序的深层需要的原因，尤其是以下三个方面：第一，被社会秩序吸纳的需要；第二，既定秩序被合法化的意愿或欲望；第三，不被他者或任何制度化原则统治的存在主义欲望。②

对于霍耐特的批评，朗西埃首先完全否认自己具有平等主义的深层欲望，他认为这不是人类的欲望一般或欲望平等，因为政治的存在根本不是欲望的问题，而是政治的这种定义引发了平等。他指出，政

---

① ［德］阿克塞尔·霍耐特：《自由的权利》，王旭译，社会科学文献出版社 2013 年版，第 27 页注 1。

② Axel Honneth and Jacques Rancière, *Recogntion or Disagreement: A Critical Encounter on the Politics of Freedom, Equality and Identity*, Katia Genel and Jean – Philippe Deranty eds. , New York: Columbia University Press, 2016, p. 102.

治主体自亚里士多德开始就是指统治者与被统治者。政治中最重要的部分就是对称性的关系，这造就了政治的特性。同时，朗西埃对于霍耐特的社会自由的第一层次——爱与友谊的论述也提出异议。他认为，霍耐特在《为承认而斗争》中直接以母子间的爱来总结所有一般意义上的爱的关系，这显然是值得商榷的。现在虽然增加了友谊这层关系，但其实质没有发生变化，无非是用马塞尔·普鲁斯特（Marcel Proust）代替了唐纳德·温尼科特（Donald Winnicott）。朗西埃以普鲁斯特小说《追忆逝水年华》中的人物艾伯丁为例，说明爱不是两个个体之间的关系，而是两个多样性实体之间的关系。可见，爱引发了关系的多样性，但爱与友谊的社会自由显然牺牲了这种多样性实体的建构，朗西埃主张以普遍的主体化（subjectivation）来替代霍耐特单一的"你—我"关系。

三　方法路径：病理解释学还是政治美学

毋庸置疑，解放政治的实现最终还需要落实到方法论的选择上，霍耐特和朗西埃分别立足于政治解释学与政治美学的方法路径来将解放的可能性逐步现实化。

霍耐特同意克里斯托弗·门克（Christoph Menke）将自己的方法论基础概括为政治解释学的观点，但他不同意将解释学的模型与朗西埃的美学模型对立起来。他认为，由于人们感知世界的方式是被现存的规范性原则所调节，因此人们的感知（perceiving）方式和在社会秩序中所看到的感官现实，都是为既定的政治范畴和规范原则所组织的，但这些既定的范畴和原则所要求的恰恰是不平等和不对称性的正当性。人们的感知方式就会成为朗西埃所谓的"感知固化"的一部分，那么甚至连人们的目光作为观察事物的方式也会成为政治秩序的组成部分。在此意义上，"质疑规范性原则的特定解释也包括质疑对事物的理解方式"①。霍耐特再次以家庭主妇为例，他认为家庭主妇完全可以根据自己的主观喜好，信口给出一个与你在家庭主妇世界中感知到的完全相反的描述，可见，现存规范性原则的解释是完全错误或具有误导性的。而这恰恰证实了朗西埃的观点。在此意义上，霍耐特不认为解释学模型与美学模型之间存在着矛盾，并表示："为什么美学模型会阻止我们领会这些原则背后的解释的可能性，他们是向解释敞开的；他们能被重新解释（reappropriated）。美学模型不排斥对这些规范性原则结构的再描述。"②

同样，朗西埃也认为政治的解释学与美学之间其实并不彼此排斥，不存在没有美学的解释学，因为政治美学关注的是言论者位置的建构，所以这必然会关系到谁能够解释以及在什么方面能够解释的问题。一旦主体提供了一个并不存在的言论位置，那么解释就会由那些不允许被解释的人作出。③ 朗西埃以19世纪的法国为例，那时女人的地位十分低下，女人没有投票权，为了提高女性地位，涌现出很多"科学"的正当性解释，甚至确实有一些科学家，比如卫生学家和优生学家提供众多的科学论据。但朗西埃指出，解释是一回事，而允许去做则是另外一回事。当珍妮·德罗琳（Jeanne D. Deroin）在

① Axel Honneth and Jacques Rancière, *Recogntion or Disagreement: A Critical Encounter on the Politics of Freedom, Equality and Identity*, Katia Genel and Jean – Philippe Deranty eds. , New York: Columbia University Press, 2016, p. 117.

② Axel Honneth and Jacques Rancière, *Recogntion or Disagreement: A Critical Encounter on the Politics of Freedom, Equality and Identity*, Katia Genel and Jean – Philippe Deranty eds. , New York: Columbia University Press, 2016, p. 117.

③ Axel Honneth and Jacques Rancière, *Recogntion or Disagreement: A Critical Encounter on the Politics of Freedom, Equality and Identity*, Katia Genel and Jean – Philippe Deranty eds. , New York: Columbia University Press, 2016, p. 118.

1849 年作为第一个女性独立候选人出现时，朗西埃认为这才是一次真正的反抗，并证明了那些科学的论据尽管数量众多，却依然不够充分。可见，"真正的问题是谁来解释和我们在政治共同体中处于什么位置"①。

除了解释学的方法，社会病理学（Social Pathology）的方法在霍耐特的理论框架中具有不同寻常的意义。霍耐特通过引入自我关系作为参照点来建立主体与社会政治秩序之间的中介。其核心是对政治制度下的非正义所引起的不同形式的痛苦进行解释。因为霍耐特坚持从痛苦形式来追溯斗争或冲突的动机。成为一个政治主体意味着必须克服各种各样的排斥，于是，为了克服这种排斥状态而产生的动机必然起源于痛苦形式。霍耐特以爱的关系为例，论证爱的关系本质上就是一种病理学形式。首先，爱的关系的基础是一种虚构的想象，因为对于婴儿的爱护都始于一种母子是统一体的想象；其次，爱的关系中包含多个人，每一种爱的关系都是一系列众多关系的关系，这也是霍耐特对朗西埃此前的批判所做出的一种回应。如果爱的关系中那种虚构的想象继续维持下去，就会形成一种特定的趋势，这就是他所指称的"爱的病理学"②。霍耐特认为，如果没有这种想象层面的挫折，也即痛苦形式，那就没有独立于他者的承认，在这个意义上，爱的关系就无法实现。他强调："我们不能离开特定的痛苦概念，这会允许我们在政治解释框架中引介感情和政治感觉，这是我们必须做的一步，因

---

① Axel Honneth and Jacques Rancière, *Recognition or Disagreement: A Critical Encounter on the Politics of Freedom, Equality and Identity*, Katia Genel and Jean‑Philippe Deranty eds., New York: Columbia University Press, 2016, p. 118.

② Axel Honneth and Jacques Rancière, *Recognition or Disagreement: A Critical Encounter on the Politics of Freedom, Equality and Identity*, Katia Genel and Jean‑Philippe Deranty eds., New York: Columbia University Press, 2016, p. 121.

为离开它，你将不能描述发生了什么，所以这就是痛苦在我的概念中的位置。"① 在此意义上，霍耐特认为朗西埃的论述也离不开"痛苦"的概念，朗西埃通过引入痛苦来建立政治秩序与个体心灵之间的广义联系。但是，霍耐特批评朗西埃在关键时刻对痛苦缺乏一种明确、严密的解释。

然而，朗西埃对此予以坚决否认。他认为政治主体从来不是痛苦的主体。政治主体是一种虚构，而虚构是没有自我的，因此政治主体没有自我。在既定的情境下，从个体的痛苦出发去建构主体自身，是不可能持续的。他驳斥霍耐特式的痛苦本身并不是问题，问题是痛苦是对人的特定能力的否定，因此，政治主体化的关键在于主体自身恢复被否定的像平等这样的潜能，建立不同的世界，给出不同的理解状态。我们不是从某种完整性的残缺或挫折开始，但我们都是从不平等与平等的张力开始，并试图以特定的方式来处理问题及其后果。更重要的是，治安逻辑的趋势是把所有事物都依据所谓的病理学来解释。因为痛苦也是一种情境的构造，对朗西埃而言，这恰恰是治安逻辑的病理基础。朗西埃以工人诗人为例，说明文学也是一种痛苦的虚构。工人诗人虽然写出了高贵的诗，但是工人诗人写出的那种高贵的诗的感觉其实并不属于他们，这也是他们在政治主体化基础上去身份化过程的一部分。"如果你在经受饥饿和低工资等，这还不足以走出痛苦的境地。你必须同时交换你的痛苦来反对另一个人，在这一点上，这就是一种符号式痛苦，它关系到社会的符号化区隔。在这些人中，有些有能力去经受痛苦，而有

---

① Axel Honneth and Jacques Rancière, *Recogntion or Disagreement: A Critical Encounter on the Politics of Freedom*, *Equality and Identity*, Katia Genel and Jean – Philippe Deranty eds., New York: Columbia University Press, 2016, p. 128.

些则没有这种能力。"① 如果不能打破那种痛苦的想象和语言，就不能打破痛苦的再生逻辑。

四　承认与歧见之争的批判性解读

对于这场霍耐特与朗西埃的论争，托马斯·克里考（Thomas Klikauer）认为它是"批判性的，有时相当尖锐"，为我们"提供了富有启示性的视角"，"对于德法批判理论的近期发展做出了不可或缺的贡献"。② 让-菲利普·德兰蒂（Jean - Philippe Deranty）则认为"这场德法批判理论传统的杰出代表之间的交锋似乎是（德法）根深蒂固的争辩中的一个新插曲"③。但是，相较于21世纪初弗雷泽与霍耐特之间的"再分配与承认"的论争而言，这场"承认与歧见"之争，无论是从持续时间、论争规模，还是学界知名度上，都要略逊一筹。首先，由于时间过于仓促，两位哲学家之间的对话显然并不充分，三个回合中最关键的现场对话在全书229页的篇幅中不到十分之一，仅仅占据了23页！这直接影响了两者思想的充分碰撞。其次，有学者质疑霍耐特在第三回合的回应文章只是"对黑格尔伦理生活理论进行了基本概述，读起来似乎是一篇不太切题的学究报告"④，还有学者甚

---

① Axel Honneth and Jacques Rancière, *Recogntion or Disagreement：A Critical Encounter on the Politics of Freedom, Equality and Identity*, Katia Genel and Jean - Philippe Deranty eds. , New York：Columbia University Press, 2016, p. 127.

② Thomas Klikauer, "Recognition Versus Equality：A Review Essay", *Capital & Class*, Vol. 41, No. 1, 2017, pp. 159 - 163.

③ Jean - Philippe Deranty, "Between Honneth and Rancière：Problems and Potentials of a Contemporary Critical Theory of Society", in Axel Honneth and Jacques Rancière, *Recogntion or Disagreement：A Critical Encounter on the Politics of Freedom, Equality and Identity*, Katia Genel and Jean - Philippe Deranty eds. , New York：Columbia University Press, 2016, p. 80.

④ Thomas Klikauer, "Recognition Versus Equality：A Review Essay", *Capital & Class*, Vol. 41, No. 1, 2017, pp. 159 - 163.

至指出："他们的背景过于相近，在很多理论的交叉地带讨论时，双方理论立场就会出现合并。"① 当然，学界影响力的评估为时尚早，因为对话文集面世时间不长，尚未引起学界同行的更多回应。但是，这些因素显然也影响了这场思想盛宴应有的格调。

回到这场论争的主题，霍耐特明确地以黑格尔式的客观自由来规范性重构对整个社会正义的理解，但本书以为霍耐特的黑格尔式自由逻辑存在着一定的瑕疵。因为黑格尔的自由概念在《法哲学原理》中是经由财产权的中介而得以现实化的。在黑格尔那里，财产权的本质就是相互承认关系的物化，"财产作为意志的定在，作为他物而存在的东西，只是为了他人的意志而存在。这种意志对意志的关系就是自由赖以获得定在的特殊的和真正的基础"②。经过财产的中介，特殊个体的任性被扬弃，自由不仅获得了现实化的可能，更关键的是获得了普遍化的可能。而霍耐特的自由现实化的参照点则是抽象的自我关系或自我关联的实践关系，这就使得霍耐特的自由依然停留在个体的主观任性层面，那么当自由按照他的设想经家庭向市场和国家扩散时，就会面临特殊性与普遍性无法融合的风险，或者容易造成一种错觉，即家庭、市场与国家根本就是无法连通的封闭领域。同时，霍耐特的这一理论参照点也解释了他的三元承认模型始终基于主观心理感受的原因。诚然，他在此次论争中也提及了政治心理过度化的风险，然而其承认理论本身就有过度心理化的倾向。此外，朗西埃的批评也切中了霍耐特理论中的另一问题。尽管朗西埃在对话中没有明确表达，但是根据其不平等的逻辑，可以推出，如果我们仅仅关注主体间身份的

---

① Ivana Perica, "Review: Recognition or Disagreement", *Contemporary Political Theory*, No. 16, 2017, pp. 394 – 397.

② ［德］黑格尔:《法哲学原理》，范扬、张企泰译，商务印书馆2017年版，第91页。

承认，结果只能是强化朗西埃意义上的治安秩序并固化所谓的不平等关系。比如主奴关系、劳资关系抑或上下级关系，主体间尽管获得了某种身份意义上的相互承认，但这是一种虚假、片面的承认，是对现有不平等秩序的维护。

如果从马斯洛的需要层次理论出发，就会发现霍耐特其实更多地着眼于生存需要以上的需要，而朗西埃更多关注的依然是生存性的基本需求。套用恩格斯在《〈共产党宣言〉1888 年英文版序言》中的一句名言①来评价霍耐特和朗西埃的理论似乎比较贴切：霍耐特的承认理论，至少在大陆上是上流社会的，而朗西埃的歧见理论则相反。正是在此意义上，容易发现朗西埃的激进平等与马克思更具亲缘性，不禁令人想起其阿尔都塞的学统。比如，他对工人诗人悖谬的生活状况的解释，指出治安秩序下平等的证明实质上是不平等的逻辑，主张主体化和感知分配，并强调平等不是一种理想目标，而是一种正在展开的现实力量，等等。这些观点似乎与马克思在《巴黎手稿》中的异化逻辑和共产主义论述具有异曲同工之妙。但是，朗西埃的歧见政治是以激进的平等方法打破现有的不平等秩序，并提出以感知分配来实施一种"美学革命"，这种革命路径和方法论基础则与马克思的历史唯物主义迥然不同。值得注意的是，当霍耐特批评其平等概念缺乏历史维度时，朗西埃秉持一种历史虚无论的立场来回应，不仅否定历史的作用，而且对历史的进步和未来持悲观和否定的态度，而进步史观的否定则直接与其解放政治的初衷相悖。同时，这种脱离了历史的激进平等实质上是一种脱离了现实的抽象平等，因此，朗西埃的激进平等及其现实化就可能最终沦为一种理论想象的一厢情愿。

---

① 恩格斯的原话是"社会主义，至少在大陆上，是'上流社会的'，而共产主义却恰恰相反"（《马克思恩格斯文集》第 2 卷，人民出版社 2009 年版，第 21 页）。

第二节　霍耐特社会自由的建构及其批判①

霍耐特的代表作《为承认而斗争》基于黑格尔耶拿时期的精神哲学，独树一帜地以承认为视角来重构社会文明的演进史，特别是社会冲突的理解史。2013 年，霍耐特在其《自由的权利》中提出了更为远大的抱负，即"再一次用黑格尔的意图，从当代社会结构的先决条件中，构思一种自己的正义理论"②，这一宏大体系的出发点就是自由。霍耐特的自由概念与传统自由主义的不同之处在于通过社会分析来探寻自由的真实性与可能性，他的任务不是去拓展自由的规范化原则，诸如消极自由还是积极自由，而是对于自由的实现提供一种符合时代精神和社会现实的理解。因此，霍耐特以黑格尔的《法哲学原理》为蓝本，建构起一种以相互承认为纽带，"法定自由—道德自由—社会自由"层层递进的"机制化"自由体系。在此演进过程中，主体唯有扬弃法定自由和道德自由，进入社会的自由状态，才能达到真正的自由。霍耐特创造性地将"机制"③引入自由的实现过程，认为机制为主体提供了真实的行动领域，并采取了其所倡导的"社会病理学"（Pathologies of the Social）式④的剖析，为"规范性重构"（Normative Reconstruction）一种"社会分析的正义论"奠定了现实化

---

① 本节内容的删节版已发表在《马克思主义与现实》2015 年第 5 期，谨致谢忱！

② ［德］阿克塞尔·霍耐特：《自由的权利》，王旭译，社会科学文献出版社 2013 年版，第 12—13 页。

③ 机制，在霍耐特的自由观中占据着非常重要的地位。机制的作用在于一方面能够起到一种沟通和中介的功能；另一方面让主体事先知道其行动目的的优先性，从而帮助其反思自由。

④ Axel Honneth, *Disrespect: The Normative Foundation of Critical Theory*, John Farrell, etc. trans., Cambridge/Malden: Polity, 2007, p. 1.

原则和批判性基准。

一 自由的肇端及其扬弃：法定自由的界限

在霍耐特那里，自由的基点源于法定自由。他继承了黑格尔关于法的本质是自由而非限制这一观念，认为"我们所有的自由都表现为一种受法律保证的私人自治"[①]。显而易见的是，这种私人自治与伯林意义上的消极自由十分相似，私人自治所规定的区域仿佛就是一个"能够不被别人阻碍地行动的领域"[②]。换言之，主体在这个法律保护的空间范围内可以自由地行动。但是，霍耐特实质上反对伯林式的消极自由，他认为这是一种狭义的自由。法定自由在初始阶段理应以保障私人自治为前提，但是法定自由的目标不应止步于此，而应当促使主体在这个高度自治的范围内，扬弃所有现存的社会权利与义务，回归自身，并反思个体自由的意义和方向。当主体没有社会角色的负重，就可以去从容地展开有关善的想象。但是，法定自由只会令个体满足于现状，而国家或他人侵犯个体自由的潜在风险依然没有消除。所以，主体应当透过反思，将法定自由上升到积极主动地去保护自己的自由不受侵犯的层面。按照霍耐特的定位，这种自由事实上应是一种广义的自由，它直接来源于主动保护自由的理念，同时与"机制化"的民主参与相连接。于是，个体不仅是法律实施的受益者，同时还应当是法律制定的参与者。因而在霍耐特看来，法定自由不再仅仅是一种消极自由，它的背后其实隐藏着一种积极自由。同理，纯粹私人自治的隐私权利必将演化为集体自治的政治民主。在这种积极互动

---

① [德] 阿克塞尔·霍耐特：《自由的权利》，王旭译，社会科学文献出版社 2013 年版，第 113 页。

② [英] 以赛亚·伯林：《自由论》，胡传胜译，译林出版社 2003 年版，第 189 页。

的意义上，现代法律体系不仅要求遵循目的理性，而且要求依靠民主的思想、实践和信念。

遗憾的是，霍耐特认为社会现实中的法定自由恰恰没有为这种霍氏意义上的积极自由提供互动合作的机会，相反，伯林意义上的消极自由依然占据着社会主流。于是，现实中的法律体系所促成的观点和行为实践，反而成为法定自由的自身界限，从而引发了一连串的社会病态①形式。具体来说，在于以下方面。

首先，法定自由反向强化了一种功利化趋向。霍耐特以电影《克莱默反对克莱默》中夫妻双方在法庭上争夺孩子的抚养权为例，认为那些闹离婚的父母会按照法院未来判决的可能性去思考——根据有利于自己的法条，选择自己的应对策略。这就使得主体用谋略代替了互动，法律所保障的消极自由反而加剧了人与人之间的对立。虽然这只是日常生活世界的一个特别情感化的场景，却以广义的方式明确地表现了法定自由的局限性。此外，它还会把主体的关注和需求转化为纯粹的法律要求，导致全社会的人动辄诉诸法律来维护自身的法定自由，"把生活世界的进程仅仅归属于法律的媒介，就必然强制性地迫使参与者只能按利益分类的普遍模式来提出自己的需求，从而导致特别是依靠信息交流的生活总体分崩离析"②。在某种意义上，这就成了制约自由的另一版本的"丛林法则"。

其次，它表现为主体对于自身法定义务的逃避或推延。这意味

---

① 在霍耐特看来，社会病态与一般理解中的社会不公，是完全不同的社会现象，它特指在社会再生产的较高阶段，对有关重要行动和规则体系反思的过程发生影响的社会现象。换言之，如果有一部分人，甚至是社会全体成员，由于社会的原因，不再能够恰如其分地理解社会实践和规范的意义了，那就意味着发生了社会病态。参见［德］阿克塞尔·霍耐特《自由的权利》，王旭译，社会科学文献出版社 2013 年版，第 138—139 页。

② ［德］阿克塞尔·霍耐特：《自由的权利》，王旭译，社会科学文献出版社 2013 年版，第 144 页。

着，"把因为法定自由才成为可能的对所承担义务的拒绝，稳定化和时尚化，而没有将其中的空间以主体的权利来填补；在这种情况下，不是法律所允许的行动选择，而是推延和中断所有沟通要求成为整体，因而根本无法形成个人努力和持久信念。由此而出现的社会病态，有着犹豫不决和被迫的特性：个人的主体性，不是停留在法律的个人中，而是通过远离一切有约束力的决定，来模仿法律所展现的特性"①。可见，这种社会病态是缘于法定自由的消极特性，给予了个人无限期推延履行法定义务的机会，而不是为他的道德模式和生活世界的实现提供可能。这就使主体的行为在法定自由的掩护下，将自我作为唯一的参照点，从而在主体互动的义务中解脱出来，引发主体在生活世界中的方法论错误，最终导致法定自由徒具法律的形式，实质则是黑格尔意义上的"任性"②。

那么，如何才能克服法定自由的上述界限，重建一个主体互动的自由领域？在霍耐特看来，法定自由必须扬弃自身，并采取一种由相互承认的规则进行调控的"机制化的行动体系"来全面重构。具体而言，它必须满足三个先决条件："第一，它必须处在一个有关实践的社会差异性和机制性系统的基础平面上，在这个系统中主体们通过共同拥有的规则而相互承认，并进行共同合作；第二，这种不断进行着的承认关系，必须存在于一种可以相互置换各自地位的关系中，只有当所有的参与者都有同等权利的时候，才能够预期其他人的一些确切的行为，因此也能够期待一种对别人的规范性体谅；第三，与这样的行动系统相应的，还必须形成一种特殊

---

①　[德] 阿克塞尔·霍耐特：《自由的权利》，王旭译，社会科学文献出版社 2013 年版，第 148—149 页。

②　[德] 黑格尔：《法哲学原理》，范扬、张企泰译，商务印书馆 2017 年版，第 29 页。

的自我关系结构，并在其中培养参与以及建构实践所要求的职能和观点。"①

二 应然自由的自我否定：道德自由及其社会病态

同黑格尔一样，霍耐特认为道德自由是主体内在的自由和反思的自由，因而表现为一种应然的自由状态。但是，这种应然自由还必须通过深入主体外在的实践才能得以实现。正如康德所指出的那样，"自由概念是一个纯粹的理性概念，正因为如此，它对理论哲学而言是超验的，……但在理性的实践运用中，它的实在性却通过实践的原理得到了证明"②。值得注意的是，霍耐特并不认为完成了这种外在的实践就意味着道德自由已经从应然状态过渡到实然状态，这是由于道德自由的本质是反思自由。相对于法定自由，道德自由是在法律规则生效以前，在每个人日常生活的社会互动中就已开始运作的一种自由模式。如果主体在法律规则没有给出相应的界定时，就卷入完全由个人承担责任的社会冲突中，那么道德自由模式的调控就应当开始发挥效力了。

在对道德自由的运行展开分析之前，霍耐特首先回顾了康德的道德哲学，他指出："只有当我们的行动以道德法则为准则时，我们才是自由的。"③ 主体作为一个道德个体，首先必须被他人承认，主体的行动目的不允许被他人所忽略。这意味着一种"尊严"的概念。如

---

① [德] 阿克塞尔·霍耐特：《自由的权利》，王旭译，社会科学文献出版社 2013 年版，第 130 页。

② [德] 康德：《道德形而上学》，张荣、李秋零译，中国人民大学出版社 2013 年版，第 228 页。

③ [德] 阿克塞尔·霍耐特：《自由的权利》，王旭译，社会科学文献出版社 2013 年版，第 156 页。

今，由于尊严概念是自由民主社会产生规范性自我认同的关键来源，已经成为日常生活的文化背景。它通过承认每个人都有能力和权利，自己来决定他的行动原则，而强化了道德自主的意义。但霍耐特指出，道德自主并不意味着完全的自主，恰恰相反，道德自主的核心在于自律，也即"一个主体在对他的行动意图作反思性考察时，只能是遵循普遍法则，把每个其他的主体看做是自我目的，因而承认他们每个人都是道德的个人；……那么'自由'就意味着，是一种以理性的理由改变我们的原始冲动形式的方式，同时最重要的是这是一种不带偏见的道德行动"①。按照克里斯蒂娜·科斯加特（Christine M. Korsgaard）的理解，只有在对所有其他主体都承担起道德责任的意义上，我们才能够理解自身的道德自由。换言之，只有按道德自律的模式，才能理解现代个人的自由。霍耐特认为，康德所发展的"道德意识"现在已经具有了一种反思的可能形式。那么，当我们在日常生活中发生相应的道德冲突时，就能在普遍的道德自由模式中，就解决问题的方法努力达成共识。只有这样，道德自由才能实现对于社会冲突的调控。

与法定自由一样，霍耐特指出，道德自由在现实中"只是一种象征性的知识体系，而不是行动体系"②，从而也必然走上一条社会病态的歧途。进一步来说，霍耐特认为，道德自由的普遍性原则要求主体无时无刻不站在没有成见的立场上，尽最大努力放弃自身利益和个人牵连，以便在法律做出调控之前，尽可能寻找出一种公正和平衡的解决之道。但在现实中，总有一些主体难以摆脱的社会现

---

① ［德］阿克塞尔·霍耐特：《自由的权利》，王旭译，社会科学文献出版社2013年版，第161页。

② ［德］阿克塞尔·霍耐特：《自由的权利》，王旭译，社会科学文献出版社2013年版，第153页。

实或生活世界的规范性规则，会与道德自由发生碰撞，从而使主体难以保持一种距离化的普遍化态度。于是，社会病态就会应运而生。

首先，它表现为一种"冷淡的道德主义者"的病态人格类型。在这里，霍耐特举了一个类似"亲亲相隐"的例子：一个大学教师无意间发现了一个与自己关系较好的同事存在不太严重的抄袭行为，那么他如何来恰当地处理此事？如果主体没有意识到道德自由的内在界限，就一定会大义灭亲，直接去向大学校长汇报，而不顾及它所产生的道德后果。如果将其应用到整个社会生活中，就一定会产生死板而僵硬的行动，最终又以社会隔绝和信息丧失的病症反映出来，因而主体就会丧失重新进入生活世界互动的机会。与此相反，霍耐特认为："黑格尔否定了我们能够在康德意义上有我们的道德自主或道德自由，因为以他的原则来看，我们的行动原则完全不可能从开始到终结都只是由我们自己来制定。"①

其次，它会出现以道德为理由的恐怖主义者。霍耐特认为，产生现代社会特有的恐怖主义的原因是，少数个体或社会团体对主流的社会秩序产生了道德上的怀疑，他们认为，现存秩序伤害了相互承认的道德普遍性原则。既然普遍性原则受到了质疑，就意味着他们可以抛弃现存的道德自由，站在他们自己的立场上，重塑一种道德自主模式。他们认为，对于总体上道德腐败的社会秩序，只能以恐怖主义的方式来与之斗争。除此以外，还有一些人的行动并非因为现存秩序伤害了普遍性利益，而是为了捍卫特殊性的道德价值。总之，这些主体"从一开始就以普遍性的意图和考虑来开辟政治行动的道路，然后转

---

① ［德］阿克塞尔·霍耐特：《自由的权利》，王旭译，社会科学文献出版社 2013 年版，第 179 页。

向恐怖主义的现象"①。

对此，霍耐特指出，要实现道德自由的自我否定必须满足三个前提条件：第一，不同于法定自由的实践，道德自由的实践需要相互的共同意愿。因此，必须用道德自主的文化思想建构一种社会互动形式，彼此承认对方都有保留道德见解的机会。第二，主体之间必须事先相互承认规范的地位，并能够将自己的意志理性地建立在普遍性规则或原则的基础上。这种相互承认（也即道德尊重）形式的特殊性在于，它尊重每一个人，并且将个性和普遍性置放在一起。第三，主体性形成了一种特殊的"道德的"模式。具有"道德的"个人，必须学会以反思的力量，遵循被认为是正确的行动理由（改变他最初行为冲动的形态）。这要求道德的主体不仅有自我尊重的能力，而且有以社会为导向的能力。②

不难发现，霍耐特对于道德自由的改造方案显然也受到了黑格尔关于"道德应然"逻辑的影响。在黑格尔那里，"道德的观点是关系的观点、应然的观点或要求的观点"③。这里其实包含了两层含义：一种是"关系的观点"或相互承认的观点，强调道德必须经由他人的共在关系而获得；另一种是"应然的观点"，主张道德是个体意志在普遍意志的"要求"下，向普遍意志转化的过程。对照霍耐特有关道德自由的三个前提条件，我们可以发现，前两个条件直接是对黑格尔观点的注解，而第三个条件则是站在主体性角度对"关系的观点"与"应然的观点"的一种综合。

---

　　①　[德] 阿克塞尔·霍耐特：《自由的权利》，王旭译，社会科学文献出版社2013年版，第190页。

　　②　[德] 阿克塞尔·霍耐特：《自由的权利》，王旭译，社会科学文献出版社2013年版，第170—173页。

　　③　[德] 黑格尔：《法哲学原理》，范扬、张企泰译，商务印书馆2017年版，第130页。

三　实然自由的现实化：社会自由及其建构

法定自由和道德自由本质上反映的是消极自由和反思自由，这两者由于缺乏相互承认的互动机制，无法实现真实的自由。有鉴于此，霍耐特遵循黑格尔的思路，最终发展出了第三种自由状态——社会自由。毋庸置疑，社会自由是在扬弃法定自由和道德自由的基础上，继续发展上升的自由的新阶段。因此，这种自由的独特性就表现为一种实然的自由状态，即主体拥有主观积极性与道德义务去表达自身的权利。它强调"保障主体有相同的参与承认机制的机会"①，并参与社会现实的构造，将主体的自由意图转变为社会客观现实。只有这样，主体才能"体验完全不受强制因而是已经实现了的'自由'"②。为了能够全面理解和促进自由关系的现实化过程，霍耐特提出，我们亟须对整个社会行动领域进行一种"规范性重构"。③ 具体来说，就是对生活世界的诸领域——个人关系领域、市场经济领域和公众政治领域，制定出相应的相互承认和角色义务互补的模式。按照霍耐特的设想，当"个人的需求和特性在私人关系领域里，每个人各自的特殊利益和能力在经济市场领域里，最后是个人自我决定的意图在公众政治的领域里，都有着

---

① ［德］阿克塞尔·霍耐特：《自由的权利》，王旭译，社会科学文献出版社2013年版，第101页。

② ［德］阿克塞尔·霍耐特：《自由的权利》，王旭译，社会科学文献出版社2013年版，第195页。

③ 所谓规范性重构，在这里既不涉及对现实关系的分析，也不涉及对理性原则的推导，而是涉及那些对实现主体互动自由起着最大效用的社会实践。本书以为，霍耐特意义上的规范重构其实就是利用相互承认的沟通机制来观测社会自由从家庭到国家中如何获得的过程，可以理解为将社会自由有关范畴的社会史和思想史重新纳入他的承认理论框架来解释。参见［德］阿克塞尔·霍耐特《自由的权利》，王旭译，社会科学文献出版社2013年版，第202页。

自己的社会形态，并使主体互动得以实现"①，就能够实现真正意义上的自由。

首先，霍耐特以个体发生学的视角来聚焦产生社会自由最初经验的地方——个人关系领域。他的重构任务是以友谊、亲密关系和家庭三个不同的社会关系来阐释社会自由的第一个领域，并识别出各自实现主体互动的角色模式。据霍耐特的考证，友谊作为一种对立于商业社会的关系形式，对现代社会具有广泛的影响。它能够超越阶层、种族和地域的限制，"在今天民主时代的所有道德中，它是最具有民主要素的道德关系"②。自18世纪苏格兰道德哲学和浪漫主义思潮兴起以后，现代友谊逐步摆脱了利益权衡的商业机制，建构起主体互动自由的特殊形式。在这里，现代友谊所体现的社会自由表现为主体能够通过向朋友倾诉来打开心扉，体验到一种自由意志的解放，"使友谊成为社会自由的一种心理归宿"③。在友谊中，个人要想赢得自由，前提是形成互惠的尊重，也即必须接受一种互补角色义务。反之，如果将友谊关系进行利益化处理，就违反了友谊的规范实践。相较于友谊，亲密关系或爱情作为一种独立的社会关系也是18世纪后半叶分化出来的唯一的"以性的欲望和相互的情感为基础建立的个人关系形式"④。在亲密关系或爱情中，一方是另一方自由的条件，在此基础上，自我的自然要求和社会需求都得到了满足，同时，相互间应尽的

①　［德］阿克塞尔·霍耐特：《自由的权利》，王旭译，社会科学文献出版社2013年版，第204页。

②　［德］阿克塞尔·霍耐特：《自由的权利》，王旭译，社会科学文献出版社2013年版，第221页。

③　［德］阿克塞尔·霍耐特：《自由的权利》，王旭译，社会科学文献出版社2013年版，第218页。

④　［德］阿克塞尔·霍耐特：《自由的权利》，王旭译，社会科学文献出版社2013年版，第221页。

帮助和关怀使得自我能够进入一种真正的私人关系。但是，受到资本主义市场中工作压力的影响，社会自由这个强有力的机制正面临着被严重削弱的危险：市场的独立性和扩展性倾向正逐步取代浪漫爱情中成长起来的亲密关系，因此，"必须要有一种被称为重建的方式，来规定它的规范性界限，以终止经济的殖民扩张，不允许它再去危及社会自由的其他领域"①。第三种个人关系的形式则是家庭。它的典型特征是除了婚姻之外还必须有生育关系，也就是孩子。换言之，这种结构上的三人关系对于现代家庭表现的社会自由是至关重要的。与以往的自由民主社会相比，今天的家庭强调区分婚姻关系和家庭关系。霍耐特观察到，以往父权制的僵化模式（包括男主外、女主内的家庭分工）已经被平等的合作伙伴关系所替代，家庭结构越来越被视为一个互助团体，家庭中的三个成员之间各自具有独特的个性，以同等权利来参与家庭事务，阶段性地为其他成员承担责任，彻底实现相互承认原则。

其次，霍耐特以市场经济作为展开规范重构的第二个领域，虽然他坦承市场与社会自由在某种程度上是背道而驰的，这是由于市场经济体系不具备"机制化自由体系"的一切条件，但他依然试图探寻社会自由在资本组织的经济体系中关涉的"关系机制"（市场和道德）及其作用的领域（消费领域和劳动力市场）。第一，借用卡尔·波兰尼（Karl Polanyi）和塔尔科特·帕森斯（Talcott Parsons）的观点，霍耐特表达了资本主义市场的过错不在于市场失范或经济危机，而是民众在市场中失去了合理的生活保障和社会承认，因而良性的经济秩序有一种天然的对于道德规范性规则的依赖。于是，每个市场主

---

① ［德］阿克塞尔·霍耐特：《自由的权利》，王旭译，社会科学文献出版社2013年版，第242页。

体只有事先意识到自己"不仅是作为法律上的契约伙伴，而且也在道德上或伦理上被承认为是一种共同体的合作成员，市场预先设计的、纯粹出于个人利益考虑的合作，才有成功的可能"①。换句话说，现代经济领域的繁荣只有依靠经济外的道德责任才有可能实现。为了反对没有规范且扭曲片面的市场体系，霍耐特认为有必要回归亚当·斯密的道德经济主义传统，从实现社会自由的出发点来对当代市场经济进行规范性重构。第二，通过18世纪至今的历史回顾，霍耐特发现经济市场的消费领域不仅缺少话语机制，而且缺少相互协商的地点和讨论的空间，直接导致市场中介下的消费者和生产商之间的相互承认关系分崩离析。具体表现为传统的消费合作社的解体，消费者的私人性增长（包括炫耀性消费和象征性消费），消费者在日益壮大的生产商面前没有任何表达的权利和抗衡的自由。霍耐特认为，我们必须遵循黑格尔的理念，认为消费领域"不应该为'个人'，而是应当为'普遍的善'来服务"②。他主张消费者应当借助话语的机制形成互补关系，以信息交流来统一利益，并以相应的法律规则来强化抗衡的力量，合作性地构成一种实现社会自由的基础。第三，相比消费领域，劳动更能为主体赢得尊严和承认。因此，劳动力市场曾经获得过很高程度的社会自由。借助19世纪和20世纪的工人运动史，霍耐特向我们展示了一种自由的劳动力市场的机制化组织所蕴含的道德内涵。具体来说，工人用自己的行动赢得了主体权利，通过建立工会组织，参与企业的决定，并藉此来抵制不平等的相互承认关系。但自20世纪70年代以来，随着经济全球化的加剧，服务行业的兴起，劳动力市场

---

①　［德］阿克塞尔·霍耐特：《自由的权利》，王旭译，社会科学文献出版社2013年版，第289页。

②　［德］阿克塞尔·霍耐特：《自由的权利》，王旭译，社会科学文献出版社2013年版，第340—341页。

的社会自由走进了困境。霍耐特认为，根本原因在于责任个人化趋势，即"没有集体利益的呼吁，只有个人化的反抗形式"①，工人之间没有关于共同利益的信息沟通，导致市场文化中私利横行，那么当务之急是在跨国层面上组织起反抗力量，来为劳动力市场作出全新定位。

最后，霍耐特将重构社会自由的焦点汇聚到政治领域。在这里，他通过对民主公众性历史的重构，指出了民主公众性机制的重要性，并借助民主法制国家的发展历程，推出了他对于民主伦理的政治文化构想。第一，霍耐特认为民主公众性的机制意味着在国家权力之外，还有一个公众空间。民主公众性的发展主要通过19世纪中叶以来政治信息交流空间的变换和传播媒体技术的发展而获得广泛的提高。在总结思想史和社会史的基础上，霍耐特强调借由民主公众性而获得社会自由应当满足六个条件：一是国家保障个人言论自由和政治参与的权利；二是存在一个普遍的超越阶层的信息交流空间，能使所有与政治决定相关的团体和阶层都参与其中；三是媒体必须服从于自身的基本道德伦理，不能完全追求资本利润；四是参与话语性决策的公民能够为民众参加的集会提供志愿服务；五是每个公民必须团结互助，相互承担责任，必要时为此作出牺牲；六是社会成员的决策要有足够的能量确保其能够在社会现实中得以贯彻。② 第二，在霍耐特眼中，现代国家起源于一种为承认政治权利而斗争的解放运动，并通过民主协商形成的意志来承担实施社会自由的可行性决策，因此，"不是国家创建公众性，而是公众性创建

---

① ［德］阿克塞尔·霍耐特：《自由的权利》，王旭译，社会科学文献出版社 2013 年版，第 408 页。
② ［德］阿克塞尔·霍耐特：《自由的权利》，王旭译，社会科学文献出版社 2013 年版，第 479—503 页。

国家"①。在法国大革命以来的现代史中，民主法制国家的发展虽经历了各种风波，却仍然奉此为圭臬，最大限度地促进民众的社会自由。但最近几十年，它却遭遇了普遍的政治冷漠，导致民众与国家之间的机制性互动彻底瘫痪，社会自由也面临极大的挑战。霍耐特认为，要走出这种危机，只能依靠协会、社会运动和民众联合起来的公众性力量，重新激起一个整体团结的民主道德资源。第三，霍耐特指出，真正民主的实现条件是全面实行机制化自由的原则，并内化为惯习，分布至实践诸领域。民主道德的社会体系是一个复杂的互惠关系网络，每个领域独特自由的实现与其他领域是密不可分的，而这一切的前提依然在于超越民族、积极努力的公众性，即共同关注和广泛互助的政治文化意识，这恰恰是实现社会自由的精神源泉。

四　霍耐特社会自由观的批判

霍耐特毕五年之功在《自由的权利》中力图对现代社会展开一种全景式的自由叙事。在解构主义盛行的后现代背景下，这种回归宏大叙事的体系化哲学也充分展现了霍耐特所传承的德国古典哲学的深厚底蕴。对此，王凤才教授高度评价："《自由的权利》是霍耐特五年呕心沥血之作。……不仅意味着霍耐特从批判理论走向了后批判理论，而且标志着霍耐特已经成为当代最重要的实践哲学家之一。"② 阿托·赖提能（Arto Laitinen）也在书评中指出："霍耐特为我们将来探讨现代性的本质、自由、正义以及社会世界提供了一个核心

---

① ［德］阿克塞尔·霍耐特：《自由的权利》，王旭译，社会科学文献出版社 2013 年版，第 505 页。

② 王凤才：《自由与正义：民主伦理的主线——评霍耐特的〈自由的权利〉》，《晶报》2014 年 6 月 29 日第 A10 版。

参考点。"①

在本书看来，霍氏自由观的独特性首先表现为通过"社会分析"的方法和相互承认机制的中介来理解自由的演进与现实化，这是他区别于传统自由主义的地方。霍耐特立足于对18世纪以来现代历史事件的回顾和追踪，力图以这样一种经验研究式的"社会分析"路径，探寻真实自由的现实化历程，特别是采取其所倡导的"社会病理学"来对不同自由阶段的社会病态进行深入分析，为不断推进和扬弃法定自由和道德自由，最终实现社会自由提供了理论基础。另外，霍耐特创造性地将"机制"引入自由的实现过程。本书以为，这是他借鉴帕森斯的"结构功能论"的一种创设，他试图把社会的基本领域都视为一定价值的机制体现，其机制的核心是主体之间的相互承认。藉此，他将奠定其声名的承认理论成功地融入自由体系的建构之中。

其次，不同于传统自由主义，霍氏自由观深深地打上了黑格尔的烙印。其自由体系的建构直接脱胎于黑格尔，比如他对三种自由（法定自由—道德自由—社会自由）以及社会自由的三个领域（个人关系—市场经济—民主政治）的划分直接对应于《法哲学原理》中的"抽象法—道德—伦理"与"家庭—市民社会—国家"的构架。虽然霍耐特对黑格尔的思路极为赞赏，并跟随黑格尔把自由原则发展为社会分析模式，但并不意味着霍氏自由观丧失了原创的意蕴，比如社会自由的内部细节划分、法定自由及其病态的论证等都显示出霍耐特的理论造诣。需要指出的是，霍耐特是从耶拿早期的《耶拿实在哲学》开始进行对黑格尔的解读，因此他的视角具有鲜明的承认理论思维。

---

① Arto Laitinen，"Book Review：Freedom's Right：The Social Foundations of Democratic Life"，*The Review of Politics*，Vol. 77，2015，p. 4.

他甚至一度认为承认理论只存在于黑格尔的早期①，而不同意承认是贯穿黑格尔一生的思想线索，直到在其近著《我们中的我》中才开始坦承自己误读了黑格尔，进而发现了《法哲学原理》中承认与自由的关联②，并引发了今天霍氏自由叙事的学术谋划。

再次，霍氏自由观力图实现理论研究与经验研究（或规范分析与社会分析）的融合与沟通。霍耐特宣称，为了克服康德主义正义论的缺陷，也是当今学界的一大弊病，也即"总是将规范性原则以诠释学的方法"整合进理论中去，在解释现实的过程中，规范原则不是来自现实的内部，而是理论的独立发展，因而体现为规范性有余、现实性不足。之所以选取黑格尔法哲学的视角，就是因为他试图用法的概念"将所有重要的社会现实都包括进去，因此而具有道德的现实性和合法性，也使个人的自由具有了普遍的可能性和可行性"③。值得强调的是，批判理论的传统素来强调时代诊断与经验研究相结合，比如法兰克福社会研究所的前任所长路德维希·冯·弗里德堡（Ludwig von Friedeburg）就是实证研究的代表人物，当然，霍耐特此举显然也受到了英美分析哲学的强势影响，最终促使他在其自由叙事中试图克服规范研究或理论研究的弊病。

最后，霍氏自由观运用了丰富的跨学科方法，来对社会批判理论的传统进行继承。这应该可以视为他在回应当年霍克海默在《传统理论与批判理论》中对批判理论所作出的学术定位。要言之，霍

---

① ［德］阿克塞尔·霍耐特：《为承认而斗争》，胡继华译，上海世纪出版集团 2005 年版，第 10、68 页。

② Axel Honneth, *The I in We: Studies in the Theory of Recognition*, Joseph Ganahl trans., Cambridge/Malden: Polity, 2007, p. 1.

③ ［德］阿克塞尔·霍耐特：《自由的权利》，王旭译，社会科学文献出版社 2013 年版，第 11 页。

氏自由观一方面具有浓厚的伦理学色彩。与其说霍耐特立足社会再生产，构建起一种社会分析的自由正义论，倒不如说重构了一种关于自由的后传统伦理学。诚如王凤才教授所指出的那样，"《自由的权利》则意味着霍耐特的民主伦理学基本形成。这意味着霍耐特最终完成了批判理论的'政治伦理转向'"①。另一方面，霍氏自由观的论证洋溢着社会学的分析方式。早在其博士论文《权力的批判》中，霍耐特就强调批判理论特别是社会分析的无力是由于社会学欠缺。② 因此，从《为承认而斗争》开始，他大量引入社会学甚至社会心理学的最新成果来充实批判理论的分析工具。在这里，他在建构其核心架构——社会自由时，不仅频繁地援引涂尔干、帕森斯等人，而且扮演着关键角色的"机制"概念显然来源于帕森斯的结构功能论，其所倡导的社会哲学，特别是社会病理学分析更是源自社会学。此外，霍耐特还广泛吸收了政治学、经济学、历史学等其他学科的分析方法。

毫无疑问，霍耐特所重构的宏大自由体系令人印象深刻，但是，他明确"回到黑格尔"的理论定位显然与其所在的法兰克福学派的马克思主义传统已经渐行渐远。与早期法兰克福学派是整个西方马克思主义的风向标，引领着整个西方左派激进思潮相比，霍耐特在学术旨趣与政治立场上与马克思主义已经没有任何亲缘性关联。从《为承认而斗争》到《不确定性的痛苦》再到《自由的权利》，霍耐特对于黑格尔的追随倒是可谓亦步亦趋。也正是在此意义上，张一兵教授不止一次地宣布西方马克思主义在1968年以后就已经终结

---

① 王凤才：《自由与正义：民主伦理的主线——评霍耐特的〈自由的权利〉》，《晶报》2014年6月29日第A10版。

② ［德］阿克塞尔·霍耐特：《权力的批判：批判社会理论反思的几个阶段》，童建挺译，上海世纪出版集团2012年版，第3页。

了。① 固然，霍耐特也专注于对资本主义时代症结的诊断，甚至他全书中刻意显露出的历史事件分析和所谓"社会分析"的方法，就形式而言与历史唯物主义倒有几分相近，但他的社会自由观与马克思的"全人类自由解放"则是迥然相异的，比如其"机制化自由"所依赖的公众主体与马克思的阶级主体更是截然不同，而且霍耐特多次明确反对马克思的资本主义批判理论，比如他在市场自由的构建中明确批判马克思的观点。② 有鉴于此，仍将霍耐特视为西方马克思主义传人的定位显然是欠妥的。

就霍氏自由观本身而言，本书以为其所倡导的社会分析、经验研究抑或社会病理学与其预期的目标相距较远。

其一，霍耐特宣称他的自由叙事首先要克服当前政治哲学停留在纯粹规范性的原则上，大力采取"社会分析"的方式，但是如果说其所标榜的社会分析就是对友谊、亲密性、家庭、市场、消费、劳动力、公众性、法制国家这八个范畴自18世纪开始逐一进行概念史和历史事件的粗略回顾，那么其所谓的社会分析或经验研究的标准和依据是值得商榷的，并且其推介的"规范性重构"仅限于对历史事件本身的概括，缺乏有力度的深入分析，无法体现出一种严格区别于规范理论研究的社会分析感抑或历史感。

其二，对于关键问题的回应，尤其是承认机制如何实现自由以及自由的动力缺失等问题语焉不详。通览其社会自由范式的建构，霍耐特最大的努力方向就是将相互承认的机制嵌入从个体友谊一直到民主法制国家的自由实现过程。但是关于承认机制如何调节自由

---

① 张一兵：《文本的深度耕犁——西方马克思主义经典文本解读》第1卷，中国人民大学出版社2004年版，第Ⅳ页。

② 早在其成名作《为承认而斗争》中，霍耐特对于马克思就表现出否定和拒斥的态度，他直接认为马克思的劳动理论是一种经济还原主义。

却始终含糊不清，难道主体间形成一种良性的承认互动就能够实现真正的自由？承认机制怎样成为主体实现自由的合理性和合法性的唯一依据？进一步来说，这愈加证明了相互承认所达成的社会自由更多地体现在应然自由的层面，实然自由依然遥遥无期。另外，霍耐特观察到现实中民众普遍政治冷漠，直接反映出社会自由的主体处于缺失状态。而这恰恰证明了有关社会自由之动力机制的解释无法自圆其说。对此，他坦言只能寄希望于合作互助的志愿精神和整个道德资源的重建。此外，霍耐特通过民主公众性和话语机制来达成社会自由的结论也缺乏说服力，并有对哈贝马斯的协商伦理老调重弹之嫌。

其三，霍氏自由观在论证细节上存在着较多的瑕疵和漏洞，比如有关市场环节的论述。值得注意的是，霍耐特对于市场的阐释似乎特别具有人情味，主张以一种前资本时期的道德伦理情操来看待今天尔虞我诈的资本游戏。他主张回归道德经济主义，将市场经济的发展限制在一个普遍微利的完全竞争市场条件下。对此，赖提能一针见血地指出："霍耐特有关市场的章节必将引起诸多反对意见。且不说为什么经济合作应当成为市场的形式；毋须说那些黑格尔式的分析，伴随着产生'乌合之众'的趋势，将市场作为一种外在关系的丛林；更不必说马克思对于资本主义本质的忧虑被引入，却没有真正地表述出来；进而在社会自由中，关于市场的那些流行观点——共享的深层伦理——与一种更为自由主义的个人自由甚至更尊重契约的最小化符码是完全对立的。"①

---

① Arto Laitinen，"Book Review：Freedom's Right：The Social Foundations of Democratic Life"，*The Review of Politics*，Vol. 77，2015，p. 3.

第三节　霍耐特社会主义理念的
重构及其批判①

2015 年年底，霍耐特在《社会主义的理念》中旗帜鲜明地拥护社会主义，并提出复兴社会主义的理论规划，在西方学界反响热烈。本杰明·罗宾逊（Benjamin Robinson）指出："对于美国读者，霍耐特的书可谓正合时宜，这是由于 2016 年民主党初选伯尼·桑德斯（Bernie Sanders）意外走红之后，社会主义的理念风头正劲。"② 丹尼拉·祖姆坡夫（Daniela Zumpf）则认为："霍耐特的概念向规划与实验开放，……是值得赞赏和有必要延伸和发展的。"③ 在该书中，霍耐特试图从早期社会主义者的思想资源中提取社会自由作为核心理念，并置于新的社会理论框架中，重构社会主义的原初意向，以实现其更新和推进社会主义发展的目标。

一　社会主义的逻辑起点

在《社会主义的理念》的开篇，霍耐特不无忧郁地提道："几乎在一夜之间，曾经 19 世纪历史舞台上的两大对手已经互易角色——社会主义成为过去的产物，宗教反而成为未来的伦理动力。"④ 今天，社会主义已成为一种陈旧过时和充满缺陷的发展模式被人们弃之脑

---

① 本节内容的删节版已发表在《国外理论动态》2018 年第 3 期，谨致谢忱！

② Benjamin Robinson，"Axel Honneth. Die Idee des Sozialismus：Versucheiner Aktualisierung"，*The Germanic Review：Literature，Culture，Theory*，Vol. 91，No. 4，2016，p. 434.

③ Daniela Zumpf，"Axel Honneth. Die Idee des Sozialismus"，*Ethic Theory & Moral Practice*，No. 20，2017，pp. 190 – 191.

④ Axel Honneth，*The Idea of Socialism：Towards a Renewal*，Joseph Ganahl trans.，Malden/Cambridge：Polity，2015，p. vii.

后，资本主义模式则成为当今全球化发展进程中的唯一标杆。但霍耐特却清醒地看到，资本主义辉煌的背后其实矛盾丛生、危机频现，广泛的社会怨恨情绪正在欧美世界不断地蔓延：一方面，人们普遍对战后资本主义市场经济的全球化所带来的社会政治后果表现出极大的不满；另一方面，这种社会性的怨恨情绪却始终保持着一种奇怪的缄默状态，人们似乎开始失去任何意义上的生活方向，也即任何历史意义上的终极目标，甚至丧失了对于更好世界的想象与超越资本主义的能力。正是在此意义上，霍耐特坚信社会主义的思想资源依然重要。须知，法国大革命以来主要的社会运动都是在未来社会的乌托邦憧憬的激励下展开的。并且他强调学界以往对于社会主义中断的三种主流解释——包括1989年的东欧剧变、苏联解体说、后现代主义的遮蔽说与物化解释的模糊说——在逻辑上显然是站不住脚的。他认为，社会主义缺乏吸引力的真正原因是自身一些理论观念因陈旧而丧失了活力。因此，复兴社会主义的当务之急在于尽可能清晰地重构社会主义的原初理念。

霍耐特的做法是在梳理早期社会主义思想的基础上，提炼出一种全新的社会自由概念。所谓社会自由，就是"参与共同体的社会生活，在共同体中，为了彼此的利益，成员之间相互同情，相互支持，以实现彼此的正当需求"[①]。霍耐特借助菲利普·佩蒂特（Philip Pettit）的概念工具，将这种社会自由称为"整体论个人主义"（Holistic Individualism）。按照霍耐特的解释，"整体论个人主义"包含着两层含义。

一方面，整体论的出发点，使得社会自由概念预设了一种社会存

---

① Axel Honneth, *The Idea of Socialism: Towards a Renewal*, Joseph Ganahl trans., Malden/Cambridge: Polity, 2015, p. 24.

在论立场：实现特定人类能力的前提在于整体性实体也即社会共同体的存在。个体自由完全依赖于其他主体，从而将个体自由转化为共同体的自由。可见，作为实体的共同体优先于个体要素。个体自身的自由目标只能通过集体的力量来实现，而不可能通过个人来实现。在此意义上，共同体，而不是个体，成为自由的载体。但是，就共同体而言，霍耐特强调它并非指传统意义上熟人社会的小规模团体。换言之，共同体成员间的熟人关系或私人信任并不构成社会自由的必要条件。因此，社会自由是建立在大型的匿名社会，即现代社会的基础上，而不是熟人社会基础上的个人关系。

另一方面，整体论的取向并不意味着个体价值完全被共同体所取代。在霍耐特看来，社会自由概念不同于传统集体主义的地方恰恰在于，它的落脚点是个人主义，个体自由依然是其不可或缺的组成部分。事实上，社会自由的根本目标就是关注个体自由的实现及其现实化条件。同时，共同体的存在完全起源于个体之间的相互作用，具体而言，就是一种主体间相互承认的交往关系。对此，罗宾逊认为，从广义上看，霍耐特的社会自由就是在相互承认与联合过程中致力于自我实现的自由。这种社会自由概念显然要强于康德纯粹从认识论角度提出的"理性的公共运用"，也强于作为个人自由的工具主义前提的"团结"概念。① 正是在相互承认的基础上，霍耐特进一步将社会自由的构成阐释为相互同情与共同体的团结这两个要素。其中，相互同情能使每个人摒弃工具理性，去关注他人的自我实现；而共同体的团结不仅能弥合法国大革命所提出的自由、平等、博爱的三元价值原则内在的裂痕，而且能终结资本主义之恶，引导社会主义运动，在未来

---

① Benjamin Robinson, "Axel Honneth. Die Idee des Sozialismus: Versucheiner Aktualisierung", *The Germanic Review: Literature, Culture, Theory*, 2016, Vol. 91, No. 4, p. 436.

组织起整个社会秩序。①

之所以选择社会自由作为重构社会主义的逻辑起点，这显然与霍耐特 2011 年出版的专著《自由的权利》直接相关。在那里，他首次提出了社会自由概念及其宏大的正义论体系。他认为，自由思想史上的消极自由（法定自由）和反思自由（道德自由）"由于缺乏相互承认的互动机制，无法实现真实的自由。鉴于此，霍耐特遵循黑格尔的思路，最终发展出了第三种自由状态——社会自由。社会自由是在扬弃法定自由和道德自由的基础上，继续发展上升的自由的新阶段。因此，这种自由的独特性就表现为一种实然的自由状态，即主体拥有主观积极性与道德义务去表达自身的权利。它强调'保障主体有相同的参与承认机制的机会'，并参与社会现实的构造，将主体的自由意图转变为社会客观现实。只有这样，主体才能'体验完全不受强制因而是已经实现了的自由'"②。这种社会自由的正义理论甫一提出，就引发了广泛的讨论，褒贬之声相杂。③ 因此，霍耐特在《社会主义的理念》的序言中，坦陈自己的一个写作动机就是对《自由的权利》所引起的广泛讨论再次进行回应和澄清，并力图将其理论分析延伸到不同的领域中。于是，在对社会主义原初理念的梳理过程中，他发现了早期社会主义思想与其社会自由框架的契合之处，并指出社会自由其实是社会主义内涵的应有之义。

霍耐特认为，早期自称为"社会主义者"的思想家们，包括克

---

① See, Axel Honneth, *The Idea of Socialism*: *Towards a Renewal*, Joseph Ganahl trans., Malden/Cambridge: Polity, 2015, pp. 24 – 25.

② 陈良斌：《霍耐特的自由观及其批判》，《马克思主义与现实》2015 年第 5 期。

③ 著名的《批判视角》(*Critical Horizons*) 杂志特别编发有关霍耐特《自由的权利》的一组文章，参见 "Special Issue on Axel Honneth's Freedom's Right", *Critical Horizons*, Vol. 16, No. 2, 2015。

劳德-昂利·圣西门（Claude-Henri de Rouvroy）、查尔斯·傅立叶（Charles Fourier）、罗伯特·欧文（Robert Wwen）、路易·勃朗（Louis Blanc）、蒲鲁东以及马克思，都受到法国大革命所激发的自由、平等、博爱的规范原则所指引。但是，圣西门、傅立叶、欧文很早就发现这三原则之间存在着一种无法调和的内在矛盾。其实，自由、平等与博爱并非并列关系，而是自由和博爱居前，平等居其次。对于居前的两者而言，由于个人自由的法律概念（不受他人制约的消极自由）过于狭隘，自由与博爱之间就会形成矛盾。有意思的是，圣西门等人都自觉选择了为博爱而拓展自由，以调和两者的矛盾。此后，勃朗和蒲鲁东虽然从不同的经济领域出发，却做出了相同的反应。由于市场经济代表的自由目标已降低为追求私利的自由，所以与博爱和团结的目标相抵牾。于是，他们主张废除追求私利的自由，补充或取代现行经济制度，来调和自由与博爱。霍耐特指出，这些早期社会主义者不约而同地选择从博爱的立场改造自由，提出了诸如"联合""合作/合作社"以及"共同体"等概念，已经非常接近社会自由的内涵。最后到了马克思那里，社会自由才得到了清晰的表述。他认为，青年马克思受到黑格尔承认理论的影响，在《穆勒评注》中明确地提出了两种不同承认的社会模式：一种是资本主义社会中以货币为中介的承认模式，在这种完全异化的模式下，劳动产品的交换不是具体的需求和个性，而是私利和对他人的精明算计甚至劫掠。另一种则是相互承认彼此需求的人类学式的承认模式，这明显受到了费尔巴哈的影响。在这种模式下，人们的劳动是"作为人进行生产。在这种情况下，我们每个人在自己的生产过程中就双重地肯定了自己和另一个人。……因而在我个人的活动中，我直接证实和实现了我的真正的本质，即我的人的本质，我的社会的本质"①。在这里，尽管马克思没有明示这就是社会自由，但在霍耐特眼中，显然马克思相信他的替代模式能够解决自由与博爱的矛盾，他通过将自由与团结相互链接，也即每个个体都能将自身目标作为实现他者目标的条件，这就显示出他已站在社会自由的层面上扩展和重置了个体自由的内涵。

二　社会主义复兴及其理论规划

在霍耐特看来，社会主义是面向未来的社会运动，其内在目标在于促使现代社会更加"社会化"，来充分释放社会所蕴含的丰富潜能。因此，当前复兴社会主义绝不能像"分析马克思主义"学派那样，提供一种升级版的社会正义或是论证道德动力的正当性，而是像哈贝马斯、科内利乌斯·卡斯托里亚迪斯（Cornelius Castoriadis）那样，力图带来一种替代性的生活形式。但是，复兴的过程中必然会遭遇历史的遗留问题，这是社会主义思想所植根的早期工业主义时代所决定的。所以，从圣西门到马克思的社会主义理论都不可避免地存在着三大内在缺陷——经济决定论、工人阶级主体论以及历史进步论。

首先，经济决定论意在表明早期社会主义者过于关注经济领域，尤其是将社会自由锚定在社会劳动中，而忽视了更为复杂的社会政治领域。霍耐特认为，早期社会主义者深刻地意识到法国大革命的原则与团结的共同体生活被资本主义社会下追求私人财产和利益的个人自由信条所破坏，因此他们认为只要在经济领域通过生产劳动的合作模式来反对私利模式，就能实现社会自由，从根本上取代资本主义体系，结果造成了他们对于政治领域地位的不充分理解和对

---

① ［德］马克思：《1844 年经济学哲学手稿》，人民出版社 2000 年版，第 183—184 页。

于自由的解放政治潜能的忽略。比如圣西门的关注点就完全从政治领域转移到了工业生产之中。傅立叶、勃朗等人则对政治领域的自由权利表示出一种轻视的态度，而蒲鲁东则走得更远，他直接采取无政府主义的方式否定政治领域的必要性，用经济领域中生产共同体的合作来取代政治领域的政府活动。霍耐特表示，尽管马克思看到了政治领域的重要性，他在《论犹太人问题》中，指出犹太人的政治平等直接关涉未来社会主义的目标，但是马克思最终认为与人的解放相比，政治解放依然是不充分的。缘于此，霍耐特此前就曾将马克思完全定义为经济功利主义者，即经济决定论者。①

其次，工人阶级主体论是指早期社会主义者都将工人阶级视为资本主义的掘墓人，他们之间的唯一差别就是工人阶级的涵盖范围不同而已。但是随着时代的变迁，工人阶级的革命主体地位已经变得岌岌可危，社会主义理论也随之处于危险之中。第二次世界大战后的社会变迁史表明，工人阶级随着后工业社会的崛起，发生了巨大的变化，白领阶层在劳动力市场中处于主导地位。霍克海默最早对革命的工人阶级的社会学想象提出了质疑。一旦从事工业生产的劳工阶层变成少数，无产阶级就会消失，那么社会主义理想就不可能再作为一个现存革命主体的思想表达。在霍耐特看来，与自由主义相比，社会主义不仅是一种政治理论，而且是一种未来导向的实践理论，如果工人运动的衰败导致社会主义丧失一切现实经验，那么社会主义也将失去与社会现实运动的联系，沦为一种徒有未竟之志的规范性理论。

再次，历史进步论源于资本主义生产关系必将被社会主义取代的历史哲学假设。这一假设始于圣西门，后被马克思所加强和推广，成

①　［德］阿克塞尔·霍耐特：《为承认而斗争》，胡继华译，上海世纪出版集团2005年版，第153—154页。

为早期社会主义的思想传统。圣西门以及孔多塞坚信人类历史的进步论，认为科技的发展必将推动资本主义的瓦解和社会的进步。此后，勃朗也表达了对科学启蒙的乐观态度，声称科学知识代表了人类进步的动力。蒲鲁东将社会主义作为未来社会秩序的先驱，但他没有宣称历史必然性是科学进步的结果，而是认为敌对阶级的不断妥协而使得科学不断进步。在前人的影响下，马克思将历史发展的动力概括为两种著名的进步史观，即生产力史观（科技动力）和阶级斗争史观（阶级动力）。进入 20 世纪，历史进步论首先遭到了法兰克福学派的批判，霍克海默与阿多诺认为，只有在祛除人类的理性控制后，社会关系以"自然"的方式再生产时，才可能出现历史的进步。此外，霍耐特认为历史进步的偏好常常使早期社会主义者排斥以实验的方法进行历史实践。尤其是在市场经济只能被计划经济所替代的问题上，僵化的进步史观更是阻止了社会主义探索在经济领域内实现社会自由的多种实验策略。

虽然早期社会主义存在着上述种种理论缺陷，但是霍耐特强调这些核心假设仍然存在着历史的合理性，同时由于它们构成了社会主义理论的内核，所以不能轻言放弃。面对今天复兴社会主义思想所带来的现实挑战，霍耐特力图对早期社会主义过时的理论假设加以全面地修正和更新，以期恢复经典社会主义理念的现实相关性和实践取向，最终体现出社会主义理念应有的历史进步性。整套理论规划的提出显然是有针对性的，相应于历史进步论，提出历史实验主义（Historical Experimentalism）来克服它的缺陷；而经济决定论和工人阶级主体论，则主张以民主的生活形式来弥补其不足。

历史实验主义，是霍耐特运用约翰·杜威（John Dewey）的思想复兴社会主义提出的一项规划方案。杜威对历史决定论持批判态度。

他认为如果我们事先知道了历史的发展过程是由资本主义必然过渡到社会主义，那么人们也就没必要再去探索现存的可能性和合适的潜力，因为这种必然性已经消灭了任何社会变迁的可能性。事实上，历史过程的每一步都充满了变化的可能，我们必须把社会进步的历史规律理解为针对特定情境的各种可能性而进行实验探索的结果。在这里，霍耐特认为杜威的解决之道与社会主义的原初理念（社会自由）是内在相通的，即通过移除社会成员之间自由交往的障碍，以释放社会发展的潜能。而社会主义这个术语本身就包含了"社会"的需求，意味着打破阻碍团结中的自由实践的各种壁垒。于是，"社会进步的唯一标准就体现为从交往的壁垒以及依赖性阻碍之中解放出来，这为我们将社会自由理念转化为社会主义实验式理解的标准和历史基础提供了一种理论工具"①。同时，历史实验主义也意味着社会主义不是纯粹的规范性理论，而是有着现实实践基础的导向性理论。历史实验主义的逻辑与社会主义实验性的改革是完全一致的。社会自由如何在经济领域中得到实现？这个问题只能通过实验来回答，在经济领域中通过探索不同的理念，强调社会的公共性理念，在实验中推动制度上的合作，并根据实验不断修正我们的目标与手段。在真实的经济条件下测试越多，在社会主义实践与政治导向上就越有说服力。事实表明，纯粹的计划经济是行不通的。霍耐特提出复兴社会主义的当务之急就是从资本主义的概念中澄清市场的作用，彻底地解构资本主义的主流经济学以及"市场意识形态"，从而在既定的社会现实中，带来指向未来变迁的制度性改革。

　　民主的生活形式，则是霍耐特提出的另一项规划方案，这涉及社

---

　　① Axel Honneth, *The Idea of Socialism*: *Towards a Renewal*, Joseph Ganahl trans., Malden/Cambridge: Polity, 2015, p. 63.

会主义如何构想未来社会也即解放的社会。他认为，早期社会主义者之所以将社会自由的实现局限在经济领域中，原因是他们认为未来社会的所有领域都是由工业生产决定的，因此很少去关注社会的各个领域的功能性分化及其对实现社会自由的重要性。借鉴黑格尔法哲学的划分方式，霍耐特认为社会主要分化为个体家庭、社会经济和民主政治三个独立的功能领域，这三个领域之间消除交往壁垒，有目的地联合和合作才是实现社会自由和复兴社会主义的前提。他强调，如果社会主义依然代表着一种更好生活形式的愿景，那么我们必须回答社会自由的各个独立领域在将来是如何相互关联的。那么，霍耐特的答案就是民主的生活形式。① 在这里，"民主不仅意味着在政治意志形成中自由和平等地参与，而且应当视为一种完整的生活形式，也即个体能够平等地参与个体与社会之中的每一个核心环节，这样每个功能性分化的领域就能反映出民主参与的整体结构"②。借助"公共领域"的制度设置，保障所有的公民能平等地参与其中。公共领域在这里具体表现为公民之间的伦理交往，其目的指向公共性目标以及相互承认。通过公共领域的交往和参与，能够迅速发现和有效解决功能分化的诸领域中的存在问题，保障彼此的利益，最终实现各领域团结成为一种黑格尔意义上有机体式的整体。在霍耐特眼中，民主的生活形式同时也解决了工人阶级主体的问题。他确信聚集在公共领域的公民成功地代替了已经远去的工人阶级，真正打破了社会诸领域中的现存藩篱，

---

① 这个方案同样不是霍耐特的首创，而是源于杜威的思想。霍耐特的推进之处表现在"通过增加对于功能性分化的系统思考来扩张内涵"，同时促使"这些民主和联合的结构来构成整个生活方式"。参见 Axel Honneth, *The Idea of Socialism*: *Towards a Renewal*, Joseph Ganahl trans. , Malden/Cambridge: Polity, 2015, p. 135, note 28。

② Axel Honneth, *The Idea of Socialism*: *Towards a Renewal*, Joseph Ganahl trans. , Malden/Cambridge: Polity, 2015, p. 92.

有助于社会自由在各个领域的实现。同时，未来社会主义成功的保障不再是特定的社会阶级抑或社会运动，而是公共领域不断进步的制度成就。

此外，面对全球化社会的冲击，霍耐特还提出了社会主义国际化的规划方案。他认为在"全球社会"的今天，国际主义是社会主义发展的重要方向，但是彻底地主张国际主义则是轻率和鲁莽的。尽管经济领域确实在很大程度上受制于全球社会，但并不能类推得出家庭领域内的友情、亲情也会被全球社会决定，因为它们依然主要受到道德文化和法律条件的影响。同样，功能分化中的社会秩序更多的还是由宪法和主权国家所决定。可见，社会主义的理念很大一部分依然植根在具有充分的文化和法律公共性的地方空间之中。因此，社会主义的未来走向必须在两个尺度层面保持平衡：一方面，关涉国际化斗争层面，必须从个体伦理形式中抽象出来，来强调社会自由原则中公共性的一面；另一方面，必须确保社会主义成为地方社会实验的理念来源。而这两方面的努力都应当统一于"开启伦理生活的、开放的生活世界形式，同时使其对外部事物保持一种道德敏感"①。当某一地方空间遭遇外部的挑战时，其他公共空间都应当施以援手。因此，越是将他者融合进自身的地方空间来扩展社会自由的范围，社会主义在全球和地方这两个尺度之间的裂痕就会越小。

三　霍耐特社会主义观的批判性解读

霍耐特在福山宣布"历史的终结"多年之后重提社会主义，并肯定社会主义的历史理念和现实价值，在当前的西方学界显得格外引人

---

① Axel Honneth, *The Idea of Socialism*: *Towards a Renewal*, Joseph Ganahl trans., Malden/Cambridge: Polity, 2015, p. 104.

注目。他的社会主义理论规划是以社会自由概念为出发点，重构早期社会主义的原初理念和基本框架，用历史实验主义、民主的生活形式和社会主义国际化发展等方案来克服其所谓的社会主义三大缺陷，力图在学理上为推进当代社会主义实践提供一条全新思路。对于霍耐特来说，这一探索有两个作用。一方面，捍卫了其批判理论继承者的身份。多年"回到黑格尔"的理论探讨，使霍耐特常常被人误解成脱离了法兰克福学派的左翼传统，而此次高调地肯定并且重构社会主义的理念，进而完善社会主义对资本主义的批判，就向学界表明了其秉持的批判理论的立脚点。另一方面，霍耐特的探索进一步明确了其后马克思主义的立场。他在书中直接表示："如果社会主义还有未来的话，那么一定是在后马克思主义的形式中复兴。"① 正是在此意义上，他复兴社会主义的探索从用社会自由来重构传统社会主义的理念开始，最后落实为一整套以相互承认和民主伦理为特色的后马克思主义式理论规划。此外，值得注意的是，霍耐特的重构行为是在贯彻他自《为承认而斗争》到《自由的权利》始终推进的"政治伦理转向"。② 他在书的序言里坦陈，他不会去处理社会主义如何影响当下的政治事件这些策略性问题，而只是关注如何去重构社会主义的原初意图，以便使其再度成为政治伦理发展方向的资源。③

诚然，霍耐特的社会主义观在丰富和发展传统社会主义思想上具有独特的优势和较高的理论价值，但是其理论仍然存在着一些值

---

① Axel Honneth, *The Idea of Socialism*: *Towards a Renewal*, Joseph Ganahl trans., Malden/Cambridge: Polity, 2015, p. 53.

② 参见王凤才《霍耐特与批判理论的"政治伦理转向"》，《现代哲学》2007年第3期。

③ Axel Honneth, *The Idea of Socialism*: *Towards a Renewal*, Joseph Ganahl trans., Malden/Cambridge: Polity, 2015, p. 5.

得商榷之处。首先，从概念的挪用（比如对黑格尔、杜威概念的大量挪用）到理论的论证（从社会自由到公共领域的演绎），霍耐特的重构并未体现出太多的新意，在很大程度上与30年前拉克劳和墨菲所提出的激进民主式社会主义方案①类似。甚至究其实质，本书以为他并非复兴了马克思的科学社会主义，而是倒退到了马克思的对立面，即马克思所批判的"真正的社会主义"那里。对此，艾伦·伍德（Ellen M. Wood）曾有过一段精彩的点评："新的'真正的'社会主义拒绝了马克思主义的'经济主义'和'阶级还原主义'，实质上是将阶级与阶级斗争在社会主义方案中剥离出去。这一思潮最明确的特征是使意识形态与政治脱离任何社会基础，特别是任何的阶级基础。"② 可见，霍耐特恰恰是从拒绝马克思的经济基础论和阶级主体论开始的。且不论霍耐特强行用社会自由概念代替马克思的社会化大生产作为社会主义的逻辑起点，也不论其经济决定论对马克思和早期社会主义的庸俗解读，仅仅从革命主体来看，霍耐特的意图非常明显，即通过无差别的代表普遍公共性的公民来将工人阶级排除于社会主义的核心方案，这种处理方式显然与马克思当年在《共产党宣言》中所界定的"真正的社会主义者"的典型手法是完全一致的，"他们（真正的社会主义者——本书注）不代表真实的要求，而代表真理的要求，不代表无产者的利益，而代表人的本质的利益，即一般人的利益，这种人不属于任何阶级，根本不存在于现实界，而只存在于云雾弥漫的哲学幻想的太空"③。所以，霍耐特离开物质利益层面，对代表"人的本质利益"的公民参与和交往寄予厚望，恰恰不是对社会主义

---

① 参见［英］恩斯特·拉克劳、查特尔·墨菲《领导权与社会主义的策略——走向激进民主政治》，尹树广、鉴传今译，黑龙江人民出版社2003年版，第2—5页。

② ［加］艾伦·伍德：《新社会主义》，尚庆飞译，江苏人民出版社2002年版，第2页。

③ 《马克思恩格斯文集》第2卷，人民出版社2009年版，第58页。

的重构和复兴,而是 19 世纪中叶"真正的社会主义"思潮的卷土重来。

其次,霍耐特不仅对社会主义历史进步论,尤其是马克思实践的唯物史观存在着理解上的偏差,而且相应于历史进步论提出的历史实验主义方案存在着难以现实化的问题,导致实践导向的社会主义丧失了与现实的关联,反而沦为其所批判的抽象的规范性理论。一方面,历史实验主义方案的提出是针对历史进步论的缺陷,但需要强调的是,霍耐特事实上把马克思的实践史观与黑格尔的目的史观相混淆。黑格尔认为历史自身有着不以人的意志为转移的目的,并将历史视为一种连续上升的逻辑过程,这就构成了霍耐特所批判的发展主义的抽象进步论,但马克思和恩格斯在《神圣家族》中对黑格尔的这种历史目的论予以了坚决的批判。马克思指出:"从前的目的论者认为……历史所以存在,也是为了给理论的充饥(即证明)这种消费行为服务的。人为了历史能存在而存在,而历史则为了真理的论据能存在而存在。在这种批判的庸俗化的形式中重复着思辨的英明:人所以存在,历史所以存在,是为了使真理达到自我意识。"① 马克思一再强调他的历史观是从物质实践出发的唯物史观,也就是"从直接生活的物质生产出发来考察现实的生产过程,并把与该生产方式相联系的、它所产生的交往形式,即各个不同阶段上的市民社会,理解为整个历史的基础"②,因此与在观念上预设目的或发展趋势的历史观在本质上是不同的,它"不是从观念出发来解释实践,而是从物质实践出发来解释各种观念形态"③。在这里,霍耐特对于马克思历史观的理解显然是值得

① 《马克思恩格斯文集》第 1 卷,人民出版社 2009 年版,第 284 页。
② 《马克思恩格斯全集》第 3 卷,人民出版社 1960 年版,第 42 页。
③ 《马克思恩格斯文集》第 1 卷,人民出版社 2009 年版,第 544 页。

商榷的。另一方面，霍耐特无论是对社会主义在现实中探索实验的规模还是对操作方式都语焉不详，仅仅从理念到理念，缺乏有效的制度设计和程序安排，几乎无法在现实中实践。

最后，霍耐特民主的生活形式的构建依赖于公共领域中参与民主的决策机制，但是参与民主的弊病会严重制约这种民主伦理模式在未来的继续发展。霍耐特的民主伦理构想，特别是关于公共领域的制度设置源自哈贝马斯。但是，霍耐特却忽略了哈贝马斯在强调公共领域中参与协商政治的必要性时提出它必然会导致的双轨模式，具体而言，公共领域中的"商议性政治是在意见形成和意志形成过程的不同层次上沿着两个轨道进行的——一个是具有宪法建制形式的，一个是不具有正式形式的"①。霍耐特固然也强调功能分化的诸领域之间的统一，但是他的公共领域设想试图将非正式的公民交往代替宪法建制的正式商议决策。而在此前的《自由的权利》中，霍耐特曾设想以民主的公众性决策机制来实现社会自由。②显然，这种构想与协商民主理论是一致的。但是，协商民主的顺利展开是以公民的充分理性和较强的参政能力为前提的，乔·萨托利（Giovanni Sartori）就指出，"随着政治日趋复杂，知识——认知能力和控制力——也会越来越成问题……我们正在陷入'知识危机'"③，普通公民根本无法处理现实政治领域的专业性和复杂性知识。同时，制度经济学尤其是社会选择理论的研究揭示了这种民主的生活形式在现实中无法有效地达成真正

①　［德］哈贝马斯：《在事实与规范之间：关于法律和民主法治国的商谈理论》，童世骏译，生活·读书·新知三联书店 2003 年版，第 389 页。
②　参见［德］阿克塞尔·霍耐特《自由的权利》，王旭译，社会科学文献出版社2013 年版，第 479—503 页。
③　［美］乔·萨托利：《民主新论》，冯克利、阎克文译，东方出版社 1998 年版，第135 页。

的共识，实现霍耐特意义上的社会自由。"阿罗不可能定理"就指出，如果公共领域中的成员具有不同的偏好，同时又存在着多种备选方案，那么在投票机制主导下的民主商议是不可能达成共识的。[①] 在此意义上，霍耐特有关民主的生活形式的规划方案尚待进一步完善。

① 参见 [美] 肯尼斯·阿罗《社会选择与个人价值》，丁建峰译，上海世纪出版集团2010 年版，第 68—135 页。

第八章 当代中国语境下承认理论的现实意蕴

习近平总书记指出，"世界正处于大发展大变革大调整时期"，与此同时，"世界面临的不稳定性不确定性突出""人类面临许多共同挑战"。① 尤其是在全球化的今天，"逆全球化"浪潮的频繁出现不断刷新着人类共识的底线，而科技的发达和文明的进步对于这场人类内部的矛盾并未提供可靠的方案。一时之间，如何应对这种"逆全球化"的挑战，人类的命运又将何去何从，成为东西方共同关注的焦点。对此，习近平总书记在治国理政的实践探索中提出的具有原创性的"人类命运共同体"和"人类文明新形态"理论，全面继承了马克思承认思想的方法立场，全方位超越并扬弃了西方的承认政治，为当前人类化解全球性的生存与发展难题贡献了杰出的中国智慧。

第一节 承认理论与人类命运共同体②

21 世纪初，恐怖主义策划的"9·11"事件震惊了全世界，一股

---

① 《习近平著作选读》第二卷，人民出版社 2023 年版，第 47—48 页。
② 本节内容的删节版已发表在《湖南师范大学社会科学学报》2018 年第 5 期，谨致谢忱！

以宗教激进主义和自杀式恐怖袭击为特征的"逆全球化"力量在全球
肆虐；十五年后，随着英国"脱欧"公投的通过和美国总统特朗普的
上台，一股以强硬的地方主义和广泛的贸易壁垒为特征的"逆全球
化"势力逐渐抬头，比如加泰罗尼亚的单方独立、美国制造的多种贸
易战等，世界局势也随之变得愈加复杂。吊诡的是，今天这场逆全球
化浪潮的主角——美国竟然出当年的受打击对象变成了今天的策划发
起者。正如阿兰·图海纳（Alain Touraine）曾经发出的疑问那样，
令人感慨人类命运何去何从："我们所面对的是这样一个谜：人们是
否能够使自由主义和社群、市场和文化认同相结合？我们能够既彼此
平等又互有差异吗？"① 对此，20 世纪 90 年代初西方思想界所兴起的
承认政治思潮恰恰是对阿兰·图海纳之问做出的一种解答与回应。从
泰勒的"承认政治"命题，到霍耐特提出"为承认而斗争"，一个肇
始于黑格尔哲学的古老命题被再次发掘，来反思和应对全球化时代下
共同的生存困境。

一　人类命运的追问与承认政治的兴起

所谓承认，在黑格尔那里，是构成自我意识的一个关键环节，也
反映了人与人之间社会性的本质特征，这是由于自我意识的生成与存
在依赖于另一个自我意识（他者）的承认，双方在相互承认的状态
下，才能实现真正意义上的自由。黑格尔在著名的"主奴辩证法"中
就阐释了这种相互承认的重要性。到了泰勒那里，他从黑格尔的承认
范畴出发，通过将其置于整个思想史的发展脉络中，逐步厘清了承认
的发展历程，即从古代等级制下"荣誉"观念的崩溃，到现代"本真

---

① ［法］阿兰·图海纳：《我们能否共同生存——既彼此平等又互有差异》，狄玉明、
李平沤译，商务印书馆 2003 年版，第 65 页。

性"（Authenticity）理想下平等尊严的兴起，并进一步展现出承认背后的政治学意蕴。第一，政治性。承认的歪曲与伤害本质上是一种压迫与侵犯的行为，因此争取承认的斗争直接关涉反抗霸权与追求公正的政治母题。第二，公共性。承认不仅发生在自我与他者之间的私人交往领域，而且广泛地存在于公共社会领域。泰勒指出："在社会层面上，认同的形成只能通过公开的对话，而不是预先制定的社会条款，这种认识使平等承认的政治变得日益核心和重要。事实上，它已经把问题提到前所未有的高度。"[1] 在此意义上，泰勒正是通过对承认政治的重新诠释，从而介入全球化时代关乎每个民族国家与公民命运的现实之中。因此，在他看来，加拿大魁北克发生分离主义运动的根源在于魁北克人的承认受到歪曲，同理，"9·11"事件以来的"逆全球化"运动恰恰反映了落后世界的国家、民族和个体对于来自发达国家不公正承认的反抗，也即黑格尔意义上"奴隶"的承认斗争。这也解释了英美所引领的新一轮"逆全球化"运动其实是另一个层面上"主人"的承认斗争。那么，如何解决上述困境呢？泰勒的对策是贯彻平等尊严的理念，视所有的文化、民族都具有同等的价值，来解决这场事关命运的承认之争。哈贝马斯则在泰勒的基础上，更加强调承认政治的先决条件在于公共交往或协商对话。

霍耐特虽然作为哈贝马斯的亲炙弟子，却并不满足于其师和泰勒的方案，他认为解决问题的关键在于透析现代社会冲突背后的道德语法。换言之，承认的歪曲究竟是如何发生的。只有找到承认的歪曲机制，才能从社会病理学的角度真正解决问题。在黑格尔和泰勒那里，承认的落脚点始终是形而上的主体间关系。对此，霍耐特坦言："他

---

[1]　Charles Taylor, *Multiculturalism and "the Politics of Recognition"*, Amy Gutmann ed., Princeton: Princeton University Press, 1992, p. 36.

（黑格尔）的思想仍然受到形而上学传统的制约，因为他没有把主体间关系看作是社会世界中的经验事件，而是把主体间关系纳入了单一心智之间的构成过程。"① 因此，霍耐特的做法是引入米德的社会心理学来重构黑格尔的原始命题。他从黑格尔的家庭—社会—国家出发，阐发出一种三元承认的架构，即"爱—权利—团结"，成功的主体交往会形成三种对应的实践自我关系——自信、自尊、自重，这三种承认模式型构了人的完整性，也提供了观测社会现实中承认伤害和社会对抗的理论工具。在此基础上，霍耐特提出强暴、剥夺权利和侮辱构成了现实中蔑视经验产生的来源。具体而言，首先，肉体的强暴和虐待摧毁了一个人的基本自信；其次，结构上的排斥和权利的剥夺削弱了一个人的道德自尊；最后，尊严的侮辱和评价的贬黜彻底击垮了自重的实现。由此，霍耐特得出结论，必须从经验取向的研究出发，建立一种承认的政治伦理。而三种承认模式中有两种具有进一步规范化的潜能，这就是权利所代表的法律关系和团结所代表的价值共同体，它们都指向普遍性和平等性的增长。但是，霍耐特指出："个体要想自我实现，就必须认识到他们因特殊能力和特性而得到承认，所以，他们就需要一种只有以集体共同的目标为基础才可获得的社会尊重。"于是，承认的达成和现实中"好生活"的实现，"始于个人完整性主体间条件的努力，最终也必须包罗相关于社会团结的承认模式，而团结只能从集体共同的目标中产生出来"②。可见，只有第三种承认模式——以团结为特征的价值共同体模式，开辟了充分开放和多样的伦理价值境域，并且它与另外两种承认模式相兼容，代表了霍耐特心目

① ［德］阿克塞尔·霍耐特：《为承认而斗争》，胡继华译，上海世纪出版集团2005年版，第73页。
② ［德］阿克塞尔·霍耐特：《为承认而斗争》，胡继华译，上海世纪出版集团2005年版，第184—185页。

中承认政治的理想模式。由此看来，霍耐特的解决思路可以大致分为两步：一是在经验层面上找到并消除"逆全球化"过程中蔑视（或歪曲承认）的产生基础，二是继续在泰勒意义上的普遍主义平等中构建一种以团结为特征的政治伦理共同体。

二 承认政治的立场与共同体主义的超越

从黑格尔到泰勒再到霍耐特，承认政治在回应人类命运的现实挑战时，主要立基于主体间的交往关系，在理论上侧重从形而上的古典现象学走向经验的社会病理学，在实践上趋于从私人领域走向公共领域，在目标指向上最终选择了共同体来实现人（或类）的完整性。就对共同体的选择而言，承认政治似乎在走向一种共同体主义（Communitarianism，又译"社群主义"）的立场。

众所周知，共同体是共同体主义的核心范畴。相对于社会而言，共同体其实是一个古老的范畴。在斐迪南·滕尼斯（Ferdinand Tönnies）看来，"共同体的理论出发点是人的意志完善的统一体，并把它作为一种原始的或者天然的状态"。传统共同体在根源上是"与生俱有的无意识的生命的相互关系"①。共同体主义虽然将共同体从传统语境置换到现代社会中，但依然保留了传统语境下的三个核心特征：第一，共同体的成员之间存在情感的联系；第二，共同体的成员之间具有共享的信念；第三，共同体对于其成员是构成性的。② 迈克尔·桑德尔（Michael Sandel）就指出："共同体描述的，不只是他们作为公民拥有什么，而且还有他们是什么；不是他们所选择的一种关系，而是他们发现的依附；不只是一种属性，而且是他们身份的构

---

① ［德］斐迪南·滕尼斯：《共同体与社会：纯粹社会学的基本概念》，林荣远译，北京大学出版社 2010 年版，第 48 页。
② 参见姚大志《什么是社群主义》，《江海学刊》2017 年第 5 期。

成成分。"①

20 世纪 80 年代，共同体主义与自由主义之争曾构成当代政治哲学的一条关键线索。双方的最大分歧就在个体与共同体的优先性上。共同体主义批评自由主义过分强调个体的优先性，他们认为正义的决定性因素是个体所处的具体的共同体。之所以反对自由主义的个体本位，是由于在共同体主义眼中，以约翰·罗尔斯（John Rawls）为代表的自由主义所确立的契约主义是一种理性普遍主义，他所诉诸的自我是抽象的、无差异的"原子式"个体，因此他的契约论辩护在根本立场上就无视了历史。"当公平正义把自我的界限视之为优先的，并将之一劳永逸地固定下来时，它也就把我们的共同性降格为善的一个方面，进而又把善降格为纯粹的偶然性。"② 换言之，这是将个体善凌驾于共同善之上。在共同体主义看来，这显然颠倒了个体与共同体的地位，没有共同善，个体善则无从谈起。相对于自由主义对普遍抽象的个体理性的强调，共同体主义则始终坚持人类社会的共同体不是普遍的、超历史的，而是具体的、地方的，抽象的个体和共同体在人类文明史上从来就不曾存在过。可见，共同体主义的立场在本质上是坚持特殊主义而反对普遍主义的，而这种立场无疑与承认政治高度契合。

21 世纪的今天，无论是本·拉登（Omar bin Laden）的恐怖主义袭击还是极端组织"伊斯兰国"（ISIS）的出现，不管是英国脱欧运动抑或是特朗普掀起的贸易战，之所以产生塞缪尔·亨廷顿（Samuel Huntington）意义上的"文明的冲突"，其根源就在于自由主义意识形

---

① ［美］迈克尔·J. 桑德尔：《自由主义与正义的局限》，万俊人等译，译林出版社 2001 年版，第 182 页。

② ［美］迈克尔·J. 桑德尔：《自由主义与正义的局限》，万俊人等译，译林出版社 2001 年版，第 209 页。

态的普遍性统治。当福山宣布历史终结于资本社会的自由主义之后，他极力主张科耶夫对"主奴辩证法"的解读，力图在柏林墙倒塌后的全球化时代建立一种相互承认的"普遍同质国家"。在这里，普遍性与特殊性似乎在理论构想中达成了和解，但是特殊性在现实实践中完全得不到真正的承认，地方共同体被彻底遗忘，自由主义的普遍性却成为永远的主人，全球化的通行法则完全以同一性的个人本位为准，社会冲突的频繁出现就会成为一种必然。

由此看来，不论是站在承认政治还是共同体主义的立场，解决"逆全球化"冲突的当务之急都是回归共同体的构建。值得注意的是，共同体主义所主张的共同体，与承认政治有着很大的区别。尽管泰勒本人是共同体主义阵营的重要一员，但是其共同体主张却迥异于阿拉斯代尔·麦金太尔（Alasdair MacIntyre）、迈克尔·沃尔泽（Michael Walzer）、桑德尔等人。诚然，共同体的规模有大有小，小到家庭、社区、公司，大到民族、种族，任何具备情感联系、共享信念和构成性这三大特征的社会实体均可称为共同体。但是，麦金太尔等人的理想更多地选择传统共同体，也就是小共同体，而非大共同体，尤其是拒绝把国家视为共同体。在他们看来，现代国家人口众多，人与人之间很难产生直接的情感联系和共同的信念，成员很难产生对于国家的身份认同和实质性依附关系，因而国家对于成员而言是外在约束而非构成性的实体。同时，现代国家内部存在着各种利益集团，国家是利益博弈的场所而非共同体情感交流的纽带。因此，国家既不具有共同体主义所标榜的共同生活、共同参与的实践形式，也不具备共同体主义所主张的道德层面的共同善，虽然存在着类似国家安全这样的公共性，但它更多的是从公共利益出发，并不等同于共同善。可见，这种共同体的取向明显带有古希腊城邦的烙印，散发着强烈的复古意味。

与其他共同体主义者不同，泰勒对共同体的理解源自黑格尔。在黑格尔那里，"共同体被看做是一个生活或主体性的场所，诸个体是那个共同体的片段。共同体是精神的体现，是比个体更充分、更实质性的体现"①。因此，这种共同体不再是传统社会的共同体，而是现代社会中的实体。在泰勒看来，黑格尔在使用诸如"实体""本质""终极目的""自我目的"等术语时，往往隐含着用伦理共同体来统一普遍性和特殊性的复杂思想：充分理性的国家将在它的实践和制度中充分表现其公民所认同的最重要的观念和规则，而公民通过参与其中，实现自身与观念和规则的统一，从而达到自我意识，在这一过程中，国家将恢复公共生活中的最高规则——黑格尔的"伦理"（Sittli-chkeit）。因此，泰勒的高明之处，是通过黑格尔的国家范畴指明了只有通过现代公共性的政治共同体，而非传统情感性的共同体，才能破解现实的难题，才能使共同体主义所期望的古希腊城邦的集体生活获得重生。

霍耐特则试图在泰勒的基础上提出"后传统共同体"（Post - tra-ditional Communities）的理念来超越自由主义和共同体主义。在霍耐特看来，共同体主义所提倡的共同体始终站在一种保守的立场上，反而成为自由主义反击的把柄。他的后传统共同体不同于共同体主义的地方就在于"超越了仅仅对他者的容忍，而是激起团结作为积极支持新型主体在多元文化社会中对多元价值和规划的表达"②，进而促使传统共同体的消极忍受转向后传统语境中的积极共享。换言之，"共同体价值的共享及团结关系的维系与保证个体自由及自我实现是一体两

---

① ［加］查尔斯·泰勒：《黑格尔》，张国清等译，译林出版社2002年版，第579页。

② Christopher Martin，"Book Review：Disrespect：The Normative Foundations of Critical Theory"，*Journal of Philosophy of Education*，Vol. 41，No. 3，2007，p. 487.

面、辩证统一的。所以在自由的人群中将个体实现与共同体共享价值相联系成为其重建共同体的最大特色"①。按照霍耐特的观点，如果共同体展现出了自由的价值，就具有了所谓的"后传统"的属性。在其近著《社会主义的理念》中，霍耐特更是站在后传统共同体的基础上明确提出一种不同于自由主义的社会自由概念，即主体"参与共同体的社会生活，在共同体中，为了彼此的利益，成员之间相互同情，相互支持，以实现彼此的正当需求"②。

三　承认政治的批判与"人类命运共同体"的构建

诚然，承认政治的兴起，代表了又一种西方思想界面向现实的理论努力，它基于黑格尔的思想资源，一方面，将承认视为现代尊严的衍生，坚持一种平等主义的原则，从而实现对抹杀特殊性的自由主义的超越；另一方面，"把不同文化具有平等价值作为一个假设或逻辑起点，而不是实质性的判断，实际上是强调承认的政治必须是在公共交往的前提下进行的。没有这一交往的前提而对不同文化做出实质性的价值判断只能导致屈尊俯就，而屈尊俯就本身是和现代尊严政治的基本原则相冲突的。……达成实质性判断的先决条件是人们的完全的没有拘束的相互交流"③。换言之，承认政治试图在同一性与差异性之间建立起一种平衡，在自由主义和共同体主义之外尝试走出第三条道路。

需要强调的是，承认政治所展开的希冀固然美好，但是其对现实

---

① 陈良斌：《后传统背景下的共同体重建》，《学海》2009 年第 3 期。

② Axel Honneth, *The Idea of Socialism: Towards a Renewal*, Joseph Ganahl trans., Malden/Cambridge: Polity, 2015, p.24.

③ 汪晖：《承认的政治、万民法与自由主义的困境》，载汪晖、陈燕谷《文化与公共性》，生活·读书·新知三联书店 1997 年版，第 19 页。

的回应同样存在严重的缺陷。当特朗普无视世贸组织的规则，通过贸易壁垒来展现的是一种黑格尔意义上的"主人"式承认斗争，其背后反映的是美国根深蒂固的个体本位的自由主义意识形态。我们能够理解这是无视差异的同一性霸权思维，但是本·拉登的恐怖主义矛头朝向的是美国——唯一的超级强国，这种所谓"奴隶"式为承认而斗争的背后，隐藏的是同样的同一性霸权思维。究其实质，恐怖主义并没有真正认识到自身不受承认的"奴隶"地位是如何历史形成的，它不是通过斗争来获得"主人"的真正承认，而是通过斗争来获得"主人"的地位。换言之，它的承认欲望受"主人"背后的权力驱使，这就注定了它必然会陷入一种恶的无限循环中。这也就解释了本·拉登抑或 ISIS 组织将世人划分为信仰（伊斯兰）者和不信仰（伊斯兰）者，要用"圣战"消灭不信仰者而建立一个升级版同一性的伊斯兰帝国的逻辑。进一步来说，除恐怖主义之外，承认政治广泛地影响了民族主义、种族主义、女权主义乃至整个多元文化主义，但是细究起来，其内在的承认逻辑何尝不是同一性思维的翻版，按照黑格尔的观点，这种对承认的追求只会导致片面的、虚假的承认。所以，不打破同一性的霸权思维，承认政治的介入只会导致更为严重的困局。

过去的 20 世纪，人类已经为这种话语本质相同的同一性意识形态付出过惨痛的代价。因此，我们需要的既不是麦金太尔式传统共同体式伦理意义的恢复，也不是泰勒与霍耐特式承认政治的同一性重建，而是一种更开阔流动的承认与斗争辩证法和复杂多样的政治共同体的实践追求。在此意义上，我们就会发现，在中国共产党人半个多世纪社会主义探索中，已经自觉地采用中国特色社会主义的理论与实践来破解承认政治的困局，尤其是习近平总书记自党的十八大以来提出的"人类命运共同体"理论,以一种中国智慧的方式直接将西方人无法解决的全球性难题真正地化解。

"人类命运共同体"概念,最早是习近平总书记于2013年3月在莫斯科国际关系学院发表演讲时向世界提出的。此后,从莫斯科到海南博鳌,从联合国总部到日内瓦万国宫,从"一带一路"国际合作高峰论坛到全球性政党对话会,在凝结习近平总书记外交实践的基础上,经过多次阐发、整理和完善,"人类命运共同体"理论已经形成一整套完整的理论体系,正越来越受到全世界各国的广泛瞩目。值得注意的是,这种全新的"人类命运共同体"理论在理念和实践上已经全面扬弃了承认政治的理论主张,不仅把共同体的有机团结上升到一个前所未有的高度,而且将承认的观念书写为一种新型交往关系的政治话语,从而成为新时代国际交往关系的标杆和典范,这具体表现在以下方面。

第一,"人类命运共同体"的目标在于构建一种最广泛意义上的"类"文明共同体。它的范围之大,涵盖全球所有的文明文化和民族国家,它完全突破了以往血缘、地缘、业缘乃至民族国家的想象,真正将群体划分的依据置于"类"之上,力图将全体人类凝结为一个宏大的类实体,来实现总体性的共生共赢。

第二,它以全体成员的共同命运作为有机团结的凝聚点。这种超级共同体仍然保有共同体的特质,即以休戚相关、同舟共济的共同命运来作为凝聚共同体的向心力。因此,它的构建目标十分明确,就是"建设持久和平、普遍安全、共同繁荣、开放包容、清洁美丽的世界"[1],藉此来关注"我们从哪里来、现在在哪里、将到哪里去"[2] 这

---

① 《习近平著作选读》第二卷,人民出版社2023年版,第48页。
② 《习近平著作选读》第一卷,人民出版社2023年版,第561页。

一人类的共同命运。

第三，它坚持相互承认的平等观。"坚持国家不分大小、强弱、贫富一律平等"，主张共同体的成员各国之间相互尊重、相互信任、相互承认。具体而言：在政治上，"秉持共商共建共享的全球治理观，倡导国际关系民主化"；在经济上，"促进贸易和投资自由化便利化，推动经济全球化朝着更加开放、包容、普惠、平衡、共赢的方向发展"；在文化上，"尊重世界文明多样性"；在生态上，"坚持环境友好，合作应对气候变化，保护好人类赖以生存的地球家园"。①

第四，它注重公共领域的交往与协商。用对话式的合作沟通替代独白式的主体孤立，将承认的主体从私域导向公域，主张"相互尊重、平等协商"，"尊重各国人民自主选择发展道路的权利，维护国际公平正义"，坚持"以对话解决争端、以协商化解分歧"的方式，"走对话而不对抗、结伴而不结盟的国与国交往新路"。② 通过这种方式，可以真正建构一种主体间公共性的政治共同体，而非黑格尔意义上的伦理共同体。

第五，它坚持多样性、差异性和特殊性的立场，从而真正打破了历史形成的黑格尔意义上"主人—奴隶"的承认困境。首先，在理念上树立文明多样性的他者思维，以包容、承认的态度来对待他者，进而"以文明交流超越文明隔阂、文明互鉴超越文明冲突、文明共存超越文明优越"。③ 其次，打破同一性的霸权思维，己所不欲，勿施于人，"坚决摒弃冷战思维和强权政治""反对把自己的意志强加于人，反对干涉别国内政，反对以强凌弱"。再次，以和平共处的类文明思

① 《习近平著作选读》第二卷，人民出版社 2023 年版，第48—49 页。
② 《习近平著作选读》第二卷，人民出版社 2023 年版，第48—49 页。
③ 《习近平著作选读》第二卷，人民出版社 2023 年版，第48 页。

维终结一切极端方式的"恶的循环",即通过"统筹应对传统和非传统安全威胁,反对一切形式的恐怖主义"。[1]

第二节　人类命运共同体的承认意蕴[2]

习近平总书记提出:"愿同各国人民一道,推动人类命运共同体建设"[3],并在全球治理的顶层设计层面系统回应"我们从哪里来、现在在哪里、将到哪里去"[4] 这些人类共同命运的问题时,再次强调"建设持久和平、普遍安全、共同繁荣、开放包容、清洁美丽的世界"[5]。本书从承认理论的视角出发,对人类命运共同体构想展开多维解读,试图将人类命运共同体作为马克思主义基础理论的创新,进而表达为一种中国特色的承认理论,并藉此从价值论视域深层追问中国特色承认理论的理论依据与现实价值。

一　人类命运共同体构想的承认理论意蕴

习近平总书记强调:"这个世界,各国相互联系、相互依存的程度空前加深,人类生活在同一个地球村里,生活在历史和现实交汇的同一个时空里,越来越成为你中有我、我中有你的命运共同体。"[6] 因此,当我们从承认理论的座架出发,就会发现人类命运共同体构想在本质上是要构建一个"你中有我、我中有你"、马克思意义上相互承

---

① 《习近平著作选读》第二卷,人民出版社 2023 年版,第 48—49 页。
② 本节内容已发表在《东岳论丛》2019 年第 3 期,谨致谢忱!
③ 《习近平著作选读》第二卷,人民出版社 2023 年版,第 50 页。
④ 《习近平著作选读》第一卷,人民出版社 2023 年版,第 561 页。
⑤ 《习近平著作选读》第二卷,人民出版社 2023 年版,第 48 页。
⑥ 《习近平著作选读》第一卷,人民出版社 2023 年版,第 104 页。

认的"真正共同体"。在此意义上，人类命运共同体构想本身内蕴着丰富的承认理论意涵，它不仅在理论层面与承认理论形成了高度的共契，而且在新时代中国特色社会主义实践的基础上将承认理论展现为一种具有中国智慧的命运共同体探索，并实现了对西方承认理论的扬弃与超越。

首先，人类命运共同体构想旨在构建一种马克思意义上最广泛的"类"文明共同体，从而把承认理论的共同体立场上升到一个前所未有的高度。人类命运共同体在提出之际就展现出一种超越西方承认理论的"类"文明思维。它彻底突破了过去血缘、地缘、业缘乃至民族国家的想象，从而将共同体判别的依据置于"类"之上。自从马克思以"社会化的人类"和"自由人联合体"为人的"类本质"注入丰富的含义后，"类"概念获得了与费尔巴哈哲学及其他类哲学完全不同的内涵和巨大的生命力。人类命运共同体构想显然继承了马克思主义式的类思维，力图将全体人类团结为一个宏大的类实体，并实现全体的共生共赢，以所有成员的共同命运作为达成有机团结的凝聚点，从而推动最广泛意义上的"类"文明共同体的建立。同时，人类命运共同体构想还丰富了对承认理论实现方式的理解，指出了承认愿景的实现必然遵循自然演进的社会化实践方式，而非激进理论的替代设计。因为无论是哈贝马斯的"世界共同体"还是霍耐特的"后传统共同体"，都是试图以一种新的理论秩序来替代现有的世界秩序，从而表现出一种乌托邦的色彩，比如哈贝马斯超国家的治理模式。但人类命运共同体构想显然无意于置换现有世界秩序，而是在尊重当前国际秩序和现实外交规则的前提下，通过倡导相互承认、互利互信、共赢共享，实现与其他民族国家及人民的联合与团结。

其次，人类命运共同体构想在价值取向上坚持相互承认的平等观，并将承认理论的平等思想丰富为多元化、多领域的平等原则。在霍耐特、弗雷泽等人看来，平等是一种普遍主义的参与式正义，更多地体现在政治交往与政治参与的过程中。习近平总书记则力图突破政治领域的藩篱，将平等主义原则拓展到人类命运共同体成员间交往的各个领域。在政治领域，"坚持国家不分大小、强弱、贫富一律平等"，尤其当大国面对小国，坚决反对霸权主义、强权政治和大国沙文主义，倡导平等相待、义利相兼、义重于利，恪守构建良性国际关系的基本准则（如尊重主权独立和领土完整、互不干涉内政等），"秉持共商共建共享的全球治理观，倡导国际关系民主化"，保障相互之间的平等权益，维护国际社会的共同安全与公平公正。在经济领域，坚持"促进贸易和投资自由化便利化，推动经济全球化朝着更加开放、包容、普惠、平衡、共赢的方向发展"。诚然，经济全球化是当今历史发展的大势，但是现实中的资本逻辑却会使世界呈现出富国更富、穷国更穷的马太效应，封闭自守的单边贸易甚嚣尘上，因此，人类命运共同体构想显然是站在马克思主义的立场上，从经济基础的视角出发，将构建一个公平正义的经济环境、推动经济交往的权利平等与合作共享，作为构建人类命运共同体的一项重要使命而提出。在文化领域，倡导"尊重世界文明多样性"。众所周知，正是由于不同民族和国家之间的互动交流，才共同构筑了多彩的人类文明史。文明之间没有高低贵贱之分，所以在人类命运共同体之下，成员之间只有以相互承认、相互尊重的态度，才能促进文明的交流与借鉴。在生态领域，"坚持环境友好，合作应对气候变化，保护好人类赖以生存的地球家园"[①]。生态文明直接关系人类的前途命运，但是在西方传统工业

---

① 《习近平著作选读》第二卷，人民出版社 2023 年版，第 48—49 页。

化的道路上，人与自然的关系愈发脆弱和紧张，因此，人类命运共同体的构建尤其强调自然对人的价值，摒弃主宰自然的不平等思维，坚持绿色低碳原则，建设清洁美丽的世界。

再次，人类命运共同体构想坚持差异性、特殊性和多样性的逻辑，并进一步凸显兼收并蓄的包容态度，从而扬弃了西方承认理论无法克服的同一性霸权思维。人类命运共同体构想着眼于"以文明交流超越文明隔阂、文明互鉴超越文明冲突、文明共存超越文明优越"①，换言之，文明之间的差异不应成为世界冲突的导火索，而应当成为推动人类共同进步的力量。只有在理念上确立多样性的他者思维，以承认的态度来包容他者，才能促使人类文明的共同体获得共同的进步和发展。同时，人类命运共同体构想致力于打破同一性霸权思维。西方承认理论的差异性逻辑在现实社会中，往往会表现为执拗于自身特殊性立场，而看不到彼此的利益相关性和文化相通性。不仅如此，这种特殊性思维本质上与同一性的霸权思维是一致的，它不是要打破同一性结构，而是要维持这种不平等的结构秩序，一旦特殊性逻辑占据同一性的核心位置就会变得比原有的霸权秩序更加恶劣，从而形成黑格尔意义上的"恶的循环"。因此，人类命运共同体构想"反对把自己的意志强加于人"，主张己所不欲勿施于人，充分尊重各自差异，以求同存异、和平共处的类思维终结一切极端方式的"恶的循环"，也即用追求最大公约数的包容态度来化解纷争，共同探讨符合各国国情的合作模式，以实实在在的合作成果来调动各方的积极性。但需要指出的是，包容合作绝不是放弃底线、一味退让，而是有原则、有立场的合作。因为我们始终以平等原则作为衡量差异性的前提，坚持权利

---

① 《习近平著作选读》第二卷，人民出版社 2023 年版，第 48 页。

和义务相平衡，坚决"反对干涉别国内政，反对以强凌弱"，"反对一切形式的恐怖主义"，主张"统筹应对传统和非传统安全威胁"，从而为完善全球治理贡献中国智慧和中国力量。[①]

最后，人类命运共同体构想将对话协商直接书写为一种新型交往关系的政治话语，从而为新时代国际交往关系树立了现实的标杆和典范。人类命运共同体构想注重公共领域的对话与协商，主要体现在两方面。一方面坚持"以对话解决争端、以协商化解分歧"的方式，"走对话而不对抗、结伴而不结盟的国与国交往新路"，主张"相互尊重、平等协商"，"尊重各国人民自主选择发展道路的权利，维护国际公平正义"。[②] 以对话式合作沟通替代以往那种独白式的主体性孤立，进而将承认理论的主体从私域引导至公域，真正地在世界范围内构建起符合公共性的政治共同体，而不是一味地迎合西方承认理论想要回归的黑格尔的那种"伦理共同体"。另一方面，人类命运共同体构想真正能将承认理论的对话式路径转变为"共商共建共享"的具体原则："'共商'就是沟通协商，充分尊重各国发展水平、经济结构、法律制度、营商环境和文化传统的差异。'共建'就是共同参与，进而实现有关国家和区域在发展战略上的深度对接。'共享'就是实现互利共赢，充分调动各方面积极性。这三者相辅相成，密不可分，构成一个有机统一的整体。"[③] 在此基础上，我们倡导以"共商共建共享"促进沟通，增进互信，进而构建国际交往中的战略对话机制，有效地为共建人类命运共同体提供一种制度保障。

---

① 《习近平著作选读》第二卷，人民出版社 2023 年版，第 48—49 页。
② 《习近平著作选读》第二卷，人民出版社 2023 年版，第 48 页。
③ 中共中央宣传部：《习近平新时代中国特色社会主义思想三十讲》，学习出版社 2018 年版，第 303 页。

二 走向社会主义"真正共同体": 中国特色承认理论的价值旨归

如果将"人类命运共同体"构想表达为中国特色的承认理论,并视为一种基础理论的创新,那么这种理论创新必须首先回答一个问题:为什么要提出中国特色的承认理论? 换言之,提出这种承认理论的理论价值与现实意义何在? 这就涉及在中国语境下如何对承认理论进行识别与定位。

毋庸置疑,人类命运共同体构想在类文明的宏大维度上为我们指明了奋斗的方向,那就是马克思意义上的"真正共同体"——自由人联合体。但是,在确切意义上,这种共同体目标只构成了远景规划,而在现实中如何将这种远期愿景转化为具有操作性的近景实践? 特别是在新时代这个承前启后的关键阶段,有效地服务于"两步走"战略安排,就成为马克思主义基础理论所要解决的当务之急。在此意义上,以承认理论的视角来理解和阐释人类命运共同体构想,并不是为创新而创新的理论独白,而是为如何在新时代这一关键时期迈向自由人联合体的远景目标提供具体的理论引领和方法论借鉴。因此,如果从现实的角度切入,中国特色的承认理论所要回答的是如何在当前的国际环境中,借助平等理念和差异逻辑,以相互承认的交往协商途径,建构一个相互依存、共生共赢的利益共同体。但值得注意的是,这显然是人类命运共同体构想的初级阶段。如何从利益共同体的初级阶段过渡到有机团结的命运共同体,直到最终实现自由人联合体? 这恰恰就需要中国特色的承认理论,在扬弃和超越西方承认理论的基础上,进一步提出具有社会主义立场与本土特色的理论方案,来回应现实的追问。

本书以为，中国特色承认理论方案的提出，必须有效地回应和解决以下四个方面的问题。

首先，回到马克思的劳动范式，为中国特色承认理论构筑政治经济学的理论基石。劳动是马克思重构承认理论的关键性范式。在马克思早期的《巴黎手稿》中，劳动作为人类的交往形式，是相互承认的中介，以及人的类本质的确证依据，在《共产党宣言》和后期的《资本论》手稿中，物化劳动是资本逻辑的体现，是歪曲的承认，马克思因而通过政治经济学来探究承认的最终出路。显而易见，西方承认理论（尤其是泰勒、霍耐特等人）忽略了马克思的重要性，抛弃了对劳动范式的探讨①，离开了政治经济学的理论支撑，使得社会批判理论完全遁入社会心理学和文化政治的泥淖之中，因而始终无法抓住资本主义社会中承认被歪曲的实质，以及承认与资本逻辑的紧密关联，逐步丧失了原有的批判力度，失去了其理论特色的根基，也使得承认理论退化为当代西方文化政治思潮中一个不起眼的陪衬。须知，作为西方承认理论源头的黑格尔的承认概念也是经历了劳动的陶冶，才最终实现真正的承认；而马克思的承认概念则强调必须经过全面异化（物化）的承认过程，才能进化出真正的承认。在这个意义上，人类命运共同体的演进过程必然是在全球化条件下资本逻辑走向极致后，在资本的利益共同体的内爆中得以实现。在此之前，我们必须在国际社会中抓住资本逻辑极化的有利时机，通过承认的协商机制，加速利益共同体的结成，从而为将来的内爆和转化奠定现实基础。鉴于此，中国

---

① 霍耐特已经意识到其承认理论在劳动范式探讨上的缺失，在 2023 年出版的德文新著《劳动主权：一种劳动规范理论》中尝试在规范层面重建一种新的劳动理论。但该书的关注点是劳动关系的组织对于维护民主社会的稳定有何作用？因此，霍耐特认为，参与民主意志形成的前提是透明且公平的劳动分配。这显然与马克思的劳动范式及其政治经济学批判是背道而驰的。

特色的承认理论必须置于政治经济学的视域中，重新审视劳动范式在超越资本逻辑和构建承认过程中的关键性作用，真正基于劳动的承认共同体，而不是基于资本的利益共同体，来面对人类的未来命运。

其次，融合中华优秀传统文化，为中国特色承认理论注入东方智慧的理论养分。"中华优秀传统文化是中华民族的'根'和'魂'，是最深厚的文化软实力，是中国特色社会主义植根的沃土，是我们在世界文化激荡中的根基。"①须知，中国传统哲学中就蕴含着丰富的承认理论思想，比如"君子和而不同"（孔子）、"与人和者，谓之人乐"（庄子）、"兼相爱，交相利"（墨子）、"和羹之美，在于合异"（陈寿），等等。同时，在中国共产党领导人民进行社会主义建设和改革开放的伟大实践中，也诞生了具有世界性效应的承认理论思想，比如周恩来总理创立的和平共处五项原则；费孝通先生的"各美其美，美人之美，美美与共，天下大同"；张立文先生的"和合学"；等等。可见，在承认理论的视域中充分吸纳我国优秀的传统哲学和传统文化，并推动其在新时代的创造性转化和创新性发展，有助于扬弃西方承认理论的文化政治话语，有效地拓展承认理论的视野和论域，提升人类命运共同体探讨的广度和深度，进而为中国特色的承认话语有力地回应现实夯实思想基础。

再次，注重"地方"特色实践的经验积累，为中国特色承认理论汇聚现实运动的差异性因素。在人文地理学中，地方不再是一个没有意义的地点、场所，而是一个充满想象的空间。英国左翼思想家雷蒙·威廉斯（Raymond Williams）就曾指出："新的社会主义理论现在必须将'地方'作为中心。……缘于国际经济的激增和旧式共同体中

---

① 中共中央宣传部：《习近平新时代中国特色社会主义思想三十讲》，学习出版社2018年版，第206页。

去工业化的破坏性效应，地方已经成为联合过程的关键因素——所以这或许对无产阶级而言，比占有资本的阶级更为重要。当资本开始运动后，地方的重要性就被揭示得更加清楚。"① 在此意义上，中国特色承认理论的特色价值就在于中国作为一个巨型的地方样本，在资本逻辑肆虐的"旧式共同体"的包围中，激活了一种重建"地方"的可能性，从而将人类命运共同体构建为亨利·列斐伏尔（Henri Lefeb-vre）意义上的"社会主义差异空间"。与此同时，中国的经验就在于回归地方特色的承认理论：一方面坚持地方差异（中国特色），另一方面回到历史的实践和现实的运动，这无疑就为其他国家和地区在迈向人类命运共同体的进程中，提供了一个成功突破资本逻辑以及西方承认理论无法克服的同一性风险的差异性典型。

最后，坚持社会主义的发展方向，为中国特色承认理论提供社会主义立场的理论蓝图。本书以为，中国特色的承认理论区别于西方承认理论的根本之处就是其鲜明的社会主义底色。因此，必须明确构建人类命运共同体的最终指向是实现共产主义式的"自由人联合体"。只有在这一"真正共同体"中，以往利益共同体所依赖的民族国家已经被彻底消解，无产阶级与资产阶级的阶级基础也已消解，人类才真正地通过自由自觉的劳动方式，完成了全面的相互承认和相互确证，从而实现了全方位的自由和彻底的解放。但是，在新时代条件下，承认理论不可回避的现实是民族国家和资本逻辑依然主导着国际社会的交往关系。因此，在利益共同体的结成过程中，我们不能被资本逻辑或民族国家的幻象迷惑，比如"逆全球化"浪潮下单边主义和贸易保护主义盛行，根本原因就在于强大的利益集团与资本的联盟主导着美

---

① Raymond Williams, *Resources of Hope*, London：Verso, 1989, p. 242.

国政府的决策。因此，具体问题固然可以具体分析，为了共同的命运当然可以沟通协商，达成阶段性的相互承认，但是我们始终需要坚持党性原则和人民性立场，来透析承认关系背后的阶级基础和深层诱因，这才是承认理论的中国底色，也是过去 40 多年来改革开放取得成功的根本所在。正是在此意义上，我们才能真正地扬弃和超越西方承认理论，并将其改造为一种更为开阔流动的承认辩证法和"真正共同体"的价值追求。

第三节　建设中华民族现代文明的比较优势

2023 年 6 月，习近平总书记在文化传承发展座谈会上发出"建设中华民族现代文明"的号召。在承认理论的视域下，不难发现中华民族现代文明既是在历史长河中"熔铸古今"的中华文明新形态，又是在世界文明视野中"汇通中西"的人类文明新形态。因此，在"古今中西"比较中探寻中华民族现代文明的比较优势与超越性价值就成为深入理解与把握"建设中华民族现代文明"的题中应有之义。

一　西方资本主义文明的特性：主奴式承认结构的普遍化

"中华民族现代文明"是一个关于"文明"的全新命题。因此，正确把握中华民族现代文明的内涵，首先需要明确文明的概念。关于文明的定义卷帙浩繁，难以详述。但可以明确的是，文明是比较的产物。18 世纪的欧洲用"文明"区别于"野蛮"，欧洲人由此为"文明"赋予了内容："欧洲实践产物"。这种文明概念的狭隘性后来被认识到：它忽略了其他文明的内容。随着历史演进与全球化发展，人类多样化实践产物使得"欧洲实践产物"不再是文明的全部内容。换句话说，越来越多的特殊性内容被纳入文明概念中，欧洲逐步回到了特殊性的位置。由此观之，文明定义的多样性正来源于多样化的特殊性内容。弗朗索瓦·基佐（Francois Guizot）对于文明的譬喻体现了这种特性。基佐认为文明"无所不包"，"就像海洋，它构成一个民族的财富，该民族生命的一切要素、支持它存在的一切力量，都集中在团结它的内部"①。因此在形式与内容相分离的意义上，"文明"仅仅是一种"无所不包"的形式，其内容则在具体的历史运动中生成。然而，虽然文明随着人类实践演进，但过去的文明概念仍旧保有一种影响力。这具体表现为跨文明研究中的"偏见"，即在研究初始阶段就将文明概念作为一个整体接受下来，而不考虑其形式与内容的区别。这种做法或许会将某种特殊性内容作为普遍性形式来运用，从而陷入各类被称为"中心主义"的"偏见"当中。这意味着，即使存在一个共通的"文明"概念，严肃的研究也无法在这里对其内容加以把握。但文明概念的形式仍是必要的。在文明的根源或来源的意义上，文明是实践的产物。再进一步，如果承认单独的个人创造不了文明，那么这种实践应当是主体间的交往实践。因此，文明的内容生成于主体间的交往实践，而这个过程可以被视为特殊性内容逐步获取其普遍性的过程。

　　一般认为，文明间的全面交流始于全球化。因此，在很大程度上，中华文明与西方文明首次全面相遇时，西方文明就已然是"西方资本主义文明"。而完整地把握文明不能仅从其"正在是"的观念入手，而应当从文明"如何是"的实践起源开始阐述。正如

---

　　① ［法］基佐：《欧洲文明史——自罗马帝国败落起到法国革命》，程洪逵、沅芷译，商务印书馆 2017 年版，第 5—6 页。

马克思所言，要从"市民社会出发阐明意识的所有各种不同的理论产物和形式，如宗教、哲学、道德，等等，而且追溯它们产生的过程"①。进而西方资本主义文明亦是一个过程，即源于资本主义生产实践的特殊性观念如何上升为一种具有普遍性意义的文明内容，这种文明内容又如何在世界范围内获取自己的普遍性地位。黑格尔较为自觉地认识到这一过程，他指出自我意识"构成法、道德和一切伦理的原则"，而这种思维活动就是"自我意识把它的对象、内容和目的加以纯化并提高到这种普遍性"②。这种提升过程的终点就是伦理的终点——"世界历史"，即全人类文明。无怪乎哈贝马斯与洛维特均将黑格尔视为现代性话语的起点。③ 马克思甚至直言德国的法哲学与国家哲学被视为"唯一与正式的当代现实保持在同等水平上的德国历史"，而它们"在黑格尔的著作中得到了最系统、最丰富和最终的表达"④。具体而言，西方的现代性话语在某种程度上是西方资本主义文明将自己的特殊性叙述为普遍性"世界历史"的话语体系。既然黑格尔将道德（Moralität）与伦理（Sittlichkeit）区分开来，就应简要地说明二者的区别。"道德与伦理在习惯上几乎是当作同义词来用，在本书中则具有本质上不同的意义"，"道德"是主观的"抽象东西"，而伦理"才是它们的真理"。⑤ 但是，正如马克思所言，"观念的东西不外是移入人的头脑并在人的头脑中改造过的物质的东西而已"⑥。因

---

① 《马克思恩格斯文集》第 1 卷，人民出版社 2009 年版，第 544 页。

② ［德］黑格尔：《法哲学原理》，范扬、张企泰译，商务印书馆 2017 年版，第 35 页。

③ ［德］哈贝马斯：《现代性的哲学话语》曹卫东译，译林出版社 2011 年版，第 59、96 页。

④ 《马克思恩格斯文集》第 1 卷，人民出版社 2009 年版，第 10 页。

⑤ ［德］黑格尔：《法哲学原理》，范扬、张企泰译，商务印书馆 2017 年版，第 48—49 页。

⑥ 《马克思恩格斯文集》第 5 卷，人民出版社 2009 年版，第 22 页。

此，仅仅考察观念性的演变无疑只是思辨性的，我们还需要关注其物质根源。

西方资本主义文明的上升过程主要包括以下环节，分别是作为起点的"人格承认"、道德主观原则、伦理中的虚假共同体，以及在世界历史中的"主奴式承认"。

首先，在作为叙事起点的抽象法环节中，自由意志的概念是"人格"。① 这是抽象的普遍性环节，在这一环节中，人与人在人格的意义上是同一的，"我还是这种无对立面的在自身中的存在"。进一步而言，这一环节彰显了社会成员在人格和自由意志上的平等。实际上，"人格承认"构成了资本主义的前提条件，即在人在人格上是自由的，是能够出卖自己劳动力的人。劳动者就是"自由的一无所有；他们唯一的活路"就是"出卖自己的劳动能力"②。因此，这种"人格承认"只能在抽象的观念中实现，而作为现实的人的劳动者被"被绞架、耻辱柱和鞭子……赶到通往劳动市场的狭路上去"③。

其次，道德以"人格承认"为前提，表明了个体意志如何在主观环节中上升为普遍意志的过程，并切实地"提出了问题"：主观道德原则对最高道德价值的消解。黑格尔在道德环节设定了一个具有普遍性的目的性的善，"善就是被实现了的自由，世界的绝对最终目的"④。主体需要意识到自身所朝向的这个普遍方向，才能够使自己的行为具有普遍性质。这种普遍性是一种主观的普遍性，是一种"纯粹的自我确信"：那些具有客观性质的"权利、义务和定在等一切的规定性都蒸发了，只根据自身来对内容规定什么是善的"。

① ［德］黑格尔：《法哲学原理》，范扬、张企泰译，商务印书馆 2017 年版，第 46 页。
② 《马克思恩格斯文集》第 8 卷，人民出版社 2009 年版，第 160 页。
③ 《马克思恩格斯文集》第 8 卷，人民出版社 2009 年版，第 160 页。
④ ［德］黑格尔：《法哲学原理》，范扬、张企泰译，商务印书馆 2017 年版，第 151 页。

黑格尔同时指出，这种规定在古代曾经是外在的"宗教或法都好，摆在面前"①。这意味着一种道德原则从"外"向"内"的转变过程，即是说道德现在是一种个体主义，是主观的。那么，主体就有可能"把任性即自己的特殊性提升到普遍物之上"②。这样一来，"主观信念是唯一尺度"，就有权反对那"包含着无数个人的信念的权威"③。可以说，黑格尔的"道德"环节揭示了主观道德原则对最高价值的消解。黑格尔在道德环节的最后一句话可谓道尽了他为何要将"地上的神"作为一种新的"信仰"："主观性的这种最高形态只有在高度文化的时期才能产生，这时信仰的诚挚性扫地以尽，而它的本质仅仅是一切皆空。"④ 如果将后现代主义理解为破碎的、多元的、否定最高价值的，那么后现代主义已经在黑格尔时代的"道德"环节中发端。

再次，为了弥合这种特殊性（个体）与普遍性（共同体）之间的对立，黑格尔通过神秘主义的思辨结构构建出了"虚假的普遍性"，即将统治阶级的特殊性叙述为普遍性。黑格尔的"神秘主义"实际上仅仅在"公民"意义上证成了"虚假共同体"。具体而言，黑格尔为了能够避免现实中弥合家庭、市民社会与国家的难题，不得不借助神秘主义将家庭和市民社会设定为"精神"，把自己分为两个有限性的领域，而设定这种有限性的目的是"超出这两个领域的理想性而成为自为的无限的现实精神"。现实性的材料则没有分给"个人"而是把"所有的个人当作群体来分配"⑤。也就是说，对于个体而言，这仍旧是一种形式上的承认，一种"类"意义上的承

① ［德］黑格尔：《法哲学原理》，范扬、张企泰译，商务印书馆2017年版，第159页。
② ［德］黑格尔：《法哲学原理》，范扬、张企泰译，商务印书馆2017年版，第163页。
③ ［德］黑格尔：《法哲学原理》，范扬、张企泰译，商务印书馆2017年版，第176页。
④ ［德］黑格尔：《法哲学原理》，范扬、张企泰译，商务印书馆2017年版，第183页。
⑤ ［德］黑格尔：《法哲学原理》，范扬、张企泰译，商务印书馆2017年版，第300页。

认。马克思后来也明确地指出，在"虚假的共同体"中现实的个人"不是作为个人而是作为阶级的成员处于这种共同关系中的"①。反观现实的个人，仍旧处在市民社会中，延续着以"金钱"或"需求"为中介的承认关系。这样的结局黑格尔也已经预见："单个人本身的利益就成为这些人结合的最后目的。由此产生的结果是，成为国家成员是任意的事。"②

复次，在世界历史中，黑格尔在"国际法"和"世界历史"环节再次开始运用其神秘主义的、目的论的承认哲学，进而在其思辨结构中通过"主奴式承认"将特定国家的特殊性上升为世界所有文明的普遍性形式。黑格尔将国家视为特殊性的个体，那么任何一个国家都可以绝对地对其他国家而言成为一个主权国家，即获得其他国家的承认。同时，这也意味着"不同其他国家发生关系的国家也不是一个现实的个体"。③ 这样，一种形式的普遍性出现了，即在各民族精神的相互承认中，世界精神产生了。正如我们承认存在一个文明共性，黑格尔所认为的世界精神也是一种形式意义上的文明共性。但是，黑格尔在这里给形式加入了特定内容，这个内容正是"精神的自我意识和自由的必然发展"④。这样一来，凡是未曾经历过他前面所陈述的一连串过程的民族，就已然处在了更低的阶段。黑格尔就可以再次运用他的"主奴辩证法"了！因此马克思说："黑格尔把普遍的东西本身变成一种独立的东西后，就把它同经验的存在直接混淆起来，并立即非批判地把有限的东西当作观念的表现。"⑤ 进而，国家是否能够相互承认也

---

① 《马克思恩格斯文集》第 1 卷，人民出版社 2009 年版，第 573 页。
② ［德］黑格尔：《法哲学原理》，范扬、张企泰译，商务印书馆 2017 年版，第 289 页。
③ ［德］黑格尔：《法哲学原理》，范扬、张企泰译，商务印书馆 2017 年版，第 393 页。
④ ［德］黑格尔：《法哲学原理》，范扬、张企泰译，商务印书馆 2017 年版，第 399 页。
⑤ 《马克思恩格斯全集》第 3 卷，人民出版社 2002 年版，第 55 页。

要取决于国家是不是一个自在自为存在的东西，取决于国家制度和一般状况。① 接下来，黑格尔说，如果一个民族只是"自在的"，没有"获得一种普遍物和普遍的定在，因而这个民族就不会被承认"。② 这样就出现了所谓"文明民族"，文明民族可以把那些在国家的实体性环节方面落后的民族看作野蛮人，因此就可以"把他们的独立当作某种形式的东西来处理"。③ 到这里，一旦黑格尔承认任何一个文明以自身特殊的方式文明化了，那么他前面所有的环节就不再是"精神发展的必然环节"，他的思辨体系就会立即破碎。而在这种破碎中，虚假共同体或地上的神（国家）将被直接消解掉其合法性基础。

最后，经历过上述黑格尔式的四个观念环节，一种现实的西方资本主义文明的本性暴露无遗。这种本性可以表述如下：西方资本主义文明为了弥合个体与共同体之间的裂隙，必须将自身的特殊文明表现为文明的普遍性形式，必须将自身的特殊价值表现为人类的普世价值。第一，资本主义为了自由的劳动力，必须在抽象形式上将个人承认为在意志和人格上是自由且平等的。第二，这种对主观道德原则的确立消解了最高的普遍性价值，形成了个体与共同体之间的对立。第三，为了弥合这种对立，西方资本主义文明从"自由"出发来构建一种新的虚假的普遍性以弥合这种关系，即确立一种"地上的神"。第四，为了使这种普遍性成为最高的，西方资本主义文明要为文明的普遍形式增加特殊内容，从而将其他文明视为"奴隶"，即"非自由的"，也就是"非自在自为的"。

---

① ［德］黑格尔：《法哲学原理》，范扬、张企泰译，商务印书馆 2017 年版，第 393 页。
② ［德］黑格尔：《法哲学原理》，范扬、张企泰译，商务印书馆 2017 年版，第 404 页。
③ ［德］黑格尔：《法哲学原理》，范扬、张企泰译，商务印书馆 2017 年版，第 403 页。

　　此外，我们还必须回答"后现代"的问题，因为后现代通常被视为一种对最高价值的消解，但实际上这是一种以"文明"为单位的在道德维度重建"主奴式承认"的过程。麦金太尔直言，"从传统道德的外在权威中解放出来的代价是，新的自律的行为者自诩的道德话语丧失了任何权威内容"[1]；同时，"为道德寻求新的合理世俗基础的启蒙筹划失败了"[2]。海德格尔亦将"占据统治地位的'超感性领域'失效了，变得空无所有"[3] 作为虚无主义的注脚。或许可以更具体一些，黑格尔体系的解体意味着"市民阶级的——基督教的世界的整个体系的解体"。[4] 因此，后现代的背景实际上是精神与物质，有限与无限，灵魂与肉体，必然与自由，等等，由于宗教一体化力量失效所带来的分裂。在这个意义上，黑格尔"地上的神"亦是在解决"后现代"问题。由此，后现代主义在观念中的起点在很大程度上就是"主观道德原则"的确立，或者说"个人主义"；在现实中就是"资本主义生产关系"。在此，我们需要加以追问：资本主义生产关系意味着什么价值？马克思对"金钱上帝"的嘲弄告诉我们：交换价值。也就是说，在主观道德原则或个人主义背后，就是资本对人的统治。正是在这个意义上，科耶夫认为普遍同质化承认国家的建立或历史的终结将导致"本义上的人的最终消失"，存在于那里的只有"回到动物状态的人"，它们只会感到"满意"而非"幸福"，因为"幸福"显然

---

　　① ［美］麦金太尔：《追寻美德：道德理论研究》，宋继杰译，译林出版社 2011 年版，第 86 页。

　　② ［美］麦金太尔：《追寻美德：道德理论研究》，宋继杰译，译林出版社 2011 年版，第 148 页。

　　③ ［德］海德格尔：《尼采》，孙周兴译，商务印书馆 2010 年版，第 671 页。

　　④ ［德］卡尔·洛维特：《从黑格尔到尼采：19 世纪思维中的革命性决裂》，李秋零译，生活·读书·新知三联书店 2006 年版，第 183 页。

属于"人"的定义。① 由此可见，交换价值的那种使得一切都可"交换"的均质化力量将走向一种"全是奴隶/动物"的令人（动物）"满意"的社会。那么，后现代主义会消解它的现实根源吗？后福特主义给出了答案："后福特主义转型导致共同体以及共同体生活的瓦解，从而为个人主义的进一步发展开辟了道路。"② 这样看来，"重估一切价值"中无法重估的，在某种程度上就是植根于资本主义生产关系的个人主义与交换价值。进一步而言，这种道德层面的个人主义成为西方资本主义文明确立自身最高普遍性的"新方法"，即如果一个文明中的"内容"是"非个人主义"的，那么它就是"非后现代的"，就是处在"自由意志运动"的上一阶段，是"落后"的。因此，西方资本主义文明的"后现代话语"，在一定程度上是在"西方资本主义文明"这个更大范围的共同体当中，凭借其资本主义生产关系的发展（尤其是后福特主义）来确立一种最高的普遍价值，从而维系资本主义文明与个体的关系。用最通俗的话讲，后现代主义不承认国家，但已然内在地承认了西方资本主义文明最根源的也是最高的价值：主观道德原则的权威性。这就是后现代叙事下的文明之间的"主奴辩证法"。

二 中华民族现代文明的比较优势：自我意识的觉解与主奴结构的打破

在世界文明之林中，中华文明表现出突出的连续性、创新性、统一性、包容性、和平性。这并非一种站在当代人立场上的观念性解

---

① ［法］科耶夫：《黑格尔导读》，姜志辉译，译林出版社 2005 年版，第 518 页。
② ［美］霍普：《个人主义时代之共同体重建》，沈毅译，浙江大学出版社 2010 年版，第 8 页。

读，而是中华民族在五千年文明发展过程中所必然表现出的特征。中华文明的内在进路呈现为：经由中华民族近代文明自我意识的觉醒与马克思主义转向，中华民族古代文明的独特气质与中国共产党领导的现代化实践深度融合，进而展现出中华民族现代文明越过"古今中西之争"的独特比较优势。

中华文明在近代的危机当中"觉醒"了跨文明维度中的"文明自我意识"。近代，中华文明保持了文明意义上的自我同一性，但中华文明的自我意识首先是一种"被动觉醒"，直到马克思主义传入中国，中华文明的自我意识才进入了主动状态。

首先，中华文明在近代以前是一个尚未"觉醒"的自我意识，在近代文明的相遇中首先进行了为争取自身特定价值的承认的斗争，进而保持了自身的同一性。中华民族在五千年的历史中所铸造的文明已然是一种独立、完整、成熟以及实际上最具连续性的辉煌文明，中华文明之主体性毋庸置疑。然而，在长期主导区域乃至人类文明的过程中，中华文明形成了"中央之国"的观念，这使得中华文明的自我意识成为一个缺乏另一个文明意义上的"他者"的自我意识，或者可以譬喻为尚未"觉醒"的自我意识。1916 年，黄远庸就已经认识到"中国今日，盖方由无意识时代，以入于批评时代之期"。进一步而言，中华文明的自我意识建立在对"自我同一性"的坚持上。面对近代以来的危机，中国知识分子的转变体现了"文明自我意识"的觉醒过程。文明的自我意识以自我同一性为基础，一个文明只有认同自己才能够谈及文明间的相互承认。近代中国知识分子基本形成了一个共识——"学习西方"，然而如何学习西方的问题同时也是如何对待过去中华文明的问题。对于这个问题，或许有"全盘西化论""调和论"以及"文化本位论"等流行的观念，但整体上仍旧是中西互通的局面。一方面，通常被认为是"全盘西化"之代表的胡适亦提倡"整理国故"，并明确反对"调和"。他认为对待中华文化要先"整理国故""各家都还他个真价值"，而调和是"人类懒病的天然趋势，用不着我们来提倡"，所以"革新家……不要回头讲调和，社会上自然有无数懒人懦夫出来调和"。① 另一方面，"文化本位论"之代表梁漱溟虽然认为新派"西化"，但那些旧派"反对新化，我只能表示不赞成"。② 简言之，中华文明从未真正放弃过自身的同一性，但的确经历过一个"觉醒"的过程。

其次，近代中华文明的自我意识处在一种被动状态，马克思列宁主义使得中华文明的自我意识从被动转为主动。自我意识的被动状态表现在内外两个层次。就相对于外部环境的被动状态而言，西方文明对于中华文明的强势地位以及西方文明的侵略性使得中华文明处在一种"不被承认"的状态，这是与整个近代史中华民族被动挨打的状态相一致的。就内在的被动状态而言，中华文明在近代没有意识到中华文明的真正主体性不在于文化，而在于人民，由此陷入了文化决定论的僵局。"五四运动总司令"（毛泽东语）陈独秀认为袁世凯"复帝制"是恶果，而"若夫别尊卑，重阶级，主张人治，反对民权之思想学说，实为制造专制帝王是根本原因"③。在著名的《吾人最后之觉悟》中，他将中西文明交融的觉悟过程分为"学术—政治—伦理"，而"伦理的觉悟，为吾人最后觉悟之最后觉悟"。④ 显然，此时的中国知识分子将"思想之觉悟"作为"因"，而将现实作为"果"，陷入了一种非历史性的文化决定论中，这是一种内在的被动状态。这种

---

① 胡适：《新思潮的意义》，《新青年》1919 年 12 月第 7 卷第 1 号。
② 梁漱溟：《东西文化及其哲学》，上海人民出版社 2006 年版，第 193、191 页。
③ 陈独秀：《袁世凯复活》，《新青年》1916 年第 2 卷第 4 号。
④ 陈独秀：《吾人最后之觉悟》，《青年杂志》1916 年第 1 卷第 6 号。

被动状态直到马克思列宁主义传入中国才开始发生转变，但这种转变并非一蹴而就的。毛泽东指出："自从中国人学会马克思列宁主义以后，中国人在精神上就由被动转入主动。"这种转变的关键在于："学会"是一个过程。在阐述由"被动"向"主动"的转变前，毛泽东指明了何为"学会"："任何思想，如果不和客观的实际的事物相联系，如果没有客观存在的需要，如果不为人民群众所掌握，即使是最好的东西，即使是马克思列宁主义，也是不起作用的。"① 因此，中华文明的自我意识正是在马克思列宁主义真切地同中国实际相联系，为中国人民所掌握的过程中才转向了"主动"，即有意识地在改造世界的基础上建设人民的、大众的文化。可以说，中华文明从此从"被动觉醒"走向了一种主动性的"觉解"状态。

从新中国成立到今天的新时代，跨文明视域下的中华文明以积极主动的姿态融入世界历史，其主体性与独特气质得到了进一步发展，逐步将自身独特文明特质上升为全人类共同价值。在这一过程中，中华民族古代文明的独特气质与马克思主义科学真理融汇在社会主义革命、建设与改革的过程中，形成了本质与现象相统一的文明基础，优秀基因与真理之光相统一的文明特征，以及历史自觉与理论自觉相统一的文明道路。

中华民族现代文明的比较优势首先在于坚持中国共产党的领导，相较于西方资本主义文明内部为获取普遍性所固有的承认中介，中华民族在中国共产党的领导下通过扬弃承认中介而实现了文明本质与现象的统一，形成了坚实的文明基础。首先，中华民族古代文明就有突出的"民本思想"。从上古时期的"民惟邦本，本固邦宁"到孟子的

---

① 《毛泽东选集》第 4 卷，人民出版社 1991 年版，第 1515—1516 页。

"民贵君轻"，再到明清交际时黄宗羲的"民主君客"思想，中华民族古代文明的民本思想源远流长，直到今天依旧影响甚大。然而，必须加以追问的是，这种对人民实体性地位的承认来源于谁？毋庸置疑，是统治阶级及其内部的知识分子。这就是为何马克思一方面认为哲学家是"自己时代、自己人民的产物"①，另一方面指出他们也是统治阶级的意识形态家，"调节着自己时代的思想的生产和分配"②。在这个意义上，即使中华古代文明有着悠久的民本思想，但作为文明本质性力量的人民仍旧不被承认为文明的主体，从而与文明的现象相分离。其次，纵观西方资本主义文明从特殊性走向普遍性的过程，承认中介始终在场。然而，即使是法律中的承认亦只是形式意义上的，仅仅代表统治阶级对被统治阶级人格上的承认。可以说，西方政党通过承认中介所代表的仅仅是公民的观念而非人民的利益，人民的观念有上升为普遍性之途径，而人民的利益却无普遍性之实现，政党在利益维度仍旧代表资产阶级。进一步而言，其所谓普遍性亦只是叙述出来的普遍性。最后，通过对这种承认中介的扬弃，中华民族现代文明形成了人类文明史上前所未有的"人民核心"结构，实现了文明的本质与现象的始终统一。其一，中华民族古代文明所传承的民本思想与马克思主义人民观具有一定程度的相契性，促进了人民群众与理论的结合。其二，中华民族现代文明的生成与发展无疑是由中国共产党所领导的。同时，中国共产党又真正代表最广大人民群众的根本利益，与人民群众保持高度一致。由此，中国共产党与人民群众就不是通过承认中介达成观念上的普遍性，而是与现实的人民群众直接统一。此前，文明由被统治阶级创造，却由统治阶级享有，代表的文明

---

① 《马克思恩格斯全集》第 1 卷，人民出版社 1995 年版，第 219 页。
② 《马克思恩格斯文集》第 1 卷，人民出版社 2009 年版，第 551 页。

进路发生了剧烈的变革。中国共产党既是中华民族现代文明的核心又真正代表人民，文明的本质与现象通过中国共产党的领导高度统一，形成了独特的"人民核心"结构。进言之，也只有在中国共产党的领导下，人民才能切实感受到自身与文明的统一性。其三，中国共产党显著的自我革命特征使得中华民族现代文明具有了自我反思性，成为人民与文明"始终"合一的不竭动力之源。中国共产党对承认中介的扬弃不是一劳永逸的，正如上文所言，这种扬弃依赖于政党与人民的真正合一。这种"合一"的持续性是通过自我革命实现的。一部中国共产党党史就是一部自我革命史，而自我革命在一定程度上体现了中国共产党的自我反思。这种自我反思就是将自身作为思考的对象，从而离开一种政党的中心主义，意识到自我也是一个需要加以变革乃至革命的对象。在中国共产党的领导下，中华民族现代文明就具有了突出的自我反思性。这种文明的自我反思性最为突出的特征就是意识到文明的主体是人民，进而使得文明的本质与现象始终统一，由此确保了中华民族现代文明永葆生机与活力，更开辟了走向自觉文明的道路。

中华民族现代文明的比较优势在于坚持"两个结合"，尤其是"第二个结合"。相较于西方道德对伦理体系的解构，中国传统的家国天下伦理承认体系与马克思主义高度契合，使得马克思主义"真理之光"与中华古代文明的"优秀基因"相统一，形成了突出的文明特征。"两个结合"使得中华民族现代文明越出了西方资本主义文明的"现代性"僵局与"后现代"乱局，从而具有了真正的人类意义上的"现代性"。如果像哈贝马斯一般认为西方文明在启蒙之后的努力是"寻找宗教一体化力量的替代物"，那么这将更加凸显中华民族古代文明所延续下来的独特气质之一：一体化力量的经验性与连续性。首先，在一万年的文化史、五千年的文明史所造就的伟大文明中，中华民族将道德原则奠基于主体间的交往实践中。中华民族古代文明虽然确认了超感性世界作为价值来源的地位，认为"道之大原出于天"（《汉书·董仲舒传》），但中华文明并未始终对"天"做沉思式的思考，而是在"绝地天通"（《尚书·吕刑》）后"敬鬼神而远之"（《论语·述而》）。这样一来，中华文明就不再受到超感性世界的统治。在这个基础上，中华文明在"仁礼一体"中确认了人是处在社会关系中的人，而非孤立的个体。"仁礼一体"是"仁者爱人"与"克己复礼"的高度统一。"仁"代表一种主体间的互爱关系。"樊迟问仁、子曰'爱人'"。（《论语·颜渊》）而"礼"解决了"如何立人"的问题。孔子曰"不知礼，无以立也"（《论语·尧曰》)，或"不学礼，无以立"（《论语·季氏》)。可见，"复礼"是"仁"的条件。但"礼"的价值依据又是"仁"。"人而不仁，如礼何?"（《论语·八佾》）因此，"仁"作为一种内在本质表达了主体间的"爱"，而"礼"作为一种外在的制度又以"仁"为内在依据，二者互为表里，进而构成一种伦理化（制度化）的承认体系。在这种承认体系中，整个社会共同体的成员以"仁"为普遍承认的价值原则，又在"礼"的制度中确定主体的位置，从而使得道德寓于伦理，伦理又以道德为依据。其次，在这种对人及其道德原则的经验性、社会性理解的意义上，中华民族古代文明与马克思主义高度契合。马克思主义亦是将人作为"社会关系的集合体"来理解，将观念性的道德伦理视为主体间交往实践的产物。进一步而言，马克思主义并不在观念中创造"虚假的普遍性"或"虚假的共同体"，而是在把握社会历史发展规律的高度上将"共产主义"作为远大理想。这尤其体现为共产主义不是虚无缥缈的乌托邦式的描述，而是奠基于物质文明的高度发展之上。正如马克思所言："共产主义对我们来说不是应当确立的状况，不是现实应当与之相适应的理想。我们所称为共产主义的是那种消灭现存状况的现实的运动。这个运动的条件是由现有的前提产生的。"① 在这个意义上，中华民族现代文明有能力也有底气跃出西方资本主义文明的现代性僵局，从而真正将特殊性（个体）与普遍性（共同体）统一起来。最后，中华古代文明的优秀基因与马克思主义科学真理的结合亦体现在文明间的交流之中。中华文明本就是一个多元一体的文明模式，其具有和平性特征。这种和平性一方面在于中华文明"己欲立而立人，己欲达而达人"独特的主体间思维，进而延伸为"远人不服，则修文德以来之"的文明间交往智慧。相较于西方文明的"主奴式承认"，中华民族现代文明实现了真正平等的相互承认。另一方面也在于马克思主义所揭示的人类文明真正的普遍性方向。中华民族现代文明毋庸置疑是一种社会主义文明，在世界历史中是一种指向共产主义的人类文明形态。在这个意义上，相较于西方资本主义文明着力将自身特殊性叙述为"虚假普遍性"的行为，中华民族现代文明本身就指向人类文明最高的亦是最真实的普遍性——共产主义社会。由此，中华民族现代文明才能够将自身的特殊性与世界文明的普遍性高度统一，才能与世界其他文明携手共进。

中华民族现代文明的比较优势在于坚持中国特色社会主义道路，相较于西方资本主义文明内涵在全球化扩展中的"主奴式承认"思维，中国特色社会主义道路脱离了这一樊笼，走向了真正人类普遍性的未来——一条理论自觉与历史自觉相统一的超越性文明道路。费孝通认为"文化自觉"的意义在于"生活在一定文化中的人对其文化

---

① 《马克思恩格斯文集》第 1 卷，人民出版社 2009 年版，第 539 页。

要有'自知之明',明白它的来历、形成的过程,所具有的特色和它的发展的趋向"①。可见,"自觉"就是自我意识到自身"从何处来"与"向何处去"。正如西方资本主义文明将自身特殊性叙述为普遍性的过程一般,西方文化的强势正是"建立在他对自身历史的连贯性的论述上"②。但是,西方资本主义文明内化了一种霸权式的"主奴"承认结构。在这种结构中,非西方文明只能被迫接受这种被叙述出的普遍性。进一步而言,非西方文明与西方文明的斗争只是"争取对一种特定价值的承认的斗争"③,而非参与普遍价值的构建过程。正是在这个意义上,西方资本主义的"主奴式承认"已经内化到其全球化扩张的文明结构中。让·鲍德里亚(Jean Baudrillard)曾经指出"9·11"事件代表着"占据了上帝位置的西方(神性的全能和绝对的道德合法性)却要自我毁灭,向自身开了战"。当一个文明陷入这种内化于全球化的主奴式承认结构而将自身置于西方文明普遍性下的特殊性位置时,它就不自觉地消解了自身的过去,又无自觉看到未来。由此可见,西方文明实际上只是"睁大了怜悯的眼睛,却毫无他性"。在这种情况下,鲍德里亚说到西方文明作为"掌握权力的人,逃避着死亡,得到了全方位的保护,完全占据了奴隶的位置;而那些摆布着自身之死亡,不把生存作为特定目标的人们,则象征性地占据了主人的位置"④。更进一步而言,海德格尔著名的死亡定义或许预示了一个无自觉的文明在这种主奴式承认中面临的未来。"作为此在的终结乃是此在最本己的、无所关联的、确知的而作为其本身则不确定的、不可

---

① 费孝通:《文化自觉的思想来源与现实意义》,《文史哲》2003 年第 3 期。

② 张旭东:《全球化时代的文化认同:西方普遍主义话语的历史批判》,北京大学出版社 2006 年版,第 6 页。

③ [德] 黑格尔:《法哲学原理》,范扬、张企泰译,商务印书馆 2017 年版,第 404 页。

④ Jean Baudrillard, "The Spirit of Terrorism", *Telos*, Vol. 121, 2001, pp. 134–142.

逾越的可能性。"① 对于"奴隶"来说，它将在"死亡"中确认"我是"，在"反叛"中宣告自身逐渐死亡的文明之特性。至此，结合前文论述可知：西方资本主义文明在消灭"他者"或将其他文明视为特殊性时，一方面使得其他文明陷入了无历史自觉的历史虚无主义；另一方面也宣告着自身文明的逐渐"奴隶化"。但是这种奴隶化并非如鲍德里亚所言使得其他文明得到了"象征性的主人地位"，后现代叙事意味着在西方资本主义文明仅仅保留其主观道德原则的同时，也消解了其他陷入主奴辩证法中的文明的独特价值，其剩余的文化特性仅仅成为个人主义或主观道德原则的装点，或者更进一步，成为那个最具均质化力量的"交换价值"的"装饰品"。

但是，当我们将"自觉"提升到文明程度上时，"从何处来"就隐含着"如何回答从何处来"的问题，而"向何处去"亦隐藏着"如何回答向何处去"的问题。在这个意义上，一个文明是否自觉不仅仅取决于"回答"这两个问题的历史性思维，亦取决于"如何回答"这两个问题的世界观与方法论问题。就"从何处来"这个问题，一个文明必须坚持自身的连续性，才能够反思式地在追溯"根脉"的过程中找到自己所具有的突出特性，而不至于陷入历史虚无主义陷阱。毛泽东同志明确指出："我们信奉马克思主义是正确的思想方法，这并不意味着我们忽视中国文化遗产和非马克思主义的外国思想的价值。"② 进一步而言，回答"从何处来"的问题包含"如何回答从何处来的问题"。中华民族现代文明正是坚守了马克思主义的"魂脉"，坚持了社会主义道路，才能够对中华民族古代文明所传承下来的文明

---

① ［德］海德格尔：《存在与时间》，陈嘉映、王庆节译，商务印书馆 2016 年版，第376 页。

② 《毛泽东文集》第 3 卷，人民出版社 1996 年版，第 191 页。

与文化去芜存菁，实现创造性转化与创新性发展。陷入主奴辩证法的西方资本主义文明与其他文明，也在回答自身从何处来的问题，却意识不到自身的世界观与方法论局限。由此马克思指出："他们抱的目的是为了使某个非历史性人物及其幻想流芳百世而编写前期的历史……他们根本不提一切真正历史的事件，甚至不提政治对历史进程的真正历史性的干预。"① "向何处去"的问题更加凸显了一个文明的自觉程度。中华民族现代文明在社会主义道路中意识到了历史的发展规律，更准确把握到了如何遵循历史规律。人类社会必然走向共产主义，这是马克思主义揭示的历史运动规律。在共产主义社会中的自由人联合体不是一种"均质化"的相互承认，而是一种"自由而全面的发展"，更不是只有物质"满足"的必然王国，更有着"作为目的本身的人类能力的发挥，真正的自由王国"②，那是对人类主体性的真正实现。进一步而言，如何实现这一远大理想则是每一个意识到自身终将走向共产主义的文明所必须回答的问题。回答"如何去"的问题，首先就要认识到文明的本质在于物质文明。在西方的意识形态中，马克思常被驳斥为一种"经济决定论"或"物质利益决定性"。然而，任何一个文明中最具决定性的部分都是物质文明，这是因为文明中的一切都不是"随心所欲地创造，并不是在他们自己选定的条件下创造，而是在直接碰到的、既定的、从过去承继下来的条件下创造"③。马克思早已经认识到"真理"不在于"精神"或是别的什么观念，而是在作为经济领域的市民社会中。邓小平同志指出："物质是基础，人民的物质生活好起来，文化水平提高了，精神面貌会有大变化。"④

---

① 《马克思恩格斯文集》第 1 卷，人民出版社 2009 年版，第 551 页。
② 《马克思恩格斯文集》第 7 卷，人民出版社 2009 年版，第 929 页。
③ 《马克思恩格斯文集》第 2 卷，人民出版社 2009 年版，第 470—471 页。
④ 《邓小平文选》第 3 卷，人民出版社 1993 年版，第 89 页。

因此，文明的现代化首要是物质文明的现代化，真理只有在社会主义的历史性的实践中才能够被创造和把握。当然，文明不仅仅在于物质文明，亦在于奠基于物质文明之上的多样化元素。邓小平同志关于"物质文明"与"精神文明"同步发展的论断体现了中华民族现代文明的高度自觉。习近平总书记更是明确指出："推动物质文明、政治文明、精神文明、社会文明、生态文明协调发展。"① 正是由于坚持了中国特色社会主义道路，中华文明才能够以马克思主义理论为指导，在理论自觉与历史自觉相统一的高度上把握自身"从何处来"与"向何处去"的问题，成为一种真正的自觉文明。

三　中华民族现代文明的价值超越性：共产主义的根本信仰与人类文明新形态的开拓

自中国特色社会主义迈入新时代以来，以习近平同志为核心的党中央立足新时代的伟大实践，以深沉坚定的文化自信与清醒勇毅的历史自觉，坚持把马克思主义基本原理同中国具体实际、中华优秀传统文化相结合，推动中华文明走向世界，走向未来，为建设中华民族现代文明指明了方向。习近平总书记指出："我们比以往任何一个时代都更有条件破解'古今中西之争'，也比以往任何一个时代都更迫切需要一批熔铸古今、汇通中西的文化成果。"② 如果说上文回顾西方文明与中华文明的历史性生成是为了在"破解争端"的意义上揭示中华民族现代文明越出"古今中西"的比较优势，那么新时代的伟大实践就为我们在"熔铸汇通"意义上指出了中华民族现代文明"越往何处"的价值方向。

---

① 《习近平著作选读》第二卷，人民出版社 2023 年版，第 483 页。
② 习近平：《在文化传承发展座谈会上的讲话》，《求是》2023 年第 8 期。

中华民族现代文明以"人民至上"继承与发展了传统民本思想，完成了对西方文明"形式承认"在根本价值立场上的超越。首先，中国古代传统的民本思想具有阶级局限性与时代局限性。"民为邦本"或"民贵君轻"等思想虽然代表了中国古代知识分子对于人民群众力量的重视，却仍旧是一种阶级社会中的"形式承认"。一方面无法形成民本思想的实践机制，即有民本之思想无民本之制度，民本思想的实现依赖于统治阶级偶然性的"开明"与"清明"。另一方面也无法以"民本"消除"君本"之影响，在形成民本思想的同时也形成了君本位思想，如"普天之下莫非王臣"。实际上，封建时代的君民关系是等级制的承认关系，但是这种承认的辩证法并没有在对立中实现自身形态的向上跃升，反而陷入了"历史周期率"。在价值实现方面，虽然中华古代文明从"民本思想"的语境中形成了"富民思想"，但在现实中仍旧是"兴，百姓苦，亡，百姓苦"。其次，西方资本主义文明中的"人民"处在边缘地位，只有"人格"或"公民"之承认，而无现实的人被承认。马克思早已指出西方资产阶级革命所实现的只是人类的"政治解放"而非"人类解放"，真正的现实的人还处在资产阶级的压迫与统治之下。进一步而言，西方所谓民主实际上只在投票时才会暂时性地体现，美国所谓"大选经济"或"大选周期"正是其突出表现。实际上，西方资本主义文明的价值旨归是"资本至上"，乃至资本家都无非是"资本的人格化"罢了。在现实中，其必然会陷入经济上的"两极分化"，托马斯·皮凯蒂（Thomas Piketty）对 21 世纪资本主义的经验性分析亦表明，即使西方资本主义文明发展到今天，其趋势仍旧是"穷者愈穷，富者愈富"。最后，中华民族现代文明的价值立场是"人民至上"。其一，中国共产党在中华民族现代文明建设中无可置疑的领导核心地位决定了人民的至上地位。任何一个时代的文明都是由人民所创造的，但并非任何一个时代的文明都由人民享有。中国共产党从成立之日起就认识到人民的主体性，并始终以人民需要为判别社会主要矛盾的中心。正是由于中国共产党突出的人民性，中华民族现代文明才能在其建设过程中以人民需要为方向。其二，中国式现代化道路要求中华民族现代文明以"人民"为其价值旨归，中国式现代化本质上就是人的现代化。可以说，中华民族现代文明就根源于人民的现代化过程。其三，中华民族现代文明是"共同富裕"的文明，社会主义现代化的目标之一就是共同富裕，只有实现共同富裕才能真正地不仅在立场上超越古今中西，更在共同富裕的过程中使价值现实化。正如习近平总书记所说："我们要始终把满足人民对美好生活的新期待作为发展的出发点和落脚点，在实现现代化过程中不断地、逐步地解决好这个问题。"①

　　中华民族现代文明以"和而不同"继承与发展了传统外交思想，更超越了西方文明"主奴结构"的文明交流逻辑。首先，中华民族古代文明在其独特的伦理承认体系中发展出了以"和合"为导向的文明交流逻辑，即"以天下为一家，以中国为一人"（《礼记·礼运》）。这明确指出了中华文明对待世界的态度亦如对内的"家国"一般，是以"老吾老以及人之老，幼吾幼以及人之幼"的逻辑推演全世界各个文明。但是如前所述，中华民族古代文明的"家国天下"体系仍旧是一种等级制的承认关系，仍旧保有一种"中心主义"的视角。虽然中华传统文化将血缘、地域以及文化不同的人都统合至"家国天下"的体系中，彼此互为"家人"，但这种体系是一种等级制体系。同时，在长期的优势地位影响下，中华文明逐步形成了"天朝上国"的观

---

① 《习近平著作选读》第二卷，人民出版社2023年版，第140页。

念，从而并未真正以平等姿态对待其他文明，在后期逐渐减少甚至停止了与其他文明的交流。其次，前文已提出，西方资本主义生产方式在根源上决定了其必然要将自身的特殊性叙述为虚假的普遍性，因此也就在文明交流中走上"称霸"的歪路。这种歪路具体表现为"文明优越论""文明冲突论"等多种理论形态，但其本质上就是恩格斯所说的"恶性循环"，即西方资本主义文明是在"'恶性循环'中运动，是在它不断地重新制造出来而又无法克服的矛盾中运动，因此，它所达到的结果总是同它希望达到或者佯言希望达到的相反"①。恩格斯借由对傅立叶思想的研究，精准地把握了不仅仅在经济上，也是在整个文明意义上资本主义内在的矛盾。最后，中华民族现代文明具有突出的和平性。这种和平性首先不同于此前东亚乃至亚洲内部的"朝贡体系"之和平，而是真正建立在独立自主基础上的和平性。从和平共处五项原则开始，"互相尊重主权和领土完整、互不侵犯、互不干涉内政、平等互利和和平共处"的五项原则日益为世界上绝大多数国家所承认。② 中国特色社会主义进入新时代以后，"一带一路""人类命运共同体"理念更是展示了文明间交流的独特的和平模式。正是在这个意义上，习近平总书记指出："中华文明的和平性，从根本上决定了中国始终是世界和平的建设者、全球发展的贡献者、国际秩序的维护者，决定了中国不断追求文明交流互鉴而不搞文化霸权，决定了中国不会把自己的价值观念与政治体制强加于人，决定了中国坚持合作、不搞对抗，决不搞'党同伐异'的小圈子。"③

中华民族现代文明以"共产主义"为根本信仰，终结了西方

---

① 《马克思恩格斯文集》第 9 卷，人民出版社 2009 年版，第 276 页。
② 王巧荣：《中华人民共和国外交史（1949—2019）》，当代中国出版社 2020 年版，第 45 页。
③ 习近平：《在文化传承发展座谈会上的讲话》，《求是》2023 年第 8 期。

"普遍同质承认"的虚假价值。马克思主义者从未否认过西方资本主义文明在历史上曾经起到过革命性的作用，即它在反对封建地主阶级的过程中曾经被普遍承认为一种革命阶级，是符合历史发展规律的。但是资本主义文明真正被普遍承认的历史时期已经成为过去，因为它本质上只是一种"过渡的文明形态"①，而非其自称的"历史终结"。因此，西方文明在观念上所构建的这种普遍性在其革命作用结束以后就成为马克思恩格斯在批判意义上所指称的"意识形态"。这尤其体现在马克思对李嘉图的评价当中，马克思指出，"英国古典政治经济学是属于阶级斗争不发展的时期的"，在这一时期资产阶级与无产阶级的矛盾并未尖锐地显现出来，李嘉图这个"最后的伟大代表"受限于阶级立场，虽然意识到了阶级对立，但是"天真地把这种对立看做社会的自然规律"，那么"资产阶级的经济科学也就达到了它的不可逾越的界限"。此后的资产阶级经济学发展就是"李嘉图理论庸俗化和传播的时期"，如詹姆斯·穆勒（James Mill）、弗雷德里克·巴师夏（Frédéric Bastiat）等人要么"企图调和不能调和的东西"，要么推崇"最浅薄的庸俗经济学"。② 可见，资产阶级的文化在发展到其自身界限（阶级局限）后就无法科学地再往前走一步，此后发展的只是一种意识形态的辩护。中华民族现代文明则不同，它在本质上是社会主义现代文明，是走向共产主义的文明。在这个意义上，中华民族现代文明完全不会受到"宗教一体化力量失效"的影响，因为从中华民族古代文明开始，中国人便将宗教排除于伦理承认体系，而马克思主义更是彻底反对这种"超感性世界"对人类的统治。今天，中华民族现代文明有着自己的根本信仰——共产

---

① 黄建军：《唯物史观视域中的人类文明新形态》，《中国社会科学》2023 年第 10 期。
② 《马克思恩格斯文集》第 5 卷，人民出版社 2009 年版，第 16—18 页。

主义。这种最高价值并非人类的臆造出的"神"，也并非西方资本主义文明叙述出的"虚假普遍价值"。这是因为共产主义不仅仅是价值维度上所叙述出的存在，更是人类社会历史发展的必然形态。因此"共产主义"不仅是一种最高价值，更是一种历史的必然。总而言之，中华文明在神话时代以后就再不需要一种缥缈的信仰，而今在走上中国特色社会主义道路后拥有了独具超越性的文明新形态。中华民族现代文明如今已然成为一种人类文明新形态，正以自身的独特智慧推动构建人类命运共同体，昭示着世界终将迈向共产主义的人类文明。

结　语

当我们回到历史唯物主义视域来复盘承认问题的来龙去脉，就会发现承认绝非西方承认理论所普遍指认的那样，仅仅是一种激情、尊严或身份诸如此类的文化或心理现象，而是关涉现代性前提下无产阶级寻求自我解放的阶级政治。在此意义上，黑格尔无疑是对的，承认问题是关乎生死存亡的斗争。只不过这种生死斗争并不能简单地解读为主人—奴隶式的抽象承认，而是关系到马克思意义上全人类解放的现实运动。因此，探讨马克思语境中的承认政治并不能从狭义的泰勒式承认政治来进入，而必须从广义的"自由人联合体"出发。众所周知，在启蒙现代性规划开启的同时，古代共同体与个体的松散统一遭到彻底瓦解，取而代之的是分散的、相互冲突的原子式个体。面对这种丛林式的混乱，重建一个获得普遍承认的共同体就成为一条充满希望的可能性路径。这正是黑格尔提供的承认方案，意在给予人们一把在市民社会中重建伦理共同体的"钥匙"。马克思继承并扬弃了黑格尔的方案，即采取"自由人联合体"的方式，来恢复人的本质，实现真正的承认。在这里，马克思区别于黑格尔的地方正在于共同体建立的路径。在马克思看来，新生的资本主义的奥秘在于市民社会，解决市民社会问题的答案必然从其内部寻求。反观黑格尔的方案，从市民社会外部解决问题，只会让个体之间陷入无休止的"主人—奴隶"战争的"恶"之循环。人既无法获得自由，更无法赢得承认。因而共同体的方案不应当是像黑格尔那样将市民社会上升至国家来实现一种普遍的承认，而是将民族国家这种虚幻的共同体击碎，让公民复归市民。这种路径的差异也反映在现实的运动中。正如马克思所言，黑格尔的问题"不在于他按现代国家本质现存的样子描述了它，而在于他用现存的东西冒充国家本质"①。这个"冒充国家本质"的"现存的东西"就是君主立宪的普鲁士王国。可是，普鲁士王国又如何能充当那个国家的本质，即理性国家呢？站在哲学与现实的裂隙中，黑格尔将现实理解为理性，却忽略了现实的普鲁士王国在欧洲大陆上远远落后于英法，是落后的封建主势力的代表，根本无法体现解放人类的先进生产力。通过揭示普鲁士王国与黑格尔的国家理念之间的巨大反差，马克思指出普遍国家理念不仅是一种丧失现实基础的幻想，而且必然会陷入"片面的承认"状态。因此，不同于黑格尔试图在现存历史中寻找个体与共同体达成普遍性承认的可能性，马克思的承认政治方案则是直接打破这种历史运动的基础，推翻现有资本主义秩序的合法性前提，提出一个彻底变革社会现实的共产主义方案，并将精神理念的承认政治转变为一种历史运动的解放政治。这意味着马克思需要找到资本主义社会中承载着最深重的异化承认的那个"自我"——无产阶级。这无疑是对黑格尔寄予厚望的官僚等级的致命一击。因为官僚等级表面上是服务于社会的普遍性利益，实际上却

---

① 《马克思恩格斯全集》第 3 卷，人民出版社 2002 年版，第 80 页。

在追逐个体私利，中饱私囊。只有无产阶级才是最普遍的阶级，因为无产阶级本身是一个"自己遭受普遍苦难而具有普遍性质"[①] 的阶级，"一个被戴上彻底的锁链的阶级"[②]，更是一个"被侮辱、被奴役、被遗弃和被蔑视"[③] 的阶级。但这并不意味着否认民族国家中的承认政治，而是说民族国家所建立的仅仅是片面的承认与虚幻的共同体。正因如此，承认政治所追逐的共同体并不存在于现实的国家中，而是孕育在现实的无产阶级解放事业中。通过这个"并非市民社会阶级的市民社会阶级"[④] 的解放，普遍承认才能在整个社会中建立起来。至此，承认问题才找到了自己的现实性，一项尚未成为现实而必将成为现实的事业。套用泰勒的话来说，承认政治"不仅对黑格尔来说是至关重要的，而且在马克思主义那里以不同形式变成了一项漫长的事业"[⑤]。

承认的确构成了一种政治，但解决承认问题的方法却并非仅仅存在于政治当中。正如恩格斯所言，历史上大多数国家"对财产差别的这种政治上的承认，绝不是本质的东西"[⑥]。这恰恰凸显出马克思的承认思想的独特之处。在哲学人类学意义上提出"人类解放"方案之后，马克思认识到必须以经济的方式来解决政治问题，因此体现为词源本意上的政治经济学研究——将政治问题经济化。换言之，在马克思那里，承认不仅是一个政治问题，而且它本质上更是一个经济问题。因此，承认问题的现实症结不能简单地理解为个体与类的现实冲

---

① 《马克思恩格斯文集》第 1 卷，人民出版社 2009 年版，第 17 页。
② 《马克思恩格斯文集》第 1 卷，人民出版社 2009 年版，第 16 页。
③ 《马克思恩格斯文集》第 1 卷，人民出版社 2009 年版，第 11 页。
④ 《马克思恩格斯文集》第 1 卷，人民出版社 2009 年版，第 16 – 17 页。
⑤ ［加］查尔斯·泰勒：《黑格尔》，张国清、朱进东译，译林出版社 2002 年版，第237 页。
⑥ 《马克思恩格斯全集》第 28 卷，人民出版社 2018 年版，第 201 页。

突，这种冲突本身何以形成的根源需要继续追问。因为个体与类的冲突并非人类历史中的永恒难题，它之所以成为全社会的难题根本上是资本主义经济关系发展到一定阶段的历史产物。因此，承认政治的问题便转化为资本逻辑如何造成承认困境的问题。马克思指出，在资本主义社会中，承认关系事实上反映的是社会的生产关系，表现为财产的历史形态—原始共同体财产关系的解体—自由劳动的出现—交换价值的虚假性—资本与劳动的"小流通"—资本的单方面承认—资本的全面统治与承认的全面丧失。在资本逻辑中，交换与劳动构成了马克思揭示承认问题本质的重要线索。一是交换的线索。承认本质上是一种主体间关系，而这种主体间关系在商品社会中主要体现在交换当中。因此交换范畴便成为马克思重构承认问题的关键场所。在马克思早期的《巴黎手稿》中，承认是通过劳动产品的交换过程而产生，并在市民社会条件下的现实交换中发生异化。到了《资本论》的准备过程中，交换范畴则演化成政治经济学的交换价值（等价交换）以及"小流通"中的形式交换（非等价交换）。这就成为马克思揭开承认困境的重要理论依据。二是劳动的线索。劳动范畴作为人的本质体现，使得马克思早期和后期对于承认问题的基本理解具有了一贯性。在《巴黎手稿》中，马克思所提出的"真正的承认"正是由于劳动产品的中介而获得意义，也是由于劳动产品的否定而走向异化承认。到了后期，马克思意识到这种劳动的理解有待进一步深入，因而将劳动范畴细化为抽象劳动与具体劳动，延伸到作为承认对象的劳动价值尺度问题，并提出雇佣劳动（活劳动）问题和劳动者的联合问题。这也是马克思真正跳出承认困境并超越国民经济学家的地方。可见，马克思对承认理论的政治经济学重构正是经过上述多线索的演进得以不断地丰富和深化。需要补充的是，劳动作为人的本质属性，奠定了主体本身迈向主体间交往关系的基础。无论是在黑格尔抑或是马克思那里，劳动均在承认问题中充当了重要角色。但是，马克思所言的劳动并非黑格尔奴隶式的陶冶或是资本逻辑下工人的谋生行为，而是人的本质得以现实确证的社会化活动。正因为如此，马克思才能够将黑格尔的个体与类的冲突揭示为个人的生产劳动与社会生产关系之间的矛盾。但是，劳动并非马克思重构承认理论的最终立足点。马克思意识到如果仅仅谈及劳动，那么承认问题就会变成一种抽象批判思维的现实化。唯有将劳动范畴上升为人的实践，承认问题才能够真正进入现实历史的发展当中。通过实践范畴，马克思使得其重构的承认理论表现为"主观公式"与"客观公式"的统一，即政治上的无产阶级解放（为承认斗争）和经济上的资本逻辑批判（异化承认批判）的辩证统一。

值得注意的是，马克思的承认方案作为一种革命性的方案，不仅是一种对黑格尔承认理论的超越，也是对当代西方承认理论的超越。这种超越并非逻辑性的超越，而是一种历史性的超越。这是因为马克思的承认理论重构立足于人类的全面解放。它不仅仅是经济向度与政治向度的统一，更是以此为基础寻求在文化、生态等各向度中人类全面发展的可能。具体而言，一方面是通过人与自然的相互和解，打破资本逻辑下的物质变换过程，恢复自然的主体向度，实现人与自然的双重解放；另一方面在精神文化上实现对人的审美本质的复归，促成人自身丰富性的最大展现，从而真正超越承认，彻底地实现个体与共同体、特殊性与普遍性的统一。

"人类解放"同时是人类社会的解放与自然的解放。这是因为在马克思看来，人类社会与自然并非天然对立的，而是相互构成为一个统一的有机体。在资本主义社会中，由于人类中心主义的资本逻辑，人一方面将自然视为予求予取的"奴隶";另一方面又将自然视为人类实现自由的最大障碍,从而陷入了一种怪异的"主奴辩证法"中。正如恩格斯所言,"我们不要过分陶醉于我们人类对自然界的胜利。对于每一次这样的胜利,自然界都对我们进行报复"①。不同于人与自然"和解"的各式生态主义方案,共产主义社会中的人与自然不仅将跳出"主奴辩证法",形成一种相互承认的关系,而且会扬弃这种因承认而达成的和解关系,最终走向一种有机的统一。首先,人类社会无非是一种"完成了的自然主义"②。自然是人类社会生存以及发展的先在规定,人类社会只是自然规律的一种可能性的实现,而绝不存在违背自然规律的"现实"。其次,相互承认关系表现为"人化自然",即人类通过创造性的生产劳动对自然进行改造,促使自然的生产日益向满足人的需求方向发展,实现从自在自然向人化自然的过渡。但是,人化自然并不意味着人类中心主义的功利立场,而是从根本上改变将自然作为交换价值或资本符号的基本取向。只有使自然真正地恢复为一种具有丰富性的自在存在,人类才能自觉地意识到自然与自身之间的多样化关联,从而在依循自然规律的过程中全方位地发展人与自然的关系,充分建立起自然主义与人道主义的良性循环。最后,这种相互承认、相互协调的良性循环将走向有机统一,即人类需要自觉地认识到充分发展了的人类社会就是自然,而自然也是充分发展了的人类社会。当一切自然都是人化自然时,即一个适合于人类本性全面发展的自然时,人类社会与自然之间的"边界"也就随之消弭。至此,所谓人与自然的相互承认关系才步入"人和自然界之间、人和人之间的矛盾的真正解决,是存在和本质、对象化和自我确证、

---

① 《马克思恩格斯文集》第9卷,人民出版社2009年版,第559—560页。
② 《马克思恩格斯文集》第1卷,人民出版社2009年版,第185页。

自由和必然、个体和类之间的斗争的真正解决"①。

　　自由而全面的发展还包括人类的审美解放。不同于当代西方承认理论侧重的文化向度是将承认关系置于文化心理、道德风尚与社群习俗来理解（譬如泰勒从加拿大魁北克的独立运动、霍耐特借助米德的社会心理学与人格完整性等方面来阐发承认），马克思是从人本身的丰富性出发，通过承认来回归感性，实现全面的审美解放。审美其实兼具个人属性与社会属性。根据马克思的构想，个人审美关系社会化的中介环节便是相互承认。毋庸置疑，美的根源在于人们的生产劳动。也正是由于生产劳动的社会化趋势，美在生产劳动中借由承认的中介环节在社会层面中得以认识与实现。具体而言，一方面，美在个体的劳动中被创造出来，本身就代表了一种自我的承认和确证。然而，在资本主义社会中，个体的劳动并非以自我的欣赏与确证为目的，而是以资本的意志为主导，因此美反而脱离了个体的自我承认。另一方面，美也需要他人来欣赏和承认，人们正是在他人之美的认知中相互承认，进而在生产交往关系中获得个体与类的统一，也即社会本质的实现。然而，在资本主义社会中，个体的生产与交往并非体现为对彼此之美的承认，而是出于对体现资本意志的"商品"的承认。可见，作为人的本质需要的审美就异化为资本对商品的承认，美仅仅在艺术品中得以幸存。但是，美在艺术领域中的幸存并不能成为我们借助审美解放走向人类解放的"先导"，今天艺术品的工业化乃至商业化趋势已然瓦解了一些西方思想家将人类未来押注于审美与艺术当中的方案。既然这种异化根源于美的承认被替代为对商品或资本意志的承认，那么解放的可能性也自然在对生产关系的解放中生成。在马

---

① 《马克思恩格斯文集》第1卷，人民出版社2009年版，第185页。

克思的共产主义构想中，当直接劳动缩减到最低限度，人们的自由劳动时间相应地就会实现最大限度的扩展。于是，"我的劳动是自由的生命体现，因此是生活的乐趣"①。这意味着个体的意志与其劳动过程（美的创造过程）重新合二为一，人在劳动过程中确证了自己。那么，人类社会就不需要今天意义上分工明确的艺术家，而是人人都能成为艺术家和美学家。此时的审美活动不仅能够展现个人的本质力量，而且能展现社会的本质力量。由于感觉的彻底解放，使得人与人之间的关系不再需要劳动产品以及劳动本身来中介，而藉此而生的承认环节的中介使命便就此成为历史，每一个人都能在感性地直观中来体验和感受他人以及整个自由人联合体，从而使人们在类之中相互映照、直观自身。总之，审美意义上的解放标志着共产主义的实现和人的自由全面的解放，这一刻也意味着作为目标意义的相互承认消融在人的解放的内涵之中，而作为手段（中介）意义的相互承认便真正完成了历史使命。

回顾20世纪90年代以来，以霍耐特为代表的西方承认理论的勃兴，本质上反映了西方思想界面向现实的一种理论努力，它基于黑格尔的思想资源，试图在同一性与差异性之间建立起一种平衡，在自由主义和共同体主义之间尝试走出第三条道路。但需要强调的是，西方承认理论所展开的希冀固然美好，但是其对现实的回应存在严重的缺陷。当特朗普无视世贸组织的规则，通过贸易壁垒来展现一种谋求黑格尔意义上的"主人"式承认斗争，其反映的是美国根深蒂固的个体本位的自由主义意识形态。不难理解这是一种无视差异的同一性霸权思维。但是，"9·11"事件以来恐怖主义矛头朝向的是美国——唯一

---

① ［德］马克思：《1844年经济学哲学手稿》，人民出版社2000年版，第184页。

的超级强国，这种所谓"奴隶"式为承认而斗争的背后，隐藏的是同样的同一性霸权思维。究其实质，恐怖主义并没有真正认识到自身不受承认的"奴隶"地位是如何历史形成的，它不是通过斗争来获得"主人"的真正承认，而是通过斗争来获得"主人"的地位。换言之，它的承认欲望受"主人"背后的权力所驱使，这就注定了它必然会陷入一种恶性的无限循环中。这也就解释了本·拉登、ISIS 组织抑或巴以冲突中的哈马斯组织将世人划分为信仰（伊斯兰教）者和不信仰（伊斯兰教）者，要用"圣战"消灭不信仰者而建立一个升级版同一性的伊斯兰帝国的逻辑。进一步来说，除恐怖主义之外，承认理论也广泛地影响了民族主义、种族主义、女权主义乃至整个多元文化主义，但是细究起来，其内在的承认逻辑何尝又不是同一性思维的翻版？对承认的追求只会导致片面的、虚假的承认。所以，不打破同一性的霸权思维，承认的政治介入只会导致更为严重的困局。在过去的20 世纪到 21 世纪初叶，人类已经为这种话语本质相同的同一性意识形态付出过惨痛的代价。因此，在新时代的背景下，我们需要的不是黑格尔—霍耐特式承认理论的同一性重建，而是一种更具开放包容性的承认辩证法和复杂多样的政治共同体的实践追求。在此意义上，我们会发现，从"人类命运共同体"到"人类文明新形态"，再到"中华民族现代文明"的提出，中国人民无疑以一种实践的生动方式发展了马克思的承认理论方案，全方位超越并扬弃了西方的承认理论，为化解当前人类全球性的共存与发展难题贡献了杰出的中国智慧。

参考文献

一　经典著作

《马克思恩格斯全集》第 3 卷，人民出版社 1960 年第 1 版。

《马克思恩格斯全集》第 19 卷，人民出版社 1963 年第 1 版。

《马克思恩格斯全集》第 42 卷，人民出版社 1979 年第 1 版。

《马克思恩格斯全集》第 30 卷，人民出版社 1995 年第 2 版。

《马克思恩格斯全集》第 31 卷，人民出版社 1998 年第 2 版。

《马克思恩格斯全集》第 44 卷，人民出版社 2001 年第 2 版。

《马克思恩格斯全集》第 3 卷，人民出版社 2002 年第 2 版。

《马克思恩格斯全集》第 45 卷，人民出版社 2003 年第 2 版。

《马克思恩格斯全集》第 46 卷，人民出版社 2003 年第 2 版。

《马克思恩格斯文集》第 1—10 卷，人民出版社 2009 年版。

［德］马克思：《1844 年经济学哲学手稿》，人民出版社 2000 年版。

［德］马克思、恩格斯：《共产党宣言》，人民出版社 2014 年版。

［德］马克思：《资本论》第 1—3 卷，人民出版社 2004 年版。

《毛泽东选集》第 4 卷，人民出版社 1991 年版。

《毛泽东文集》第 3 卷，人民出版社 1996 年版。

《邓小平文选》第 3 卷，人民出版社 1993 年版。

《习近平著作选读》第一卷，人民出版社 2023 年版。

《习近平著作选读》第二卷，人民出版社 2023 年版。

二　中文著作

高全喜：《论相互承认的法权——〈精神现象学〉研究两篇》，北京
　大学出版社 2004 年版。

韩立新：《〈巴黎手稿〉研究》，北京师范大学出版社 2014 年版。

廖申白：《亚里士多德友爱论研究》，河南人民出版社 2000 年版。

梁漱溟：《东西文化及其哲学》，上海人民出版社 2006 年版。

刘小枫：《驯服欲望：施特劳斯笔下的色诺芬撰述》，华夏出版社 2002
　年版。

汪晖、陈燕谷：《文化与公共性》，生活·读书·新知三联书店 1997
　年版。

王凤才：《蔑视与反抗：霍耐特承认理论与法兰克福学派批判理论的
　"政治伦理转向"》，重庆出版社 2008 年版。

王凤才：《承认·正义·伦理：实践哲学语境中的霍耐特政治伦理
　学》，上海人民出版社 2017 年版。

王巧荣：《中华人民共和国外交史（1949—2019）》，当代中国出版社
　2020 年版。

姚大志：《当代西方政治哲学》，北京大学出版社 2011 年版。

张盾：《马克思的六个经典问题》，中国社会科学出版社 2009 年版。

张旭东：《全球化时代的文化认同：西方普遍主义话语的历史批判》，
　北京大学出版社 2006 年版。

张雪魁：《古典承认问题的源与流：从康德到马克思》，中国社会科学

出版社 2013 年版。

张一兵:《回到马克思——经济学语境中的哲学话语》,江苏人民出版社 1999 年版。

张一兵:《文本的深度耕犁——西方马克思主义经典文本解读》第 1 卷,中国人民大学出版社 2004 年版。

中共中央文献研究室:《习近平关于实现中华民族伟大复兴的中国梦论述摘编》,中央文献出版社 2013 年版。

中共中央宣传部:《习近平新时代中国特色社会主义思想三十讲》,学习出版社 2018 年版。

三 中文译著

[德] A. 施密特:《马克思的自然概念》,吴仲昉译,商务印书馆 1988 年版。

[法] 阿尔都塞:《哲学与政治:阿尔都塞读本》,陈越编译,吉林人民出版社 2003 年版。

[德] 阿克塞尔·霍耐特:《为承认而斗争》,胡继华译,上海世纪出版集团 2005 年版。

[德] 阿克塞尔·霍耐特:《权力的批判:批判社会理论反思的几个阶段》,童建挺译,上海世纪出版集团 2012 年版。

[德] 阿克塞尔·霍耐特:《自由的权利》,王旭译,社会科学文献出版社 2013 年版。

[德] 阿克塞尔·霍耐特:《不确定性之痛:黑格尔法哲学的再现实化》,王晓升译,华东师范大学出版社 2016 年版。

[法] 阿兰·图海纳:《我们能否共同生存——既彼此平等又互有差异》,狄玉明、李平沤译,商务印书馆 2003 年版。

［以］阿维纳瑞：《马克思的社会与政治思想》，张东辉译，知识产权
　　出版社 2016 年版。

［以］阿维纳瑞：《黑格尔的现代国家理论》，朱学平、王兴赛译，知
　　识产权出版社 2016 年版。

［美］艾丽斯·杨：《包容与民主》，彭斌、刘明译，江苏人民出版社
　　2013 年版。

［美］艾丽斯·杨：《正义与差异政治》，李诚予、刘靖子译，中国政
　　法大学出版社 2017 年版。

［加］埃伦·伍德：《资本的帝国》，王恒杰、宋兴无译，上海译文出
　　版社 2006 年版。

［加］艾伦·伍德：《新社会主义》，尚庆飞译，江苏人民出版社 2002
　　年版。

［美］艾伦·伍德：《民主反对资本主义——重建历史唯物主义》，吕
　　薇洲等译，重庆出版社 2007 年版。

［美］艾伦·伍德：《黑格尔的伦理思想》，黄涛译，知识产权出版社
　　2016 年版。

［美］奥尔曼：《异化：马克思论资本主义社会中人的概念》，王贵贤
　　译，北京师范大学出版社 2011 年版。

［英］恩斯特·拉克劳、查特尔·墨菲：《领导权与社会主义的策
　　略——走向激进民主政治》，尹树广、鉴传今译，黑龙江人民出版
　　社 2003 年版。

［古希腊］柏拉图：《理想国》，郭斌和、张竹明译，商务印书馆 1986
　　年版。

［法］保罗·利科：《承认的过程》，汪堂家、李之喆译，中国人民大
　　学出版社 2011 年版。

［法］鲍德里亚：《生产之镜》，仰海峰译，中央编译出版社 2005 年版。

［法］鲍德里亚：《符号政治经济学批判》，夏莹译，南京大学出版社 2009 年版。

［英］鲍曼：《共同体：在一个不确定的世界中寻找安全》，欧阳景根译，江苏人民出版社 2003 年版。

［加］查尔斯·泰勒：《黑格尔》，张国清、朱进东译，译林出版社 2002 年版。

［加］查尔斯·泰勒：《现代性之隐忧》，程炼译，中央编译出版社 2001 年版。

［加］查尔斯·泰勒：《自我的根源：现代认同的起源》，韩震等译，译林出版社 2001 年版。

［英］大卫·哈维：《新帝国主义》，初立忠、沈晓雷译，社会科学文献出版社 2009 年版。

［英］大卫·哈维：《新自由主义简史》，王钦译，上海译文出版社 2010 年版。

［德］斐迪南·滕尼斯：《共同体与社会：纯粹社会学的基本概念》，林荣远译，北京大学出版社 2010 年版。

［德］费希特：《费希特著作选集》第 3 卷，梁志学主编，商务印书馆 1997 年版。

［德］费希特：《自然法权基础》，谢地坤、程志民译，商务印书馆 2004 年版。

［美］弗朗西斯·福山：《历史的终结与最后的人》，陈高华译，广西师范大学出版社 2014 年版。

［美］古尔德：《马克思的社会本体论：马克思社会实在理论中的个性和共同体》，王虎学译，北京师范大学出版社 2009 年版。

［德］哈贝马斯:《作为"意识形态"的技术与科学》,李黎、郭官义译,学林出版社 1999 年版。

［德］哈贝马斯:《包容他者》,曹卫东译,上海人民出版社 2002 年版。

［德］哈贝马斯:《后民族结构》,曹卫东译,上海人民出版社 2002 年版。

［德］哈贝马斯:《在事实与规范之间:关于法律和民主法治国的商谈理论》,童世骏译,生活·读书·新知三联书店 2003 年版。

［德］哈贝马斯:《现代性的哲学话语》,曹卫东译,译林出版社 2011 年版。

［德］黑格尔:《美学》第 1 卷,朱光潜译,商务印书馆 1979 年版。

［德］黑格尔:《精神现象学》,贺麟、王玖兴译,商务印书馆 1979 年版。

［德］黑格尔:《哲学科学全书纲要》,薛华译,上海人民出版社 2002 年版。

［德］黑格尔:《精神哲学——哲学全书·第三部分》,杨祖陶译,人民出版社 2006 年版。

［德］黑格尔:《法哲学原理》,范扬、张企泰译,商务印书馆 2017 年版。

［德］霍克海默:《批判理论》,李小兵等译,重庆出版社 1989 年版。

［德］霍克海默、阿多诺:《启蒙辩证法:哲学断片》,渠敬东、曹卫东译,上海世纪出版集团 2006 年版。

［英］霍普:《个人主义时代之共同体重建》,沈毅译,浙江大学出版社 2010 年版。

［德］海德格尔:《存在与时间》,陈嘉映、王庆节译,商务印书馆 2016 年版。

［德］海德格尔：《尼采》，孙周兴译，商务印书馆 2010 年版。

［英］吉登斯：《现代性与自我认同：现代晚期的自我与社会》，赵旭东、方文译，生活·读书·新知三联书店 1998 年版。

［英］吉登斯：《现代性的后果》，田禾译，译林出版社 2000 年版。

［法］基佐：《欧洲文明史——自罗马帝国败落起到法国革命》，程洪逵、沅芷译，商务印书馆 2017 年版。

［德］卡尔·洛维特：《从黑格尔到尼采：19 世纪思维中的革命性决裂》，李秋零译，生活·读书·新知三联书店 2006 年版。

［德］卡西尔：《启蒙哲学》，顾伟铭等译，山东人民出版社 1988 年版。

［美］肯尼斯·阿罗：《社会选择与个人价值》，丁建峰译，上海世纪出版集团 2010 年版。

［美］凯文·奥尔森：《伤害＋侮辱：争论中的再分配、承认和代表权》，高静宇译，上海人民出版社 2009 年版。

［德］康德：《道德形而上学》，张荣、李秋零译，中国人民大学出版社 2013 年版。

［法］科耶夫：《黑格尔导读》，姜志辉译，译林出版社 2005 年版。

［法］科耶夫：《法权现象学纲要》，邱立波译，华东师范大学出版社 2011 年版。

［法］孔多塞：《人类精神进步史表纲要》，何兆武、何冰译，江苏教育出版社 2006 年版。

［英］拉克劳：《我们时代革命的新反思》，孔明安、刘振怡译，黑龙江人民出版社 2006 年版。

［美］莱尔因：《重构历史唯物主义》，姜兴宏、刘明如译，中国社会科学出版社 1991 年版。

［法］雷蒙·阿隆：《想象的马克思主义：从一个神圣家族到另一个神

圣家族》，姜志辉译，上海世纪出版集团 2007 年版。

［匈］卢卡奇：《历史与阶级意识》，杜章智等译，商务印书馆 1996 年版。

［美］罗伯特·皮平：《黑格尔的观念论：自意识的满足》，陈虎平译，华夏出版社 2006 年版。

［意］洛苏尔多：《黑格尔与现代人的自由》，丁三东等译，吉林出版集团 2008 年版。

［美］马尔库塞等：《工业社会和新左派》，任立编译，商务印书馆 1982 年版。

［美］马尔库塞：《审美之维：马尔库塞美学论著集》，李小兵译，生活·读书·新知三联书店 1989 年版。

［美］马尔库塞：《爱欲与文明：对弗洛伊德思想的哲学探讨》，黄勇、薛民译，上海译文出版社 2005 年版。

［美］马尔库塞：《单向度的人：发达工业社会意识形态研究》，刘继译，上海译文出版社 2008 年版。

［美］马尔库塞：《理性与革命：黑格尔和社会理论的兴起》，程志民等译，上海世纪出版集团 2007 年版。

［美］麦卡锡：《马克思与古人：古典伦理学、社会主义和 19 世纪政治经济学》，王文扬译，华东师范大学出版社 2011 年版。

［美］麦金太尔：《追寻美德：道德理论研究》，宋继杰译，译林出版社 2011 年版。

［南非］毛里西奥·P. 登特里维斯：《作为公共协商的民主：新的视角》，王英津等译，中央编译出版社 2006 年版。

［英］梅扎罗斯：《超越资本——关于一种过渡理论》，郑一明等译，中国人民大学出版社 2003 年版。

［美］南希·弗雷泽、［德］阿克塞尔·霍耐特：《再分配，还是承认？——一个政治哲学对话》，周穗明译，上海人民出版社 2009 年版。

［美］南希·弗雷泽：《正义的尺度——全球化世界中政治空间的再认识》，欧阳英译，上海人民出版社 2009 年版。

［美］南希·弗雷泽：《正义的中断——对"后社会主义"状况的批判性反思》，于海青译，上海人民出版社 2009 年版。

［德］尼采：《查拉图斯特拉如是说》，钱春绮译，生活·读书·新知三联书店 2007 年版。

［美］乔·萨托利：《民主新论》，冯克利、阎克文译，东方出版社 1998 年版。

［美］乔治·萨拜因：《政治学说史》上卷，邓正来译，上海人民出版社 2008 年版。

［美］塞拉·本哈比：《民主与差异：挑战政治的边界》，黄相怀等译，中央编译出版社 2009 年版。

［美］迈克尔·J. 桑德尔：《自由主义与正义的局限》，万俊人等译，译林出版社 2001 年版。

［英］尚塔尔·墨菲：《政治的回归》，王恒、臧佩洪译，江苏人民出版社 2005 年版。

［英］斯拉法：《李嘉图著作和通信集》第 1 卷，郭大力等译，商务印书馆 1997 年版。

［英］特里·伊格尔顿：《审美意识形态》，王杰等译，广西师范大学出版社 2001 年版。

［日］望月清司：《马克思历史理论的研究》，韩立新译，北京师范大学出版社 2009 年版。

［古希腊］修昔底德：《伯罗奔尼撒战争史》，谢德风译，商务印书馆

1985 年版。

[法] 雅克·德里达:《马克思的幽灵——债务国家、哀悼活动和新国际》,何一译,中国人民大学出版社 1999 年版。

[法] 雅克·朗西埃:《政治的边缘》,姜宇辉译,上海译文出版社 2007年版。

[法] 雅克·朗西埃:《歧义:政治与哲学》,刘纪蕙等译,西北大学出版社 2015 年版。

[英] 亚当·斯密:《国富论》上卷,郭大力、王亚南译,商务印书馆1983 年版。

[古希腊] 亚里士多德:《尼各马可伦理学》,廖申白译,商务印书馆2003 年版。

[美] 伊曼纽尔·沃勒斯坦:《现代世界体系:16 世纪的资本主义农业与欧洲世界经济体的起源》第 1 卷,罗荣渠等译,高等教育出版社 1998 年版。

[英] 以赛亚·伯林:《自由论》,胡传胜译,译林出版社 2003 年版。

[美] 约翰·贝拉米·福斯特:《马克思的生态学——唯物主义与自然》,刘仁胜、肖峰译,高等教育出版社 2006 年版。

[美] 约翰·罗尔斯:《作为公平的正义——正义新论》,姚大志译,上海三联书店 2002 年版。

[美] 詹明信:《晚期资本主义的文化逻辑》,张旭东编译,生活·读书·新知三联书店 1997 年版。

[美] 詹姆斯·奥康纳:《自然的理由:生态学马克思主义研究》,唐正东译,南京大学出版社 2003 年版。

[美] 詹姆斯·博曼:《公共协商:多元主义、复杂性与民主》,黄相怀译,中央编译出版社 2006 年版。

［美］詹姆斯·博曼等：《协商民主：论理性与政治》，陈家刚等译，中央编译出版社 2006 年版。

四　中文期刊

陈独秀：《袁世凯复活》，《新青年》1916 年第 2 卷第 4 号。

陈独秀：《吾人最后之觉悟》，《青年杂志》1916 年第 1 卷第 6 号。

邓安庆：《从"自然伦理"的解体到伦理共同体的重建——对黑格尔〈伦理体系〉的解读》，《复旦学报》（社会科学版）2011 年第 3 期。

邓安庆：《国家与正义——兼评霍耐特黑格尔法哲学"再现实化"路径》，《中国社会科学》2018 年第 10 期。

丁三东：《"承认"：黑格尔实践哲学的复兴》，《世界哲学》2007 年第 2 期。

费孝通：《文化自觉的思想来源与现实意义》，《文史哲》2003 年第 3 期。

胡适：《新思潮的意义》，《新青年》1919 年第 7 卷第 1 号。

黄建军：《唯物史观视域中的人类文明新形态》，《中国社会科学》2023 年第 10 期。

王凤才：《霍耐特与批判理论的"政治伦理转向"》，《现代哲学》2007 年第 3 期。

王凤才：《自由与正义：民主伦理的主线——评霍耐特的〈自由的权利〉》，《晶报》2014 年 6 月 29 日 A10 版。

许章润：《论人的联合与双向承认法权》，《政法论坛》2007 年第 6 期。

姚大志：《什么是社群主义》，《江海学刊》2017 年第 5 期。

张盾：《马克思实践哲学视野中的"承认"问题——黑格尔"主人/奴隶辩证法"与马克思政治理论的历史渊源》，《马克思主义与现实》2007 年第 1 期。

张盾：《交往的异化：马克思〈穆勒评注〉中的"承认"问题》，《现
代哲学》2007 年第 5 期。

张盾：《"历史的终结"与历史唯物主义的命运》，《中国社会科学》
2009 年第 1 期。

五 外文著作

Axel Honneth, *The Fragmented World of the Social: Essays in Social and Political Philosophy*, Albany: State University of New York Press, 1995.

Axel Honneth, *Disrespect: The Normative Foundation of Critical Theory*, John Farrell, etc. trans., Cambridge/Malden: Polity, 2007.

Axel Honneth, *The I in We: Studies in the Theory of Recognition*, Joseph Ganahl trans., Cambridge/Malden: Polity, 2007.

Axel Honneth, *The Idea of Socialism: Towards a Renewal*, Joseph Ganahl trans., Malden/Cambridge: Polity, 2015.

Axel Honneth & Jacques Rancière, *Recogntion or Disagreement: A Critical Encounter on the Politics of Freedom, Equality and Identity*, Katia Genel & Jean – Philippe Deranty eds., New York: Columbia University Press, 2016.

Axel Honneth, *The Poverty of Our Freedom: Essays 2012 – 2019*, Gabriel Borrud etc. trans., Cambridge/Hoboken: Polity, 2023.

Axel Honneth, *Der Arbeitende Souverän: Eine Normative Theorie der Arbeit*, Berlin: Suhrkamp, 2023.

Alexandre Kojève, *Introduction to the Reading of Hegel*, Ithaca: Cornell University Press, 1980.

Bert van den Brink, David Owen, *Recognition and Power: Axel Honneth and the Tradition of Critical Social Theory*, Cambridge & New York: Cambridge University Press, 2007.

Bob Cannon, *Rethinking the Normative Content of Critical Theory: Marx, Habermas and Beyond*, Palgrave Publisher, 2001.

Charles Taylor, *Multiculturalism and "the Politics of Recognition"*, Amy Gutmann ed. , Princeton: Princeton University Press, 1992.

Francis Fukuyama, *Identity: The Demands for Dignity and the Politics of Resentment*, New York: Farrar, Straus & Giroux, 2018.

G. W. F. Hegel, *System of Ethical Life (1802/3) and First Philosophy of Spirit (Part III of the System of Speculative Philosophy 1803/4)*, H. S. Harris and T. M. Knox trans. , Albany: State University of New York Press, 1979.

G. W. F. Hegel, *Hegel and the Human Spirit: A Translation of the Jena Lectures on the Philosophy of Spirit (1805 – 1806) with Commentary*, Leo Rauch ed. & trans. , Detroit: Wayne State University Press, 1983.

Georg Lukacs, *The Young Hegel: Studies in the Relations between Dialectics and Economics*, Rodney Livingstone trans. , London: Merlin Press, 1975.

Henri Lefebvre, *The Production of Space*, Donald Nicholson – Smith trans. , Oxford: Blackwell, 1991.

Hans – Christoph Schmidt am Buschand Christopher F. Zurn, *The Philosophy of Recognition*, Maryland: Lexington Books, 2010.

John O' Neill ed. , *Hegel' s Dialectic of Desire and Recognition: Texts and Commentary*, Albany: State University of New York Press, 1996.

John S. Dryzek, *Deliberative Democracy and Beyond: Liberals, Critics,*

Contestations, Oxford: Oxford University Press, 2000.

Ludwig Siep, *Anerkennung als Prinzip der Prakitische Philosophie*, Frieburg: Alber Verlag, 1979.

Raymond Williams, *Resources of Hope*, London: Verso, 1989.

Robert R. Williams, *Recognition: Fichte and Hegel on the Other*, Albany: State University of New York Press, 1992.

Robert R. Williams, *Hegel's Ethics of Recognition*, Berkeley & Los Angeles: University of California Press, 1997.

Robert Pippin, *Hegel's Practical Philosophy: Rational Agency as Ethical Life*, Cambridge/New York: Cambridge University Press, 2008.

Simon Thompson, *The Political Theory of Recognition: A Critical Introduction*, Cambridge/Malden: Polity Press, 2006.

Stuart Sim, *Post – Marxism: An Intellectual History*, London/ New York: Routledge Press, 2001.

Tony Burns & Ian Fraser, *The Hegel – Marx Connection*, London: Macmillan Press, 2000.

Terry Lovell ed. , (*Mis*) *recognition*, *Social Inequality and Social Justice: Nancy Fraser and Pierre Bourdieu*, London & New York: Routledge Press, 2007.

六　外文期刊

Andrew Chitty, "Recognition and Social Relations of Production", *Historical Materialism*, No. 2, Summer 1998.

Arto Laitinen, "Book Review: Freedom's Right: The Social Foundations of Democratic Life", *The Review of Politics*, Vol. 77, 2015.

Benjamin Robinson, "Axel Honneth. Die Idee des Sozialismus: Versu-cheiner Aktualisierung", *The Germanic Review: Literature, Culture, Theory*, Vol. 91, No. 4, 2016.

Christopher Martin, "Book Review: Disrespect: The Normative Founda-tions of Critical Theory", *Journal of Philosophy of Education*, Vol. 41, No. 3, 2007.

Daniela Zumpf, "Axel Honneth. Die Idee des Sozialismus", *Ethic Theory & Moral Practice*, No. 20, 2017.

Francis Fukuyama, "The End of History?", *The National Interest*, No. 16, Summer 1989.

Ivana Perica, "Review: Recognition or Disagreement", *Contemporary Po-litical Theory*, No. 16, 2017.

Jean Baudrillard, "The Spirit of Terrorism", *Telos*, Vol. 121, 2001.

Michael Quante, "Recognition in Capital", *Ethic Theory & Moral Prac-tice*, No. 16, 2013.

T. Storm Heter, "Authenticity and Other: Sartre's Ethics of Recogni-tion", *Sartre Studies International*, Vol. 12, No. 2, 2006.

Thomas Klikauer, "Recognition Versus Equality: A Review Essay", *Cap-ital & Class*, Vol. 41, No. 1, 2017.

后　记

　　承认，是人类社会交往中的一个核心问题。20 世纪 90 年代霍耐特、泰勒等人在多元文化主义的浪潮下将承认激活，使其成为当下"时代的关键词"。随着 21 世纪以来文明的冲突、身份政治的兴起，承认问题更是转变为政治现象，成为西方社会运动的现实表征。在中国，承认问题也从未远离我们的现实生活，从传统文化的面子问题到新时代精神文化上自我实现的追求，都反映出承认问题的现实意义。当然，承认问题恰恰是在当代的语境下才显得如此重要，正如黑格尔在《法哲学原理》序言中的那句名言那样，哲学是被把握在思想中的它的时代。

　　众所周知，霍耐特以承认理论在社会批判理论中独树一帜，但其"回到黑格尔"的立场也折射出整个西方左翼政治阵营与马克思主义渐行渐远。因此，在马克思的思想基础上，及时回应时代的诉求和驳斥西方承认理论的观点，成为本书写作的重要目标。因此，本书立足对马克思的文本解读，尝试在其哲学视域下重构一种马克思语境中的承认理论，以此来回应西方承认理论对于承认问题所产生的误读。由于本书以探索马克思的承认思想叙事为主，有些回应和反驳限于篇幅并未完全展开。因此，在完成本书的理论构架之后，也是受到张一兵教授《反鲍德里亚》一书的启发，我甚至产生了以马克思主义理论资源来系统驳斥霍耐特"承认一元论"的构想。当然，《反霍耐特》抑或《反承认》将是我下一步的写作规划。

从写作规划的角度来看，本书其实是我的第一本专著《承认哲学的历史逻辑》的姊妹篇。具体来说，本书的诞生缘自攻博期间我的导师江德兴教授的提议，那就是做一做关于马克思的承认思想研究。当时的计划是先采取梳理思想史的方式，来全面占有这一话题的文献资源，然后再进入马克思的承认语境进行理论谋划。未料到前期的思想史梳理后来自成体系，居然"喧宾夺主"，直接成为博士学位论文。在博士学位论文完成之后，我的心里始终未放下马克思承认思想的谋划。2013 年，这一选题很幸运地获得了国家社会科学基金青年项目（13CZX012）的资助。在我看来，这也是获得了一种学界的"承认"。于是，在将我的博士学位论文出版以后，我便马不停蹄地开始了探索马克思的承认思想之旅。但再次出乎意料的是，这一旅程从 2013 年立项到 2019 年结项，再到今天出版，竟然耗去了我整整十年时光！一方面，必须着重反思自身的拖延症；另一方面，也反映出这一选题的挑战性。虽然这本书稿在十年间历经多次增删和反复修改，其中若干章节已经公开发表，但囿于学养和能力，心下仍然惴惴。我深知这本书还存在着诸多不足与缺憾，借此机会也期盼学界各位方家不吝赐教。需要说明的是，我的博士生闫晋齐也参与了第八章第三节的初稿写作，当然文责在我。

本书的付梓需要感谢的人很多。感谢东南大学马克思主义学院对我的多年栽培和对本书的慷慨资助！感谢全国哲学社会科学工作办公室对我研究工作的资助和对本书作为结项成果的"良好"肯定！感谢江德兴教授、王凤才教授、陈爱华教授和王强教授对本书写作的启发和关心！感谢芝加哥大学访学期间的"芝友"们！本书的很大一部分是在"芝友"们的关怀与支持下完成的。感谢学界师长和同行好友们一直以来对我的厚爱！限于篇幅，无法把姓名全部列上，但一定会铭记于心。感谢我的家人们多年来对我的宽容和支持！

特别感谢本书的责任编辑杨晓芳女士专业、认真的付出！没有她的热情帮助和督促，就没有这本书的面世。

陈良斌

2023 年 12 月于江宁九龙湖畔